황국의 발견

일본 국학의 자국 표상 담론

황국의 발견

일본 국학의 자국 표상 담론

초판 1쇄 인쇄 2018년 9월 10일
초판 1쇄 발행 2018년 9월 15일

지은이 배관문
펴낸이 성낙인
펴낸곳 서울대학교출판문화원

출판등록 제15-3호

주소 08826 서울 관악구 관악로 1
대표전화 02-880-5252 | 팩스 02-888-8148
홍보마케팅팀(주문 상담) 02-889-4424, 02-880-7995
이메일 snubook@snu.ac.kr
홈페이지 www.snupress.com

ISBN 978-89-521-2017-5 93910

이 저서는 2015년 정부(교육부)의 재원으로
한국연구재단의 지원을 받아 수행된 연구임(NRF-2015S1A6A4A01010247).

황국의 발견

일본 국학의 자국 표상 담론

배관문 지음

서울대학교출판문화원

| 머리말 |

하나의 독립된 연구 영역으로 고전에 대한 주석서를 떠올리는 것은 그리 흔한 일이 아니다. 더구나 비교 연구라 하면 시대나 국적을 넘어 텍스트 간의 관계성을 문제 삼는 것이 보통이다. 그러나 여기서는 주석 그 자체를 텍스트로 보는 방법을 택한다. 주석과 원 텍스트와의 관계를 비교하며, 이를 통해 원전과는 별개의 차원에서 전개되는 주석의 세계를 고찰하는 것이 이 책의 기본 입장이다.

주석은 이미 과거의 유산이 되어버린 고전을 이해하기 위해 보는 참고서 정도가 아니냐고 반문할지도 모른다. 동서양의 고전 작품에 대해서는 수많은 주석 작업들이 있었고 현재도 이루어지고 있다. 원전에 대한 해석이 주석 본연의 임무라고 생각할 수도 있다. 그런데 고전 세계에서 원문은 새로운 주석서를 통해서 읽는 것이 당연한 일이었다. 다시 말해 우리에게 익숙한 『천자문』이나 『논어』의 본문만 있는 모습은 원전 중심의 학교교육이 만들어낸 대단히 근대적인 발상에 불과하다. 실제로 이들 서적도 성립과 거의 동시에 주석의 역사가 형성되었고, 원전은 항상 주석과 함께 향수되었다.

그렇다면 왜 주석이 중요했을까. 주석서들이 원전 문구를 어떤 식으로 풀이했는지를 보면 알 수 있다. 전통적인 주석의 형태는 하나의 어휘나 문구에 대해 다른 서적의 용례를 나열하는 것이 전부다. 때로는 그 인용문을 풀이하기 위해 관련이 있는 다른 어구들을 또 인용한다. 선행하는 주석의 잘못을 비판하고 본인의 견해를 덧붙이는 것도 같은 방식으로 이루어졌다. 그러므로 독자의 입장에서는 주석 안에서 자연스럽게 다른 여러 서적들을 접하게 된다. 예를 들어 위나라 하안의 『논어집해』나 송나라 주희의 『논어집주』를 읽으면서 『논어』 본문은 말할 것도 없이 『사기』와 『한서』 등의 중요 문구도 더불어 읽는 셈이다. 방대하고 어려운 경전들을 다 갖추고 처음부터 끝까지 읽는 이들은 현실적으로도 많지 않았다. 대부분은 이러한 독서를 통해 어느 정도 선별되고 축적된 기초 지식을 얻을 수 있었고 교양인으로서 대화를 나누기에 충분했다. 그것이 고전적 소양이었다.

17세기 근세 일본에서는 인쇄출판의 발달에 힘입어 에도와 교토 등의 대도시에 고전에 대한 주석서들이 대거 등장한다. 폭넓은 계층에 고전 텍스트가 급속히 전파되는 상황은 중세 신화에 대한 문헌학적 비판을 가능하게 하여, 국학으로 대표되는 일본의 고전 연구가 융성해지는 하나의 배경이 된다. 18세기 후반에 이르러 국학의 완성자라고 일컬어지는 모토오리 노리나가는 『겐지 모노가타리』와 『고금화가집』 등 수많은 고전 작품들에 대한 주석서를 남겼다. 이세 마쓰자카 지방의 상인 집안 출신으로 의사를 생업으로 하면서, 한편으로 사숙을 열어 평생 고전에 대한 강의를 하고 여러 제자들과 텍스트를 같이 읽고 토론하며 연구에 매진했던 결과다.

그중 여기서 주로 다루는 것은 현전하는 일본 최고의 역사서인 『고사기』에 대해 노리나가가 주석한 『고사기전』이다. 정사로서 『일본서기』가 성립 이래 대대로 권위 있는 텍스트로 수용되어 조정에서의 공식 강석은 물론 각종 주석서들과 함께 널리 읽혔던 반면, 『고사기』의 경우는 노리나가 시대까지 거의 빛을 보지 못했다. 즉 『고사기전』이라는 본격적인 주석에 의해 비로소 『고사기』가 발견된 것이나 다름없다.

그럼에도 불구하고 노리나가가 반생을 바친 이 주석의 의미에 대해 지금까지의 선행연구는 충분한 답을 주지 못했다. 게다가 그것이 갖는 문제적 성격은 당대에도 중요했지만, 근대 일본에서의 재발견과 영향력으로 인해 현대를 사는 우리에게도 결코 무관하지 않게 되었다. 단적인 예로 아마테라스 신의 절대적 가호 아래 천손이 강림하고 그 후예인 천황가가 만세일계의 혈통을 유지해왔다고 이야기되는 일본 신화는 『고사기전』의 『고사기』 해석을 경유하여 근대 천황제 이데올로기로 새롭게 만들어진 신화다.

국학자의 대표적 존재로 저명한 만큼 종래 일본 학계에서 노리나가에 대한 언급은 무수히 많다. 하지만 의외로 노리나가 필생의 대작인 『고사기전』을 직접 읽고 논하는 경우는 드물었다. 사상에 대한 정당한 비판은 면밀한 텍스트 읽기 위에서 이루어져야 할 텐데, 유독 노리나가 연구는 담론의 영역에서만 뜨거운 논의가 반복되어왔다고 할 수 있다. 최근 수년간 국내 학계에서도 일본 내셔널리즘의 원형으로서 국학과 노리나가의 저작에 관한 관심이 상당히 증가한 것으로 보인다. 이 관심이 그저 담론 차원에서의 사상 비판으로 끝나지 않기를 바라마지 않는다.

사상 담론은 언제나 오늘에 대한 비판적 전망이라는 과제에서 시작된다. 하나의 사상이 영구불변할 리 없고, 시대의 요구에 따라 과거의 사상이 재발견되고 변용을 되풀이하는 것은 극히 자연스러운 일이다. 노리나가가 고전을 연구한 의미는 일단 노리나가의 문제로 되돌려놓고 그의 현대적 과제에서 답을 찾아야 할 것이다. 그리고 지금 여기서 노리나가를 읽으려는 우리의 문제의식은 우리의 현대사 다시 쓰기를 위한 고민 속에 있는 것이 당연하다.

텍스트 분석은 비단 문헌을 다루는 분야라면 어디서나 공통된 가

장 기초적인 연구방법이다. 엑스프리카시온 드 텍스트(explication de text) 또는 인터프리테이션(interpretation)이라 불리는 본문해석 이론은 철저하게 문장에 준해서 분석하는 훈고주석(訓詁註釋)과 본질적으로 상통하는 것이다. 이러한 방법론을 필자는 도쿄대학 고마바 캠퍼스에서 유학하는 동안 훈련할 수 있었다. 박사학위 논문은 일본에서 『노리나가는 어떤 일본을 상상했는가: 고사기전의 황국(宣長はどのような日本を想像したか: 『古事記傳』の「皇國」)』이라는 제목으로 출간되었지만, 이후 국내에서 진행한 연구들을 모아 전체를 재구성하여 엮은 것이 이 책이다.

노리나가의 텍스트를 연구 대상으로 대하는 것은 감정적으로 쉽지 않았다. 막연했던 문제의식은 실제 텍스트와 마주하여 부딪칠 때마다 깨져버렸고 그러면 다시 문제를 세우는 과정의 연속이었던 것 같다. 내 안의 내셔널리즘을 되묻는 일은 여전히 혼란스러운 채 세상 밖으로 겨우 한 발 나오게 되었다. 줌파 라히리의 말을 멋대로 빌리자면, 이 작은 책은 언제나 나보다 크다고 믿을 수밖에. 그녀의 글쓰기처럼 나의 글 또한 불완전함에 바치는 경의일지도 모르겠다. 첫걸음을 내딛는 데 용기를 주신 이창익 선생님, 거기에 힘을 실어주신 박훈 선생님, 그리고 서울대학교출판문화원의 관계자 여러분과 2017년 1학기 서울대학교 동양사 세미나 수업을 함께한 학생들에게 특별한 감사를 전한다.

2018년 9월

배관문

| 차례 |

서장

1. 『고사기전』의 황국이라는 문제제기

모토오리 노리나가(本居宣長)는 『고사기(古事記)』 상·중·하 3권에 대해 『고사기전(古事記傳)』이라는 총 44권의 주석서를 집필했다.

본래 『고사기』는 오로지 한자(漢字)의 나열만으로 이루어져 있는 텍스트였다. 일반적으로 712년에 성립된 일본 최고의 고전이라고 알려져 있지만, 현전하는 것은 14세기경의 사본, 그리고 에도 시대의 판본 등이 전부다. 18세기 후반의 노리나가가 실제로 본 『고사기』 텍스트도 이러한 상태로 눈앞에 있었다. 노리나가는 이들 『고사기』의 텍스트를 구해 본문 교합(校合) 작업을 시작으로 본문의 한자에 훈(訓)을 달고 중요한 어구에는 주해(註解)를 달며 본인의 훈에 대한 근거를 제시하고 문장을 해석했다.

이러한 방대한 양의 주석서가 완성되기까지 1764년으로 추정되는 그 기고부터 1798년의 성립까지 약 35년간의 세월이 걸렸다. 말 그대로 노리나가의 반생을 바친 필생의 대작이 된 것이다. 『고사기전』의 간행이 시작된 것은 1790년대부터이며, 전 권의 출판은 노리나가 사후인

1821년에야 이루어졌다.

이 중 1771년에 완성된 『고사기전』 1권은 『고사기』 본문 주석에 앞서 노리나가가 스스로의 방법론을 밝힌 서론이자 총론에 해당된다. 그 구성을 보면 「고서적에 대한 총론(古記典等総論)」, 「『서기(書紀)』[1]에 대해」, 「『구사기(舊事紀)』[2]라는 책에 대해」, 「『고사기』의 서명에 대해」, 「제본(諸本) 및 주석에 대해」, 「문체(文體)에 대해」, 「가나(假字)에 대해」, 「훈법(訓法)에 대해」, 「직비령(直毘靈)」의 아홉 항목으로 되어 있다. 『고사기전』 2권은 『고사기』 서문의 주해 뒤에 『고사기』에 등장하는 수많은 신들의 이름과 그 자손인 천황가의 인물 관계가 도표로 정리되어 있다. 이어 『고사기전』 3권부터가 『고사기』 본문에 대한 주해 부분에 해당한다. 3권부터 17권까지가 『고사기』 상권의 주석, 18권부터 34권까지가 『고사기』 중권의 주석, 35권부터 44권까지가 『고사기』 하권의 주석이다.

뒤에서도 언급하겠지만 『고사기전』은 실증주의에 기초한 문헌학적 방법이 근세 일본에서 이미 이루어졌음을 보여주는 전형적인 예로 근대에 매우 높이 평가되었다. 이른바 일본문헌학의 선구적 존재로 회자되는 것이다. 확실히 『고사기전』을 펼쳐 개개의 주석을 살펴보면 각종 고대 문헌에 나오는 풍부한 용례를 근거로 하여 하나하나 엄격하게 고증 작업이 이루어져 있다. 대부분의 연구자는 그 엄청난 분량과 치밀한 논

---

1 『일본서기(日本書紀)』를 가리킨다. 이는 단순한 약자가 아니라 『일본서기』의 서명에 관해 '일본'을 뺀 '서기'가 올바르다고 보는 노리나가의 입장을 반영한 것이다. 해당 항목에서 노리나가가 이에 대해 자세히 논하고 있으며, 따라서 『고사기전』을 비롯한 노리나가의 저서에 『일본서기』는 항상 '서기'라고만 표기된다.

2 『선대구사본기(先代舊事本紀)』를 가리킨다. 그 서문에 의하면 쇼토쿠 태자(聖德太子) 등이 편찬한 것으로 되어 있어 『고사기』, 『일본서기』와 함께 고대 역사서로 중시되었으나, 에도 시대에 위서(僞書)로 밝혀졌다. 노리나가도 이 책은 『고사기』, 『일본서기』의 기술을 모아놓은 위서로 실제 성립 연대는 9세기 중반이라고 지적한다.

증에 시작부터 압도당하지 않을 수 없다. 하지만 그렇다고 해서 주석의 실제가 반드시 객관적이라고 말하기는 어렵다.

예를 들면 『고사기』 본문 읽기에 앞서 본문 비판의 작업이 있었다는 점을 고려해야 한다. 당시 『고사기』의 선본(善本)이 따로 없었던 상황에서 노리나가는 여러 본문의 이동(異同)을 참조하여 먼저 정본(定本)을 만들어야 했다. 본문에 이동이 있을 때 본문 교합은 어쩔 수 없다 해도, 경우에 따라서는 이동이 없을 때 본문 비판이 행해지기도 했다. 전적으로 노리나가의 판단에 따라 원문이 잘못 옮겨졌을 가능성, 혹은 후대의 개작 가능성이 상정되었다. 이때 제본(諸本)은 공통의 이문(異文)에 의해 오류가 반복된 것이라고 설명하며, 여하튼 모두 원문으로 되돌려야 한다고 주장했다. 극단적인 경우 어떤 제본에도 없는 본문을 보충하여 원문을 새로 만들기도 했다. 그 본문의 '좋고 나쁨'을 최종적으로 결정하는 것은 결국 노리나가의 주관적인 판단이었다.[3]

『고사기전』은 이와 같은 『고사기』 본문 비판을 바탕으로 한자의 '올바른' 훈을 정했다. 처음부터 끝까지 한자 표기만으로 존재하는 『고사기』를 '일본어' 음으로 읽으려는 것 자체가 애당초 불가능에 가까운 일이었다. 더구나 『고사기』는 동시대의 정사(正史)인 『일본서기(日本書紀)』와 같이 정식 한문으로 쓰인 문장도 아니었다. 이른바 변체한문(變體漢文)이라 불리는 특수한 표기로 인해, 연구사에서는 과연 『고사기』를 정해진 하나의 훈으로 '읽을 수 있는가'라는 근본적인 회의가 제기되기

3 이와 비슷한 내용이 노리나가의 『겐지 모노가타리(源氏物語)』 본문 비판에 관한 연구에서도 지적된다. 즉 그것은 '좋은 원전(原典)'과 '나쁜 전본(傳本)'이라는 도식에 따라 노리나가의 뇌리에 있는 '바람직한 본문'으로부터 '이상적인 본문'을 연역한 것이라고 한다. 杉田昌彦, 『宣長の源氏學』, 新典社, 2011의 제6장 「宣長の『源氏物語』本文研究」.

도 했다.[4] 그럼에도 불구하고 노리나가는 『고사기』 읽기를 가능하게 만들었다. 근현대에 이르러서도 『고사기』 연구자들은 여전히 노리나가의 『고사기전』과 『정정고훈고사기(訂正古訓古事記)』에 우선적으로 의지할 정도다. 다만 종래의 연구자들이 『고사기』 해독을 위해 『고사기전』의 필요한 부분을 줄곧 참고해왔다는 사실과 『고사기전』이라는 텍스트 자체의 의미를 규명하는 일은 별개의 문제다.

『고사기전』이 직접 언명하고 있는 저술의 동기부터 살펴보자. 「고서적에 대한 총론」 항목에 의하면 공식적으로 중시되어 왔던 『일본서기』와는 대조적으로 『고사기』가 역사 속에 묻혀 있었던 사정을 논하고 있다. 그러한 『고사기』의 뜻을 밝히는 것이 노리나가가 할 일이라는 것이다. 바로 여기에 '言(고토)'='事(고토)'='意(고토)', 즉 언어=사실=의미는 삼위일체라는 유명한 『고사기전』의 방법론이 나온다. 노리나가에 따르면 『고사기』는 편찬 당시에 남아 있는 고대 일본어를 의식하여 기술된 것이며, 그렇기 때문에 『고사기』의 문장은 한문으로 쓰인 『일본서기』보다 '상고의 진실'을 제대로 전하고 있다고 한다. 문장의 표기와 문체를 이유로 하여 『고사기』와 『일본서기』의 가치를 역전시킨 것이다.

요컨대 한자 텍스트인 『고사기』에 대해 『고사기전』은 '올바르고 순수한' 일본의 '고어(古語)'로 전부 바꿔 읽는 작업을 하려고 한 것이다. 『고사기』가 설령 훈독되는 것을 전제로 한 텍스트라 할지라도 명백하게 한자로 기록되어 있는 이상, 훈독은 그 한문에 대한 사후적인 해독 작업이 된다. 즉 있는 그대로의 '고어'를 재현하여 『고사기』를 읽겠다는 노리나가의 방침은 사실상 전도된 것이며 허구에 불과하다. 이는 새삼스

4 龜井孝, 「古事記はよめるか: 散文の部分における字訓およびいはゆる訓讀の問題」, 『龜井孝著作集四 日本語のすがたとこころ二』, 吉川弘文館, 1985(1957).

럽게 말할 필요도 없을지 모른다. 왜냐하면 이러한 방법적 한계에 대해서는 노리나가 자신이 누구보다도 자각적이었기 때문이다. 「훈법에 대해」 항목에는 다음과 같은 대목이 있다.

> 황국(皇國)의 고대에는 세상 온갖 것에 그다지 세세하게 나누어 이름을 붙이지 않아서 많지 않은 말로도 충분했다. 그러나 가라쿠니(漢國)에는 만사를 번잡하게 따지는 풍속 때문에 어느 것이나 과할 정도로 세세한 명칭이 있다. 그래서 후대에는 그저 대강 말로 전해오던 것도 문자로 옮길 때 그러한 명칭에 대입해서 쓰는 일이 생긴 것이다. 그런 경우 본래의 옛말은 없다 하더라도 무릇 글자의 음으로는 읽지 않는 습관이 있으므로 그 형상에 따라 새롭게 훈을 만든 것도 있다. 그것은 진정한 고어와는 당연히 다른 종류의 것이기는 하나, 나라 시대까지 성립된 것은 역시 고어로 정하고 그렇지 않은 것은 취하지 않는다.[5]

『고사기전』에서 밝힌 훈이 그대로 『고사기』에 남아 있는 '진정한 고어'라고는 할 수 없고, 경우에 따라서는 어쩔 수 없이 새로운 훈을 '고어'로 정했다는 사정을 위와 같이 전제하고 있다. 『고사기전』은 노리나가가 옳다고 생각하는 '고어'를 찾아내어 하나씩 정해나가는 작업이었다고 할 수 있다.

옛 일본의 '말'에 대응하는 개념은 중국의 '문자'다. 노리나가의 언설에서 '고어'의 대립 항은 언제나 '한문(漢文, 가라부미)'이다. '황국(皇國)'[6] 일본과 대비되는 '가라쿠니(漢國)'[7]에 대한 신랄한 비판은 근본적으

5 本居宣長, 『本居宣長全集』, 筑摩書房, 1968-1974, 9권, 35쪽. 이하 인용에는 『本居宣長全集』, 권수, 쪽수만 표시한다.

6 노리나가의 훈에 따르자면 '황국(皇國)'은 '미쿠니(ミクニ)'라고 해야 마땅하나, 이

로 이에 기인한다. 노리나가가 주창하는 '황국'의 올바른 학문이란 고서적 속에서 '한문의 취향(漢籍意, 가라부미고코로)'을 배제함으로써 발견한 '고어'를 매개로 하여 '상고의 진실'을 밝혀내는 일을 뜻한다.

이 책에서는 노리나가가 『고사기전』의 주석에서 '고어'라고 풀이하는 용어들을 구체적으로 살펴보게 될 것이다. 노리나가가 그리려 했던 '황국'의 고대는 그 '고어'의 단편들을 그러모아 상상으로 만들어진 것이나 다름없다. 무엇보다 『고사기전』을 집필하는 과정에서 노리나가가 '황국'이라는 말을 의식하기 시작하여 본격적으로 사용했다는 점에 주목한다. 자국 중심주의적 사고방식에 젖어 있는 노리나가가 그러한 입장 표명을 위해 처음부터 '황국'이라는 말을 애용했던 것이 아니라, 주석서 집필 시기에 '황국' 의식의 자각과 함께 점차 자신의 사상적 입장을 관철해가는 모습을 확인할 것이다. 『고사기전』의 텍스트 분석을 통해 '황국'이라는 용어와 정면으로 마주할 때 비로소 『고사기』 주석 작업에 경도되었던 노리나가 사상의 본질에 접근할 수 있을 것으로 본다.

책에서는 서술에 필요한 경우를 제외하고 '황국'으로 통일했다. 후술하는 '어국(御國)'과 '황국(皇國)' 모두 '미쿠니'이기 때문에 일차적으로는 양자를 구분하기 위함이다. 또한 노리나가의 '황국'이 근대 이후에 익숙하게 쓰이는 '황국'이라는 용어와 결코 무관하지 않기 때문이다.

7 이하 논의에 계속 등장하는 '가라쿠니(漢國)'는 중국을 의미하므로 이렇게 써도 무방하나, 사실 그것은 한반도를 의미하는 '가라쿠니(韓國)'를 포함하는 개념이다. 더 정확히는 타자로서 인식하는 관념상의 중국으로 봐야 하기 때문에 '가라쿠니(カラクニ)'로 남겨두었다. 구분이 필요할 때는 번거롭지만 괄호 안에 일일이 한자를 병기했다.

2. 노리나가 문제라는 연구 입장에 대해

지금까지 노리나가 연구에서 그의 수많은 저서 중에 『고사기전』을 직접 거론했던 경우는 의외로 드물다. 사상사 연구자들이 주로 다룬 것은 대부분 논쟁서의 성격을 지닌 저서들이었다. 간혹 『고사기전』을 인용한다 해도 대개는 1권 말미에 있는 「직비령」 부분의 인용에 그쳤다.

「직비령」은 '이 편은 도(道)라는 것에 대한 논'이라고 부제가 달려 있듯이, 원래 유학자들과의 논쟁을 의식하여 간행한 독립된 저서를 『고사기전』의 서론으로 재이용한 것이다. 노리나가가 자신의 방법론과 입장을 명쾌하게 제시하는 가운데, 특히 '한의(漢意, 가라고코로)' 배척사상으로 잘 알려져 있다. 사실 '직비령(直毘靈, 나오비노미타마)'이라는 서명도 중국풍 사고방식에 물든 사람들의 마음을 바로잡기 위해 나오비 신(直毘神)의 혼령이라는 뜻으로 붙인 것이다.

유학자들과의 사상 논쟁을 위한 저술의 성격상 「직비령」은 '황국' 대(對) '가라쿠니'의 이분법적 언설로 가득 차 있다. 애초에 논쟁서였던 만큼 논지가 극명하게 드러나 있기 때문에 논의에 필요한 구절만 추출하여 왈가왈부하기도 쉬웠다고 하겠다. 흔히 노리나가가 일본 내셔널리즘의 기원으로 이야기될 때 가장 먼저 지적되며 언설 비판의 초점이 집중되는 것도 「직비령」의 '한의' 배척사상이었다. 편협한 국수주의라고밖에 달리 표현할 길이 없는 이 사상 문제를 둘러싸고 여태껏 많은 연구자들이 관심을 기울여왔다. 예를 들면 그것을 노리나가 개인의 문제가 아니라 시대적 이데올로기 경향으로 해소하기 위해 유학이나 신도의 영향 관계에 천착하기도 했다.

일찍부터 연구자들은 『고사기전』에 보이는 극히 실증적인 학문적 태도와 모순되는 것처럼 보이는 노리나가의 '황국' 중심주의적 언설에 당혹스러움을 감추지 않았다.[8] 그래서 편리한 대로 학자로서의 과학적인 방법과 신앙에 가까운 비합리적인 사상의 두 가지 측면을 나누어서 논해왔다. 흔히 '노리나가 문제'[9]라고 일컬어지는 연구상의 전제가 바로 그것이다.

노리나가의 학문적 측면과 신앙적 측면을 준별하여 평가했듯이, 종래의 『고사기전』 연구는 각각의 분야에서 별개로 행해졌다. 일본 국어국문학 연구에서는 노리나가의 사상 문제를 차치하고 『고사기전』을 오직 『고사기』 연구를 위한 참고서로 취급하며 본문의 주석 내용만 다루었고, 일본사상사 연구에서는 반대로 본문 주석은 제외하고 이데올로기적 성격이 강한 『고사기전』의 총론 「직비령」 같은 부분만 언급했던 것이다.

근년 들어 일본사상사 연구에서도 『고사기전』의 주석이라는 방법에 연구자들이 주목하기 시작했다. 예를 들면 일련의 연구에서 '노리나가 문제'를 가장 적극적으로 제기하고 있는 고야스 노부쿠니는 근대 '일본'론에서 노리나가가 끊임없이 재생되는 현상까지를 포함하여, '일본'이라는 민족국가(nation-state) 성립에 관한 문제로 노리나가를 문제화한다. 특히 『고사기전』의 존재는 근대 일본의 국가적 존립에 결정적 의미

8 이른 시기의 노리나가 연구 중 무라오카 쓰네쓰구, 사사즈키 기요미 등의 예를 들 수 있다. 村岡典嗣, 『本居宣長』, 岩波書店, 1928; 笹月清美, 『本居宣長の研究』, 岩波書店, 1944. 특히 전자에 대해서는 이 책의 제6장에서 상술한다.

9 노리나가의 모순을 '노리나가 문제'라고 명명한 것은 일찍이 노구치 다케히코의 논문 「모토오리 노리나가의 고도론과 치도론」(1976)에서 확인할 수 있다. 野口武彦, 『宣長選集』, 筑摩書房, 1986에 재수록. 그러나 이 용어를 대대적으로 거론한 것은 역시 고야스 노부쿠니라고 할 수 있다. 고야스는 가토 슈이치(加藤周一)가 『아사히신문』의 「석양망어(夕陽妄語)」(1988. 3. 22.)에서 '하이데거 문제'와 같은 선상에서 언급한 '노리나가 문제'라는 표현에 집착하여, 이를 비판하는 논고 「'노리나가 문제'란 무엇인가」(1989)를 『현대사상』 '파시즘' 특집에 발표했다. 子安宣邦, 『「宣長問題」とは何か』, 筑摩書房, 2000(1995)에 재수록.

를 지니는 것이라고 하며, 외부적 시점이 결여되어 있어 타자를 부정하는 노리나가의 국가의식에 대해 강하게 비판한다.[10]

또한 고야스와 같은 관점에서 히가시 요리코는 『고사기전』의 주석이 이데올로기성을 은폐하는 문헌학적 방법이었다고 보고 거기에 감춰진 노리나가의 신학적 의도를 찾으려 한다.[11] 이러한 연구는 상당히 시사하는 바가 크나, 노리나가의 방법을 결국 이데올로기의 문제로 환원해버리는 경향이 있다. 사실 이들을 중심으로 활발하게 이야기되는 '노리나가 문제'는 일본사상사학에 대한 방법론적 전환을 의도한 것이다. 따라서 노리나가 연구의 입장을 명확히 하기 위해서는 근대 초기 '학문'으로서 일본사상사의 출발과 노리나가의 관계부터 재검토할 필요가 있다.

다른 한편으로 일본 국어국문학 연구에서 『고사기전』에 주목하게 된 것은 사이고 노부쓰나가 '주석학'으로서 노리나가의 학문을 재검토한 것을 계기로 그 영향을 받은 바가 크다.[12] 노리나가의 사상적 측면은 일단 접어두고 언어학적 측면에서 조명한다는 취지였다. 이후 문학 분야에서는 『고사기』 연구를 위해 『고사기전』의 주석 내용만을 부분적으로 참고하는 식으로 노리나가의 학문적 성과를 활용했다. 결국 『고사기전』 전체의 텍스트 분석을 기초로 한 연구는 이제껏 제대로 이루어지지 않았던 셈이다.

『고사기』 본문의 글자 하나하나를 읽어나가는 것은 필연적으로 전후 문맥의 이해를 전제로 하지 않을 수 없고, 그러자면 이미 거기에는

10 子安宣邦, 『本居宣長』, 岩波書店, 2001(1992); 子安宣邦, 『本居宣長とは誰か』, 平凡社, 2005.

11 東より子, 『宣長神學の構造: 假構された「神代」』, ぺりかん社, 1999; 東より子, 『國學の曼陀羅: 宣長前後の神典解釋』, ぺりかん社, 2016.

12 西郷信綱, 『國學の批判』, 未來社, 1965.

일정한 해석이 포함되기 마련이다. 따라서 『고사기전』에 입각해서 노리나가가 『고사기』를 어떻게 해석했는가를 밝히는 일이 선행되어야 한다. 게다가 「직비령」에 제시되어 있는 방법론은 어디까지나 방법론일 뿐이다. 그것이 『고사기전』의 실제 본문 주석에 어떤 식으로 기능했는지 혹은 갈등했는지 등에 대해서는 구체적인 고찰이 더 필요하다. 이는 일본문학 연구자 입장에서의 반성인 동시에, 종래 일본사상 분야에서의 노리나가 연구에 대한 비판으로 제기되기 시작한 것이기도 하다.[13]

'황국'이라는 말 자체가 『고사기전』의 집필 과정에서 자각된 용어라는 점을 고려해보면, 노리나가의 황국주의라는 사상적 측면과 실증적으로 보이는 학문의 태도라는 측면을 별개로 취급하는 문제 설정은 그다지 유효하지 않다. 오히려 문제는 노리나가의 사상을 국학적 사고의 전형으로 규정하고, 그것을 지지하거나 비판하거나 하는 입장의 차이는 있을지 몰라도 노리나가의 방법을 근대 학문의 전통으로 수용하려고 했다는 점이라고 본다.

노리나가의 학문과 사상을 모순으로 보는 것이 아니라 '노리나가 문제'와 같은 문제 설정이 어떻게 문제화될 수 있었는가, 말하자면 그러한 논의 자체를 발생시킨 배경을 밝히는 것이 보다 유의미하지 않을까. '노리나가 문제'를 해소하기 위해 우선적으로 던져야 할 물음은 노리나가의 학문이 어떻게 근대적이라고 평가받았는가라는 점이다. '일본'론 및 '일본적'인 것을 논할 때마다 노리나가의 언설이 반복 재생산되는 구조는 근세 국학에서 근대 국문학으로 단순한 연장선상에서 생각해왔던 기존의 틀과 상통하는 문제라 여겨진다.

---

13 神野志隆光, 「『古事記傳』と『古事記』」, 長島弘明 編, 『本居宣長の世界: 和歌·注釋·思想』, 森話社, 2005; 神野志隆光, 『漢字テキストとしての古事記』, 東京大學出版會, 2007의 특히 제10장 「「古語」世界の創出: 『古事記傳』」 등 참조.

'황국'을 둘러싼 사상 담론은 전시 중 제국 일본에서 근대 천황제 국가의 지배 이데올로기로 굴절되어 나타났던 반동으로 전후 일본학계에서는 터부시되기 일쑤였다. 그러한 언설들을 비판하고 폐기해버리는 것은 차라리 안이한 작업일지도 모른다. 이 책에서는 근세 국학의 성격을 오로지 민족주의로 귀결시키거나 황국사관(皇國史觀)의 정신적 토대로 단순하게 연결짓는 논의는 일단 접어두고, 노리나가가 역설하는 '황국' 자체가 어떤 논의였는지 면밀하게 추적해가는 작업에 집중하려 한다.

3. 책의 구성

이 책의 문제인식은 『고사기전』을 『고사기』와는 또 다른 하나의 텍스트로 보는 관점에서 출발한다. 『고사기전』이 『고사기』 주석서라는 사실은 틀림없지만, 『고사기』를 읽기 위한 도구로만 보기에는 불충분하다. 이에 주석을 통해 만들어진 새로운 신화 텍스트로 『고사기전』을 본다. 『고사기전』이 만든 『고사기』는 구체적으로 어떤 '황국' 이야기가 되었는가. 제1부 「모토오리 노리나가의 황국」은 이 물음에 초점을 맞춘 것이다.

먼저 제1장에서 다루는 『고사기전』의 '외국(外國)'론은 『고사기전』의 독해가 『고사기』에서 일탈하는 대표적인 예다. 『고사기』는 고대 일본에 대한 이야기지만 중국에 대해 전혀 언급하지 않고 외부라 할 만한 것에 대한 이야기가 거의 보이지 않는다. 약간의 외부 기사에 해당하는 것이 신라와 백제에 대한 한반도 관련 기사인데, 다만 『고사기』에서 이들 나라를 외부적 존재로 취급하는가는 의문이다. 이에 대해 『고사기전』은 『고사기』에 나타난 이들 한반도 나라들을 포함하는 여러 '외국'에 대한 신화적 기원을 찾아, '상세국(常世國)'이라는 신화상의 세계가 현실의 '외국'으로 이어진다고 해석한다. 이는 원래의 『고사기』로부터는 도출하기 어려운, 즉 『고사기전』에 의해 창출된 세계상이다.

여기서 문제 삼는 것은 『고사기전』 해석의 시비가 아니라 노리나가가 그와 같은 해석에 철저히 일관했던 이유다. 이를 알기 위해서는 노리나가의 세계인식에 대한 기반을 검토할 필요가 있다. 예를 들면 『고사기전』 17권의 부록으로 실려 있는 『삼대고(三大考)』는 당시 서양 천문학을 수용하여 지구적 세계를 표현한 개념도로서 '외국'과 '황국'의 문제를 살펴볼 수 있다.

이어 제2장에서는 노리나가에게 가장 중요한 '외국'이었던 '가라(カラ)'의 문제를 그가 어떻게 극복하며 '황국' 고유의 기원을 이야기하는지 살펴본다. '가라'는 '한(漢)'이기도 '한(韓)'이기도 하다. 그러나 노리나가의 입장에서 본다면 '한(韓)'은 어디까지나 '한(漢)' 속에 수렴되는 존재이기에 독립적으로 생각하지 않았다. 고대 한반도는 일본에 복속되어 조공했던 나라였고, 현대의 조선은 중국의 복속국이라고 간주한 것이다. 물론 이러한 부정적 조선 인식은 당대 일본의 대외인식과 맞물려 있고, 노리나가는 그 안에서 사고했다.

구체적으로 다루는 것은 『고사기』에 유일하게 쓰인 '가라쿠니(韓國)'라는 말에 대해 『고사기전』이 그것을 '가라쿠니(空國)'라고 주석을 단 사례다. 노리나가의 해석에 따르면 여기서의 '가라쿠니(韓國)'는 고대 한반도와 무관한 말이 된다. 그렇기 때문에 노리나가가 조선멸시관에 입각하여 의도적으로 '가라(韓)'와 관련시켜 해석하는 가능성을 배제했다는 비판도 있었다. 그러나 속단하기에는 아직 이르다. 『고사기전』 외에 '가라(韓)'를 둘러싼 논쟁으로 알려진 『겸광인(鉗狂人)』과 외교관계사인 『어융개언(馭戎慨言)』 등을 참조해볼 때, 문제의 본질은 '가라(韓)' 그 자체가 아닌 '황국'의 기원론과 관련되어 있다.

제3장은 『고사기전』에서 실제로 '황국'이 얼마나, 그리고 어떤 맥락에서 쓰이는가를 분석한 것이다. 결론부터 말하면 『고사기전』에서 '황

국'의 '고사(古事)'로 언급되는 것은 신대(神代)부터 전해지는 구체적인 제도, 풍습, 예의 등이 중심이다. 그것은 황실을 비롯하여 민간에 이르는 관습적인 것들을 총괄한다. 노리나가는 신대의 자취가 현재에도 잔존한다는 사실을 『고사기』에서 발견함으로써 '황국'의 '고사'의 진실성을 주장하는데, 그러한 신대와 현대의 연속성은 황통의 존속이라는 사실로 귀결된다.

여기서는 『고사기전』에서 '군신(君臣)'이라는 한자를 '기미·야쓰코(キミ·ヤツコ)'라고 읽는 훈독의 문제를 경유하여, '신국(臣國)'을 '미야쓰코쿠니(ミヤツコクニ)'라고 읽는 문제까지를 다룬다. 조선을 일본과 수평관계의 '인국'이 아닌 상하관계의 '번국'으로 정의하는 노리나가의 인식은 한자의 훈을 바로잡는 문제를 통해 나타난다. 그것은 일견 개별적인 문제로 보일지 몰라도 오히려 총체적인 사상적 입장을 대변하는 것이다. '기미·야쓰코'라는 '고어'의 발견은 '황국'에 '군신의 차별'이 엄격히 지켜졌다는 '고사'의 증명으로 이어진다. 예로부터 지배자와 피지배자의 혈통이 정해져 있었다는 것은 '가라쿠니'의 군신질서와 가장 큰 차이로, 역사상 왕조의 단절이 한 번도 없었던 '황국'의 특징을 설명해준다.

제4장에서는 이처럼 '황'자의 선택과 함께 『고사기전』에서 만들어낸 '황국'이라는 새로운 이야기의 완성이 의미하는 바에 대해 고찰한다. 그때까지 줄곧 제왕통기(帝王統記)의 자리를 차지해온 것은 중국의 사서편찬 방식과 한문의 양식을 충실히 따른 『일본서기』였다. 그런데 노리나가는 『일본서기』가 아닌, 『고사기』가 오히려 황통의 본질을 보여준다고 말한다. 정사로 취급받지 못했던 『고사기』의 일견 정리되어 있지 않은 문체가 '실체'로서의 황통을 입증한다는 것이다. 이로써 성립 이래 『고사기』와 『일본서기』의 관계가 처음으로 전도되었다. 노리나가의 방법론에 따라 만들어진, '올바른' 황통을 기축으로 한 '황국' 이야기는 신대부터 변함없이 지금 현재의 자신들에게 연속되는 '진실'로 여겨졌다.

노리나가가 『고사기전』에서 사용하기 시작한 '황국'이라는 말은 천황을 정점으로 하는 국가를 나타내고, 그 표상은 만국의 우위에 서는 자국 아이덴티티의 주장으로 직결된다. 한자는 문자가 없었던 고대 일본에서 차용한 것이기 때문에 기록된 글자에 절대 구애받지 말고 문자 너머에 있었을 본래의 고어를 찾아야 한다는 것이 노리나가의 방법론이었다. 그것은 역으로 노리나가가 문자를 얼마나 강하게 의식하고 있었는지를 반증하는 셈이다.

제2부 「모토오리 노리나가 이후의 황국」은 이와 같이 18세기 말에 발견된 '황국'이라는 말이 19세기 일본에서 널리 퍼지는 상황에 주목한 것이다. '황국'이라는 말의 유행 및 확산과 관련하여 노리나가의 영향력은 그의 방대한 저서 중에서도 특히 정치론이나 외교사를 전개한 사상서를 통해 수용되었다. 이는 막부 말기의 '황국학'의 융성에 그치지 않고, 근대 국가 일본에서 노리나가라는 존재 자체가 재발견되어 국민적 영웅으로 부각되는 과정에서도 비슷한 경향이 확인된다.

제5장에서는 노리나가 이후의 '황국'이 급변하는 국제정세하에서 주변국을 의식하면서 배타적 양이론으로 변질되는 모습을 살펴본다. 대표적으로 히라타 아쓰타네(平田篤胤) 및 그 이후에 전개되는 국학 담론에서 극단적 형태로 계승된 '황국'사상을 볼 수 있다. 그런데 같은 시기 일본의 난학자들 사이에서는 네덜란드어 '케이젤레이크(keijzerrijk)'를 번역하는 과정에서 '제국(帝國)'이라는 새로운 개념이 등장하여 널리 보급되었다. 19세기 일본에서 국학과 난학이 서로 공명하며, '황국'과 '제국'이라는 자국 표상이 존황양이의 기치 아래 모순 없이 병존하고 있었던 사실은 매우 흥미롭다. 이처럼 '제국' 담론이 교차하면서 국학에서 배태된 '황국' 의식은 막부 말기 다케오 마사타네(竹尾正胤)의 대제국론(大帝國論)과 같은 유교적 화이 관념의 변용으로 나타난다.

제6장은 '노리나가 문제'의 발단이 된 무라오카 쓰네쓰구(村岡典嗣)

와 그의 영향으로 노리나가의 방법론에 주목한 마루야마 마사오(丸山眞男)를 중심에 두고 일본사상사에서의 노리나가 연구를 되짚어본 것이다. 무라오카도 마루야마도 노리나가에 대한 평가는 양면성을 지니며 노리나가 주석의 방법론을 따라 일본사상사의 근대적 방법론을 모색했다. 특히 이들은 노리나가의 사상에 역사인식이 결여되어 있다고 비판하면서 그와는 선을 두고 싶어 했다. 그럼에도 불구하고 이들은 노리나가에 의해 방향지어진 '일본 신화'라는 사고의 틀 안에 있었음을 확인할 것이다.

제7장은 근대 국문학 성립사에서 노리나가 국학을 어떻게 수용했는가에 관한 것이다. '국문학'이 '국+문학'인가 '국문+학'인가라는 논란은 국문학의 탄생과 동시에 시작되었다. 하지만 그것이 혼동되는 상황은 전후가 되어서도 크게 달라지지 않았음을 '국문의 학'을 내세우는 국문학자들의 언설에서 볼 수 있다. 이 차원이 다른 두 가지 이해가 기묘하게 맞물리며 의도적으로 합쳐져가는 과정이 국문학의 전개이기도 했다. 국어 및 국문학의 정전들이 근대 국민국가의 이데올로기와 맞물려 새롭게 만들어졌다는 사실에 대해서는 1990년대 후반부터 여러 연구자들이 주목했다. 근년 이러한 성과들이 국내에도 비교적 많이 번역 소개되어 문제의식을 공유할 수 있는 연구 기반이 어느 정도 마련된 것 같다.

이 책의 제2부는 일본사상사 비판을 거쳐 일본 국문학사 비판으로 끝맺고 있다. '황국'이라는 말이 노리나가에 의해 의식적으로 만들어졌듯이, 그 '황국'의 근대적 전개를 추적해갈 때 기존의 안일한 일본 비판 내지 노리나가 비판의 차원에 머무르지 않는 새로운 문제의식의 설정이 비로소 가능하리라 생각한다. 적어도 '황국'이라는 용어가 근대 일본으로까지 이어지면서 오랜 기간 계속해서 사용된 점이 일본주의 내지 천황주의를 뜻하는 '황국'사상의 대표로 노리나가의 이미지를 고정시킨 결정적 요인 중의 하나라고 보기 때문이다. 노리나가에서 비롯된 '황국'

이라는 자국 표상의 문제를 근대 '제국' 담론과 결부시켜 조망해봄으로써 거시적인 관점에서는 근세에서 근대로의 이행기를 생각하는 중요한 문제제기가 되기를 기대한다.

제1부

모토오리 노리나가의 황국

제1장

황국 이야기를 위해 만들어진 외국

1. 외국의 기원은 상세국이다

1) 신화상의 상세국

『고사기전』에는 『고사기』에 아무런 설명도 없이 등장하는 '상세국(常世國, 도코요노쿠니)'이라는 신화상의 세계를 현실상의 '외국(外國, 도쓰쿠니)'에 결부시켜 해석하는 특이한 설이 있다. 『고사기』에는 없는, 『고사기전』이 만들어낸 이야기의 전형적인 예다. 우선 『고사기전』에서 어떻게 '상세국'을 '외국'과 연결시키는지 따라가 보자. 『고사기』의 해당 본문은 다음과 같다.

> 그 후 그 스쿠나비코나 신은 상세국으로 건너갔다.
>
> 然後者, 其少名毘古那神者, 度于常世國也.[1]

1 神野志隆光·山口佳紀 校注, 『古事記』, 新編日本古典文學全集 1, 小學館, 1997, 95쪽.

스쿠나비코나 신(少名毘古那神)은『고사기』상권의 국토생성 신화에서 바다를 건너와 오호쿠니누시 신(大國主神)을 도왔다고 하는 존재다. 여기서 후일담으로 스쿠나비코나 신이 '상세국'으로 건너갔다고 하는데, 앞뒤에 '상세국'에 대한 어떠한 설명도 없이 이 구절뿐이다. 대체 '상세국'은 어디이며 어떠한 곳인가라는 의문들을『고사기』문장 안에서 해명하기는 곤란하다.

이 단 한 줄로 끝나는『고사기』의 문장에 대해『고사기전』은 이례적으로 긴 주석을 달았다.

> 무릇 상고의 '도코요(常世)'라는 말에 세 가지가 있다. 첫째는 '도코요노 나가나키토리(常世長鳴鳥)', '도코요노 오모카네노카미(常世思兼神)'라고 할 때의 그것이다. 이는 '도코요(常夜)'의 뜻이다.…… 둘째는 하권 유랴쿠 천황(雄略天皇)의 노래에 '마히스루오미나 도코요니모카모(춤추는 여인 영원히 변치 않기를)'라는 구절…… 이는 글자 그대로 '도코토와(常とは)'로서 영원불변함을 말한다. 셋째는 '상세국(常世國)'이라는 것이다. 위의 세 가지는 그 말은 같지만 그 뜻은 각각 다르며 전혀 무관하다.【세 가지를 같은 뜻이라고 생각하는 것은 글자가 같음에 끌려 깊이 생각지 않은 결과다. 말이 같아서 모두 '상세(常世)'라는 글자를 빌려 쓴 것이다.】[2] 한편 상세국이란 이렇게 이름 붙여진 나라 중의 하나가 아니라, 그저 어디든 이 황국에서 멀리 떨어져 쉽게 오고갈 수 없는 곳을 널리 일컫는 말이다. 따라서【도코요는 음차이며,】그 뜻은 소코요리쿠니(底依國)로, 그저 멀리 떨어진 나라라는 의미다.【고대에

이하 인용에는『古事記』, 쪽수만 표시한다.

2 【 】는 원문의 할주(割註)를 표시한 것이다. 이하 동일.

> '소코'는 '도코'와 상통하는 말이었다. 또한 '소코'는 바닥만을 지칭하는 것이 아니라 사방 상하 어느 쪽도 매우 멀리 떨어진 곳을 가리키는 말이다.……】…… 이와 같이 상세국이란 어느 곳이나 멀리 바다 건너에 있는 나라를 말하는 것이므로 황국의 밖은 만국이 다 상세국이다. 여기서 이 스쿠나비코나 신은 부친 간무스비 신(神産巣日神)의 손가락 사이로 새어나간 신인데 그 행방을 알 수 없었다. 이는 지상의 위원중국(葦原中國)에 강림하지 않고 외국에 떨어졌기 때문이었던 것이다.[3]

주석은 일본의 고대에는 '도코요(常世)'라는 말에 세 종류가 있었다는 설명으로 시작된다. 첫째는 '도코요(常世)'='도코요(常夜)', 둘째는 '도코요(常世)'='도코토와(常とは, 不變)', 셋째는 '도코요(常世)'='상세국(常世國)'이다. 각각 말의 뜻은 별개이므로 표기가 같은 것에 연연하지 말고 구별해야 한다고 강조한다.

삼분류 가운데 위의 본문에 해당하는 '도코요'는 '상세국'이라고 한다. 이에 대해 '상세국'이란 '황국'에서 멀리 떨어져 쉽게 왕래할 수 없는 곳을 널리 일컫는 말이라고 부연한 다음, 이후 『고사기』뿐만 아니라 여러 문헌을 총동원하여 용례를 다수 인용한다. 그리고 '황국'의 밖은 만국이 다 '상세국'이라고 다시 한 번 강조한다. 이로써 『고사기』에 간무스비 신(神産巣日神)의 손가락 사이로 새어나갔다고 하는 스쿠나비코나 신의 행방이 밝혀진다. 즉 이 신은 일본 국토의 신화적 기원에 해당하는 '위원중국(葦原中國, 아시하라노 나카쓰쿠니)'의 어딘가에 떨어진 것이 아니라 처음부터 '외국'으로 간 것이라고 한다. 결론적으로 이 신이 '상세국'으로 건너갔다고 하는 짧은 기사는 본래 있던 '외국'으로 돌아간

3 『本居宣長全集』, 10권, 8-10쪽.

것으로 해석해야 한다는 것이다. 『고사기전』의 스쿠나비코나 신에 대한 이야기는 여기서 끝나지 않고 다음과 같이 이어진다.

> 지금 생각하건대 외국【삼한(三韓) 및 중국(漢), 인도(天竺), 그 밖에 사방의 만국】은 모두 이 신이 만들고(經營) 굳혀(堅) 이루어낸(成) 것으로 보인다.【…… 여러 외국에는 신대의 올바른 전설이 전하지 않기 때문에 이 스쿠나비코나 신이 하늘에서 내려와 만드셨다는 사실을 전혀 알지 못하는 나라들이 많으리라. 또한 각 나라들의 방언으로 바뀌어 다른 이름으로 전하는 경우도 있고, 그 신령(神靈)의 제사를 모시는 신사가 있는 나라들도 있을 테지만, 그 신의 이름이 다르기에 어떤 나라에서도 정확한 것을 알지 못한다.……】그리하여 후세에 이르러 그 외국으로부터 많은 것이 건너와 쓸 일이 많음은 신대에 이 신이 외국에서 잠시 도래하여 오호나무치 신(=오호쿠니누시 신)을 도와서 함께 나라를 만드신 뜻과 부합한다. 실로 깊은 이치다.【이에 외국에서 건너오는 물건 중에는 황국에 도움이 되고 보물이 되는 것도 있으나, 또한 해가 되는 것도 많다. 이 역시 그럴 만하다.…… 오로지 이 신이 만드신 외국은 원래부터 나쁜 것이 많음이 당연하다. 그렇지만 나쁜 것에서 좋은 것이 생기는 이치를 생각해야 하리라.】[4]

애초에 '외국'은 스쿠나비코나 신의 관할이었다고 하는 이른바 '만국경영(萬國經營)'설이다. 스쿠나비코나 신은 『일본서기』 일서(一書)에는 다카미무스비 신(高皇産靈尊)의 자식으로 나오는데, 이 신이 "성질이 매우 나빠 순종하지 않았다"는 기사가 있다.[5] 『고사기전』은 이에 근거하여

4 『本居宣長全集』, 10권, 10-11쪽.

이 신을 "처음에 나빴던 신"으로 규정하고, 그 때문에 "이 신이 만든 외국에는 본디 나쁜 것이 많은 법일까"라고 덧붙인다.[6] 나아가 『고사기전』은 이 신이 상고에 '황국'에 잠시 다녀간 인연에 의해 현재 '황국'과 '외국'의 교류가 이어지고 있는 사정까지 이해하려 한다.

『고사기』에는 스쿠나비코나 신이 건너갔다고 하는 '상세국' 외에, 다음과 같은 장면에 '상세국'이라는 말이 두 번 더 나타난다. 하나는 미케누노 미코토(御毛沼命)가 '상세국'으로 건너갔다고 하는 기사, 다른 하나는 스이닌 천황(垂仁天皇)의 명으로 신하 다지마모리(多遲麻毛理)가 '상세국'에 다녀왔다고 하는 기사다. 이 두 번의 용례도 『고사기』 안에서 더 이상의 다른 설명은 찾아볼 수 없다. 그렇지만 『고사기전』에서는 이 '상세국'이 모두 한반도의 '신라국(新羅國, 시라기노쿠니)'을 가리킨다고 보고, 그 점이 '상세국'='외국'설의 근거가 된다고 말한다. 두 기사에 대한 『고사기전』의 주석은 다음과 같다.

> 상세국은 어느 나라든 황국에서 멀리 떨어져 쉽게 왕래할 수 없는 먼 나라를 가리킨다는 점은 앞에서 말한 바와 같다. 여기서 미케누노 미코토가 그 나라에 건너간 까닭은 분명치 않다. 성씨록(姓氏錄) 우경황별(右京皇別)에…… 이나히노 미코토가 신라국왕의 조상이라고 되어 있는 기사에 따르면, 신라국에 건너가 그 나라 왕이 되었던 것이리라.【신라도 상세국이다. 중국의 북사(北史) 신라전(新羅傳)에 그 나라 왕은 본래 백제인으로 바다를 건너 도망쳐 신라에 들어가 결국 왕이 되었다고 하는데, 그 내용은 사실 황국인으로 이 미코토에 대한 것이

5 坂本太郎 他 校注, 『日本書紀』, 日本古典文學大系 67·68, 岩波書店, 1965-1968, 상권, 131쪽. 이하 인용에는 『日本書紀』, 쪽수만 표시한다.

6 『本居宣長全集』, 10권, 11쪽.

잘못 전해져 백제인이라고 되어 있는 것일까.】 이는 미케누노 미코토를 말하는데, 성씨록에 이나히노 미코토라고 되어 있는 것은 형제간이기에 잘못 전해진 것이다.[7]

상세국은…… 신라국을 지칭하는 것이다. 그 까닭은 다지마모리는 신라인의 후예라서 그 나라에 귤나무가 있다는 것을 알고 실로 진귀한 열매라고 전해 들었기에 천황께 주상하여 일의 발단이 되었기 때문이다.【그렇지 않으면 당시 아직 외국과의 왕래도 없었는데 귤나무가 있다는 사실을 알았을 리 없다.……】[8]

두 기사의 '상세국'은 모두 신라를 가리킨다는 설명이다. 하지만 전자는 미케누노 미코토의 형제인 이나히노 미코토(稲飯命)가 『신찬성씨록(新撰姓氏錄)』에 신라국왕의 선조로 나온다는 점을 근거로 한 것이고, 후자는 다지마모리가 신라인의 후예가 아니면 신라에 있는 진귀한 열매의 존재를 어떻게 알았겠냐는 식의 논의에 불과하다. 게다가 귤에 대해 『일본서기』의 표기인 '비시향과(非時香菓)'에 따르면서도 '비시(非時)'에서 늘 변함없다는 뜻은 배제함으로써 '상세국'과 '불변'의 관련성을 인정하지 않는다. '비시'는 단순히 귤의 생육적인 특징을 나타내는 것으로 "때가 아닌 철에도 늘 향이 나는 열매"[9]를 뜻한다고 부연한다.

이처럼 '도코요'라는 말을 구별하여 '상세국'을 현실의 '외국'으로 비정하는 『고사기전』의 설명은 다수의 용례 분석에 근거한 실증적 작업처럼 보이나, 실제로는 상당히 억지스러운 측면이 있다. 더구나 이들 주

7 『本居宣長全集』, 10권, 295쪽.

8 『本居宣長全集』, 11권, 143쪽.

9 『本居宣長全集』, 11권, 144쪽.

석의 내용은 『고사기전』 안에서 각각의 해석을 서로 보강하는 식으로 수차례 반복된다. 당시의 다른 국학자들, 즉 노리나가보다 선행하는 게이추(契沖)나 가모노 마부치(賀茂眞淵)의 설을 참고하더라도, '도코요'는 그저 신선들의 세계인 '봉래(蓬萊)'라고 풀이하는 것이 일반적이었다. 노리나가의 '도코요'설이 후대에 미친 영향력 또한 거의 확인되지 않는다. 현대의 『고사기』 주석서들도 '도코요'에 대해 신화상의 이상향 정도로 해석하고 넘어가는 경우가 대부분이다.

예를 들면 『만엽집(萬葉集)』의 노래에 "당신을 기다리는 마쓰라(松浦) 포구의 처녀들은 상세국의 해녀처녀(海女娘子, 아마오토메)일지도"[10]가 있는데, 이에 대해 게이추는 『만엽대장기(萬葉代匠記)』에서 "상세국은 봉래다.…… 봉래에 해녀가 있겠느냐는 비난이 있을지 모르나 바닷속에 있는 세계이므로 해녀처녀(海人處女)라는 익숙한 말로 연결되어야 하리라"[11]고 주석을 달았다. 같은 노래에 대해 마부치는 『만엽고(萬葉考)』에서 "여기에 나오는 상세국이란 중국을 가리키는 것이 아니라 봉래 등 신선들이 사는 곳을 가리킨다"[12]고 주석을 달았다. 노리나가 역시 다음과 같은 부분을 보면 종래의 '봉래'설을 강하게 의식했음을 알 수 있다.

【…… 예의 봉래라는 곳도 바닷길로 멀리 떨어져 있어 가기 어려운 곳을 말하므로, 여기서 말하는 상세국도 이와 비슷하다. 게다가 영원히 불변한다는 것을 도코요라고도 하므로, 그 이름까지 서로 통하기 때

10 小島憲之 他 校注·譯, 『萬葉集』, 新編日本古典文學全集 6-9, 小學館, 1994-1996, 5권, 865번. 이하 인용에는 『萬葉集』의 권수, 노래번호만 표시한다.

11 契沖, 『契沖全集』, 岩波書店, 1973-1975, 3권, 97-98쪽. 이하 『契沖全集』, 쪽수만 표시한다.

12 賀茂眞淵, 『賀茂眞淵全集』, 續群書類從完成會, 1977-1992, 3권, 262쪽. 이하 『賀茂眞淵全集』, 쪽수만 표시한다.

문에 이런저런 근거로 견강부회하는 것이다. 그런데도 후대 사람들은 그저 상세(常世)라는 한자에 미혹되어 한문의 봉래만을 생각하고 고대의 뜻을 깊이 생각하지 않는 까닭에 불사불변을 상세국의 본뜻으로 이해한다. 이는 잘못되었다.……】[13]

『고사기전』에서는 '상세국'이 '봉래'와 유사하다는 점을 인정하면서도, 불사불변을 '상세국'의 본뜻으로 삼는 것은 한문의 '봉래' 개념에서 비롯된 잘못이라고 비판한다. '상세국'에서 '봉래'가 갖는 의미를 배제하는 태도는, 예컨대 사람이 죽는 것을 '상세국으로 간다'고 표현하는 용례에 대해, 그것은 본래의 의미에서 전용된 것이라고 해석하는 태도와 다소 다르다. 죽음이라는 부정적 요소는 허용범위 내에 두는 반면, 불사불변의 의미를 지닌 '봉래'는 철저하게 소거하는 것이다.

결국 노리나가는 '도코요'='봉래'로 여겨지는 용례에 대해서는 '도코요'의 삼분류 어디에도 넣지 않고 버린다. 『만엽집』의 '물속에 들어간 우라시마코(浦嶋子)를 읊은 한 수'에 나오는 '도코요',[14] 『일본서기』 유랴쿠 천황 조의 우라시마코 전설에 "봉래산에 이르러 신선들을 돌아본다"는 구절,[15] 스이닌 천황 조에 다지마모리가 상세국을 방문했을 때 "이 상세국은 신선들의 비밀스러운 곳으로 속인이 다가갈 수 있는 곳이 아니다"[16]라고 한 대목 등이 그것이다. 이들 용례의 경우 노리나가는 하나같이 옛 뜻을 잃은 '추가'나 '윤색'으로 처리한다. 이처럼 삼분류에 제대로 넣지 않은 용례가 있다는 사실은 애당초 '도코요' 삼분류에 무리가

13 『本居宣長全集』, 10권, 9쪽.

14 『萬葉集』, 9권, 1740번.

15 『日本書紀』, 상권, 497쪽.

16 『日本書紀』, 상권, 280쪽.

있음을 방증하는 것이라고도 할 수 있겠다.

요컨대 노리나가는 '외국'의 기원과 연관이 있는 '상세국(常世國)'을 '도코요(常夜)'나 '도코토와(常とは)'의 의미와는 구분하기 위해 '도코요'라는 말에 세 가지가 있다고 했던 것이다.[17] '도코요(常夜)'의 '도코요'는 황조신(皇祖神) 아마테라스 오호미카미(天照大御神)가 암굴에 숨었을 때의 장면에 나오는 말이며, '도코토와(常とは)'의 '도코요'는 황통(皇統)의 불변성에 관한 말이다. 노리나가는 이러한 것들이 '상세국'의 '도코요'와는 전혀 무관한 이미지임을 주장하고자 고어의 삼분류라는 방법을 쓴 것이다.

참고로 '상세국'에 대해 단순히 신화적 세계로 남겨두는 가능성도 있었다고 생각된다. 예를 들면 와타쓰미 신(綿津見神)의 궁에 대해서는 "바닷속에 있는 나라다. 후대에 똑똑한 체하는 설들은 옛 전설에 부합하지 않는다【불서에 용궁이라는 곳이 나오는데 그 설명이 신기하게도 이 부분과 매우 비슷하다.…… 그러나 그것은 다른 나라 서적만을 믿고 황국의 옛 전설을 믿지 않는 것이다.…… 무릇 황국은 만국에 비추시는 아마테라스 신의 본국이기에 만물은 모두 황국이 근본이자 중심으로, 그것이 다른 나라에도 절로 흘러들어가 서로 비슷해지는 것이 많다.……】"[18]라고 하여 당연하게 '황국'에 전하는 신화적 세계로 파악할 따름이다. 와타쓰미 신의 궁이 있는 위치를 현실의 류큐(琉球)라든지 쓰

17 야스나가 도시노부는 노리나가의 '도코요' 관념이 천황제 논리를 보강하는 추상적이고 공허한 이데올로기로 전환되었다고 지적한다. 또한 히라노 도요오는 노리나가가 '도코요' 이외의 타계를 인정하고 싶지 않았다고 결론 내린다. 이들의 논지는 민속학자 오리쿠치 시노부(折口信夫)의 '도코요'론에 의거하여 노리나가의 설을 비판하는 데 있는 만큼 전적으로 찬동할 수는 없으나, 분석 자체는 같은 맥락이기에 언급해둔다. 安永壽延, 「常世の國: 日本的ユートピアの原像」, 『文學』 36·12, 1968; 平野豊雄, 「『古事記傳』の方法: 宣長の「常世」論について」, 『文學』 46·6, 1978.

시마(對馬島) 같은 곳에 대응시키는 설에 대해 노리나가는 오히려 비판적인 입장을 취했다. 신화상의 '상세국'을 현실세계 '외국'의 기원이라고 하는 설이 『고사기전』 안에서도 매우 특수한 사례였음을 알 수 있다.

2) 역사상의 외국

『고사기』 상권의 국토생성 신화 해석에서 도출한 『고사기전』의 '상세국'론은 『고사기』 중권 이하의 역사 해석에서 현실의 '외국'론으로 기능한다.

『고사기』에 이른바 '외국' 관련 기사가 처음 보이는 것은 유명한 진구 황후(神功皇后)의 신라정벌담이다. 사건의 발단은 서쪽에 있는 보물의 나라를 복속시키라는 신탁(神託)에서 비롯되었다. 여기에 등장하는 '신라'에 대해 『고사기전』은 다음과 같이 주석을 단다.

> 신라는 『서기(書紀)』 신대권(神代卷)에 스사노오 신(素戔嗚尊)이 그 아들 이다케루 신(五十猛神)을 데리고 신라국에 강림했다……【또 가라쿠니 섬(韓鄉之嶋)이라는 것도 이것이다.】라고 쓰여 있다.【그 후 스쿠나비코나 신이 강림하시어 삼한(三韓), 중국(漢國), 그 밖의 나라들을 모두 경영(經營)하셨다. 중국 서적에 전하는 삼한에 대한 기사, 예의 주나라 무왕(武王)이 기자(箕子)를 조선에 봉(封)했다는 것도 모두 그로부터 훨씬 더 먼 훗날의 일이다.】[19]

노리나가가 보기에 '신라'의 첫 등장은 『고사기』의 해당 기사가 아

18 『本居宣長全集』, 10권, 245쪽.

19 『本居宣長全集』, 11권, 376-377쪽.

니라, 『일본서기』 일서(一書)에 전하는 '신라국'이나 '가라쿠니 섬'이다. 기자조선 등으로 알려져 있는 삼한의 역사는 신대에 스사노오와 이다케루 신이 강림한 시점, 이어서 스쿠나비코나 신이 강림한 시점까지 거슬러 올라가야 한다는 것이다.

한편 신라정벌이 끝난 후 『고사기』에는 "이에 신라국은 어마감(御馬甘, 미마카이)으로 삼고, 백제국은 도둔가(渡屯家, 와타리노미야케)로 삼았다"[20]고 되어 있다. 그때까지 '백제국(百濟國, 구다라노쿠니)'에 대한 어떤 설명도 없다가 갑자기 신라와 나란히 등장한 것이다. 이 기사에 대응하는 『일본서기』 진구 황후 섭정전기(攝政前紀)에는 "이에 고려(=고구려)·백제 두 나라의 왕이…… 앞으로 영원히 서번(西蕃)이라 칭하며 조공을 계속하겠다고 주상했다. 따라서 내관가둔창(内官家屯倉, 우치쓰미야케)으로 삼았다. 이것이 소위 삼한이다"[21]라 하여, 고구려를 포함하는 삼한정벌담으로 기록되어 있다. 『고사기전』의 주석도 『고사기』에서 갑자기 백제가 등장하는 점이나 고구려가 빠져 있는 점에 대해 주목한다.

> 『고사기』에도 고려와 백제의 두 나라 왕이 이러이러했다고 기록되어 있어야 하는데, 고려에 대한 기사는 전혀 보이지 않는다. 백제도 그 나라 왕이 이러이러한 말을 했다고 하지 않고 그저 돌연 도둔가로 삼았다고만 되어 있어 연유가 없는 듯 여겨진다. 또한 둔가(屯家)로 삼았다는 것도 『서기』의 내용은 삼국에 걸쳐 있는데 백제에 한해서만 말하는 것도 대체 어째서인가 의문이 든다. 그러나 『서기』의 기사를 잘 생각하건대…… 백제국이 최초로 조공한 것은 같은 시대이기는 하나 훨

---

20 『古事記』, 247쪽.

21 『日本書紀』, 상권, 339-440쪽.

씬 더 뒤의 일로, 신라국을 정벌한 같은 시점의 일은 아니다. 그러니 『고사기』에 도둔가로 삼았다는 것도 뒤의 일인데, 신라를 어마감으로 삼았다고 하면서 참고로 연이어 말한 것이다. 그 나라 왕이 이러이러한 말을 했다는 기사가 없는 이유도 그 때문이리라. 또한 고려국이 조공한 것은 백제에 준해 생각하건대…… 이 황후의 치세 때 일이 아니기 때문에 『고사기』에 그 나라 기사는 없는 것이리라.[22]

노리나가의 설명은 이러하다. 백제의 조공은 진구 황후 섭정전기 46년에 보이는 기사가 그 시작이다. 그렇다면 『고사기』의 해당 기사는 잘못된 것처럼 여겨지지만 그런 것은 아니고, 같은 진구 황후 시대의 일이라 신라에 이어 백제에 관해서도 언급한 것뿐이다. 반면 고구려의 조공은 오진 천황(應神天皇) 7년 9월에 처음으로 확인되니, 『고사기』는 같은 진구 황후의 시대의 일이 아니라서 고구려에 관해서는 언급하지 않았으리라는 것이다.

『일본서기』를 근거로 하여 『고사기』를 납득하려는 노리나가의 태도는 여기서도 잘 드러난다. 『일본서기』뿐만 아니라 『고사기전』에서 "삼한에 대해서는 중국의 역대 사서를 참고하여 생각하건대"[23]라고 밝히듯이, 노리나가는 중국 정사 및 『동국통감(東國通鑑)』 등의 조선 사료를 토대로 삼한의 역사에 대해 상세히 검토한 후에 위와 같은 결론을 내린 것이다. 위의 주석 끝부분에 『고사기』가 백제만을 '둔가(屯家)'로 삼았다고 전하는 점에 대해서는 "삼한의 여러 나라 가운데 그 나라는 후대까지 특히 충성스럽게 친히 봉사했기 때문에 둔가국(屯家國)이라고

22 『本居宣長全集』, 11권, 384-385쪽.

23 『本居宣長全集』, 11권, 382쪽.

각별히 말한 것일까"[24]라고 부연한다. 그리고 『고사기』의 오진 천황 조에 백제로부터 갖가지 '조공'이 있었다는 일련의 기사를 통해 이를 보강한다.

여기서 진구 황후의 정벌담을 사실(史實)로 긍정하는 노리나가의 입장, 이른바 조선번국관(朝鮮蕃國觀)을 쉽게 확인할 수 있다. 다만 이 책에서 보다 주목하고 싶은 것은 『고사기전』이 『고사기』와 『일본서기』가 그리는 역사를 어떻게 이해하려 했는가라는 방법적 측면이다. 다음과 같은 연대를 둘러싼 문제가 그것을 단적으로 보여준다.

『고사기』에서 백제의 조공은 '조고왕(照古王)' 시대의 일로 전한다. 『일본서기』에서는 '초고왕(肖古王)'이라 표기하며 이를 오진 천황 15년=서력 284년의 일이라고 한다. 그런데 초고왕은 4세기의 백제 왕이므로 『일본서기』의 연대와 맞지 않는다. 삼한의 역사에 대해 면밀히 검토한 노리나가는 『고사기전』에서 이 점을 문제 삼는다.

> 이 왕(=초고왕)은 진구 황후 섭정 시대의 인물로 이 시대【오진 천황】에는 해당되지 않는 듯하나, 『고사기』에서는 진구 황후 시대라 말해도 이 천황의 치세나 다름없기에 잘못된 것은 아니다. 그런데 『서기』에는 15년 조에 백제 왕이 아직기(阿直岐)를 보내고 양마(良馬) 두 필을 조공했다고 한다. 이때는 그 나라가 아화왕(阿花王)의 시대이니 잘못 전해진 것이다.【…… 15년은 아화왕 때다. 『고사기』에 초고왕이라 하는 것은 맞지 않는다. 아화왕은 초고왕의 증손이다. 『동국통감』 등에는 아화를 아신(阿莘)이라 하고 그 원년을 진(晉)의 대원(大元) 17년이라 하므로, 닌토쿠 천황(仁德天皇) 80년에 해당한다. 그 왕의 훙(薨)은 그 14

24 『本居宣長全集』, 11권, 385쪽.

년이라고 하니 리추 천황(履中天皇) 6년에 해당하는데, 『서기』와 200년 차이가 난다. 애초에 『동국통감』 등은 신뢰하기 어려운 점이 많지만, 이 연대는 그 책에 쓰여 있는 바를 맞다 할 것이다. 『서기』의 기록은 혼란스러워 연대가 틀린 곳이 많다. 이 천황의 시대는 그 나라의 초고왕과 귀수왕(貴須王)의 시대라 해야 할 것이다.……】[25]

다시 한 번 정리해보면 다음과 같다.

『일본서기』 / 『동국통감』

진구 황후 55년=255년(을해) 肖古王 훙 / 375년(을해) 近肖古王 훙
진구 황후 64년=264년(갑신) 貴須王 훙 / 384년(갑신) 近仇首王 훙
진구 황후 65년=265년(을유) 枕流王 훙 / 385년(을유) 枕流王 훙
오진 천황 3년=272년(임진) 辰斯王 훙 / 392년(임진) 辰斯王 훙
오진 천황 16년=285년(을사) 阿花王 훙 / 405년(을사) 阿莘王 훙

여기서 『일본서기』의 연대를 120년, 즉 간지이운(干支二運)을 내리면 양자는 완전히 일치한다. 물론 모든 연대가 이처럼 일치하는 것은 아니다. 오진 천황 25년=294년(갑인) 직지왕(直支王) 붕어 기사에 대해 『동국통감』은 420년(경신)에 전지왕(腆支王)이 붕어했다고 전하므로, 120년을 내려도 6년의 차이가 있다. 그러나 오진 천황 39년 2월 조에 보면 "백제의 직지왕이 동생 시세쓰히메(新齊都媛)를 보냈다"[26]고 되어 있어 기사의 전후에 모순이 보인다. 이하 개로왕(蓋鹵王)의 붕어 기사까지 양자

25 『本居宣長全集』, 11권, 505-506쪽.

26 『日本書紀』, 상권, 378쪽.

의 백제 왕력은 일치하지 않는다. 노리나가는 이 양자의 비교 검증을 통해 '120년 차이'를 지적하고, 그 이유를 『일본서기』의 기록이 혼란스럽기 때문이라고 판단한다. 노리나가는 그저 120년 차이의 지적에 그쳤지만, 이 문제는 훗날 근대 일본에서 『일본서기』 기년(紀年) 논쟁으로 부각되어 『일본서기』의 허구성을 방증하는 근거로 각광을 받게 된다.

『고사기전』은 이와 같은 방식으로 『고사기』에 쓰여 있는 것을 이해하고자 했다. '상세국'을 비롯하여 '신라국'이나 '백제국'에 대해 그 자체에 대해서는 설명하지 않는 『고사기』를 각종 문헌의 관련 기사를 조합하여 읽으려 했다. 텍스트 읽기로는 철저한 방법이라고 할 수 있다. 경우에 따라서는 적절히 필요한 처리도 하며 전체 문맥을 파악했다. 그리고 그러한 독해 결과를 텍스트 전체에 반영함으로써 적어도 『고사기전』 안에서는 모순되지 않도록 만들었다.

지금까지 『고사기전』이 '상세국'을 '외국'의 기원으로 보고 신라·백제에 대해서도 '상세국'론의 연장선상에서 해석하고 있다는 점을 확인했다. 그것은 비단 내용만이 아니라 훈(訓)에도 치밀하게 반영되어 있다. 『일본서기』에는 『고사기』와 달리 신라·백제 외에도 임나(任那) 및 가라(加羅) 여러 나라와 고구려 등 고대 한반도 국가들이 다수 등장하는데, 그 경우 각 나라의 국명 혹은 '삼한'을 비롯하여 '海表(之國)', '海西', '諸國', '蕃國' 등 다양한 명칭으로 나타난다. 『고사기전』은 한반도 관련 기사의 주에 이러한 기사들을 인용할 때 일반적인 '와타(노쿠니)'가 아니라 하나같이 '도코요(노쿠니)'라는 훈을 달았다. 일견 문자에서 지나치게 벗어난 훈이라고 생각될 수 있으나, 『고사기전』의 '외국'론에서 보면 이해가 가는 것이다.

2. 세계의 시작에서 이야기되는 외국과 황국

1) 지구설과 옛 전설의 합치

이상과 같이 『고사기』 읽기로 보기에는 일견 부자연스러운 『고사기전』의 해석에 대해 과연 어떻게 생각해야 할까. 확대 해석이었다고 일축해 버리면 그뿐이지만, 여기서 문제 삼고 싶은 것은 『고사기』 해석으로서의 시비가 아니라 『고사기전』의 주석에 대한 의미다. 달리 말하면 『고사기전』을 통해 노리나가가 이러한 설을 일관되게 주장하고자 했던 이유다. 이는 노리나가가 세계 전체를 어떻게 인식하고 파악하려고 했는가에 관련된 물음이기도 하다.

노리나가는 세계가 만들어질 때부터 '황국'과 '외국'은 생성 과정이 극명하게 달랐다고 지적한다. 즉 '황국'은 이자나키(イザナキ)·이자나미(イザナミ) 두 신이 부부의 연을 맺고 바다 위에서 낳은 섬들로 이루어진 나라인데, 그에 반해 '외국'은 두 신의 직접적인 개입 없이 단순히 물거품이 응고되어서 부수적으로 생긴 나라라고 말한다. '황국'과 '외국'은 세계의 시작 단계부터 이처럼 이미 명백한 차이가 있었고, 따라서 '황국'의 우위성은 당연히 보장된다는 것이다.

그런데 '외국'의 생성 유래를 이런 식으로 설명하는 것은 『고사기』 또는 『일본서기』 어디에도 없다. 이것은 어디까지나 『고사기전』의 해석으로 만들어진 설이다.

『고사기』에 의하면 이자나키·이자나미 두 신은 현재의 아와지시마(淡路島)부터 시작해서 시코쿠(四國)·규슈(九州)·혼슈(本州) 등 여덟 개의 큰 섬, 즉 '내팔도국(大八島國, 오오야시마쿠니)'을 차례로 낳고, 그 후 기비노코시마(吉備兒島)·아즈키시마(小豆島)·오호시마(大島)·오미나시마(女島)·지카노시마(知訶島)·후타고노시마(双兒島)의 여섯 개 섬을 낳았다고 한다. 반면 『일본서기』에 의하면 '대팔도국'을 낳은 다음에 쓰시마지마(對馬島), 이키노시마(壱岐島)를 낳았고, 도처에 있는 작은 섬들은 파도 거품 또는 물거품이 굳어서 이루어졌다고 한다. 『고사기』와 『일본서기』의 국토생성 신화는 섬의 구성이나 순서 등 세부 내용에 다소 차이가 있기는 하지만, 결국 요점은 두 신에 의해 훗날 일본 국토의 기원이 되는 '대팔도국'이 탄생한다는 점에 있다. 두 신화 모두 '대팔도국' 밖의 세계에 대해서는 거의 관심을 보이지 않는다고 할 수 있다.

하지만 『고사기전』은 이와 같은 『고사기』와 『일본서기』의 기술을 적절히 조합하여, '황국'의 생성 다음에 이어지는 '외국'의 생성에 관한 이야기를 읽어내고자 했다. 『고사기』에는 '대팔도국'의 서쪽 방향으로 여섯 개 섬이 더 보이고, 또한 『일본서기』에는 '곳곳의 작은 섬'들이 보인다는 점에 착안하여, 이것이 바로 '황국' 밖에 있는 '외국'에 대해 말하는 내용이라고 해석하는 것이다.

> 위의 여섯 개 섬의 탄생 순서와 소재는 정확하지는 않지만 먼저 동쪽에서부터 낳고 서쪽으로 갔다. 그리고 사해에 섬이란 섬은 실로 많은데 대팔도국 섬에 이어 오로지 이 여섯 개 섬을 든 것은 다 이유가 있는 것이다.……【…… 대팔도국 밖의 섬들은 두 신이 낳은 나라가 아니다. 그리고 곳곳의 작은 섬이라 함은 반드시 작은 섬에만 국한되는 것은 아니다. 대팔도국 밖을 모두 이렇게 말하는 것이기 때문에 그중에는 큰 것도 많이 있다. 때문에 황국에 속하는 섬뿐만 아니라 외국도 다 크고 작음에 관계없이 이에 속한다고 할 것이다.】[27]

노리나가가 볼 때 세계의 시작은 '황국'에서 그쳐서는 안 되고, '외

27 『本居宣長全集』, 9권, 202쪽.

국'까지를 다 포함해야만 이 세계 전체에 대한 설명으로 납득할 수 있었던 것이다. 『고사기전』의 '외국'에 대한 언설은 다름 아닌 '황국'에 대한 언설이었다. 그리고 그것은 노리나가의 세계인식의 틀에서 파악했을 때 비로소 문제의 본질이 보인다.

이상과 같은 『고사기전』의 설을 답습하여 '지구'라는 세계에서 '황국'과 '외국'을 그려보려 한 것이 노리나가의 제자 핫토리 나카쓰네(服部中庸)가 지은 『삼대고(三大考)』다. 1796년에 노리나가는 『삼대고』를 『고사기전』 권17에 부록으로 넣어 간행했다. 『삼대고』의 세계상은 『고사기전』과는 상당한 차이가 있고, 이 때문에 훗날 노리나가 문하에서도 큰 문제가 되었다. 그러나 『삼대고』는 노리나가의 적극적인 관여하에 제작되었다는 사실이 선행 연구에서 이미 밝혀져 있다.[28] 따라서 『고사기전』의 세계상을 고찰하는 데 『삼대고』는 빠뜨릴 수 없는 중요한 자료라고 할 수 있다.

『삼대고』의 '삼대(三大)'는 '아메(天)'·'쓰치(地)'·'요미(泉)'를 뜻한다. 『삼대고』의 기본 주장은 태초에는 같은 물질이었던 이 세 개의 세계가 점차 분리되어 최종적으로는 현재의 태양(日)·지구(地球)·달(月)이 되었다는 것이다. 이는 당시 새로운 지식으로 흡수되고 있던 서양의 천문학을 고려한 설이다. 제1도에서 제4도까지 태초에 아메·쓰치·요미가 생성 분화되는 모습을 보여주는데, 이 과정에서 우주론적 차원의 세계 생성이 완료되기 때문에 지금까지 주로 『삼대고』의 코스몰로지에 주목해왔던 기존 연구에서는 그 후의 동향에 대해서는 그다지 관심을 갖지 않았다. 하지만 여기에서는 땅 위에 변화가 생기는 제5도부터의 전개가

28 西川順土, 「三大考を中心とする宇宙觀の問題」, 『紀元二千六百年記念 肇國文化論文集』, 神宮皇學館, 1941; 西川順土, 「三大考の成立について」, 『皇學館大學紀要』 10, 1972.

중요하다. 제5도에서 지상에 해수와 국토가 나뉘고 '황국'과 '외국'이 나타난다. 이때 『삼대고』는 '외국'의 생성에 이자나키·이자나미가 관여하지 않았고, 다만 두 신이 국토를 낳을 때 생긴 파도 거품이 응결하여 세계가 형성되었다고 말한다.

> 외국의 시초는 두 신(=이자나키·이자나미)이 대팔주(大八洲, 오호야시마)를 낳으시고 국토와 해수가 차츰 갈라짐에 따라 여기저기 파도 거품이 절로 응집하여 굳어진 것이 크게도 작게도 생겨난 것이다. 이 또한 무스비 신(産巢日神)의 무스비(産靈)에 의해 생긴 것은 같을지라도, 외국은 두 신이 낳으신 나라가 아니기에 황국과 태초부터 귀하고 천함이나 좋고 나쁨의 차이가 분명한 것이다. 후에 외국은 모두 스쿠나비코나 신이 강림하여 경영하시게 된다. 이에 대해서는 『고사기전』에 보인다.[29]

『고사기전』의 설에 따라 '외국'에 대한 '황국'의 우위는 세계의 시작 단계에서부터 명백했다는 주장이 이루어진다. 또한 도식으로 표현한 『삼대고』의 특성상 지상의 위치관계를 통해 '외국'에 대한 '황국'의 우위를 시각적으로 제시한다. 즉 현실의 천체운동을 생각할 때 둥근 지구상에는 상하도 전후도 없는 듯하지만, 그것은 이 세계의 '원래 모습'을 몰라서 그렇다는 것이다. 본디 지상은 천상과 이어져 있었고 천상의 바로 아래에 '황국'이 위치하기 때문에 '황국'은 대지의 중심이라고 설명한다. 세 개의 천체가 각각 선회하고 있는 현재 시점에서도 그 사실은 변하지 않는 '사실'이 된다.

---

29 『本居宣長全集』, 10권, 304쪽.

애당초 『고사기』와 『일본서기』의 신화를 서양 천문학에 적용시키려는 시도 자체가 무리라고 말하는 것은 간단하다. 그러나 그것은 그들이 눈앞의 세계를 진지하게 이해하려는 방법이었다고 볼 필요가 있다. 중세의 불교적인 세계관에 기초한 평면적인 세계는 새로운 세계지도와 지구의가 들어오면서 지구라는 입체적인 세계로 인식의 전환이 요구되었다.

『삼대고』는 처음부터 '천지의 시초'를 '지금의 현실'에 맞추어 이해하려는 것이었음을 스스로 서문에서 밝히고 있다.

> 천지와 국토가 생겨난 최초의 모습에 대해 외국의 설들은 이른바 부처든 성인이든 모두 자기 생각대로 지혜가 미치는 데까지 헤아려, 반드시 이러한 이치일 것이라고 추정하여 지어낸 것이다.…… 여기 우리 황대어국은 특히 이자나키·이자나미 두 신이 낳으신 어국, 아마테라스 신이 태어나 계시는 어국, 황손이 천지와 함께 영원히 다스리는 어국이다. 만국에 뛰어나 사해의 종주국인 까닭에 사람의 마음도 곧고 바르다. 외국처럼 잘난 체하며 속이는 일이 없어서인지 천지의 시초에 대한 것도 참된 설이 있다. 조금도 사사로운 지혜를 더하지 않고 있는 그대로 신대로부터 전해 내려오는 이것이야말로 거짓 없는 진실한 설이다.[30]

『삼대고』를 집필하게 된 계기는 천지창조를 이야기하는 '외국'의 온갖 설이 허위임을 알고 이에 대한 비판으로 '황국'의 '참된 설'을 제시하기 위함이라고 한다. 실제로 의식되었던 것은 '이치'로써 태초를 해명

30 『本居宣長全集』, 10권, 297쪽.

하는 중국의 추상적인 우주론이다. 서문 전체에서도 시종일관 중국에 대한 비판이 보인다. 여기에 가져오는 것이 바로 서구의 천문학이다.

> 이렇게 말하는 까닭은 근래 들어 멀리 서국 사람들은 바닷길을 마음대로 널리 돌아다님에 따라 이 대지의 모습을 잘 보고 헤아렸다. 땅은 둥글고 허공에 떠 있으며 해와 달은 그 위아래로 선회한다는 것을 깨달았다. 저 중국의 옛 설은 하나같이 심히 잘못된 점이 많으며 모두 이치로써 미루어 정한 것이기에 믿기 어려움을 깨달아야 한다. 그런데 황국의 옛 전설은 최초에 허공에 하나의 물질이 생겨나 계속해서 말하는 것들이 모두 지금 현실의 모습에 맞춰 생각할 때 조금도 다르지 않다. 이로써 옛 전설이 참이라는 것을 알아야 한다.[31]

서구에서 경험적으로 실증한 지구설을 높이 평가하면서 그로써 중국의 옛 설이 잘못되었음을 지적하고 있다. 반면 지구설에 부합하는 '황국'의 옛 전설은 진실성이 보장되는 셈이다. 단 서구의 설이 중국의 설에 비해 뛰어나기는 하나 한계가 있다고 한다. 천지가 생성되는 태초의 모습에 대해서는 모른다는 점이다. 그래서 유일하게 신뢰할 수 있는 것은 '황국'의 옛 전설이 된다.

> 모두가 외국 설에만 끌려 상고의 취지를 이해한 자는 세상에 한 명도 없었다. 여기 우리 모토오리 선생이 일찍이 그 오류를 깨달아 외국의 뜻을 조금도 섞지 않고 오로지 황국의 옛 전설에 의해 그 뜻을 상세히 고찰하여 『고사기전』을 지으셨다. 신대부터 전해지는 취지가 다시금

31 『本居宣長全集』, 10권, 298쪽.

세상에 밝혀진 것이다.[32]

나카쓰네는 이와 같이 노리나가의 공적을 치하하며 자신의 『삼대고』에 대해서는 "외국의 설은 전혀 취하지 않고 오로지 황국의 전설에만 따랐는데 그 모든 설은 『고사기전』에 의한 것이다"라고 선언한다. 그렇다고 해도 최종 완성된 『삼대고』는 『고사기전』과는 전혀 다른 결과물이 되었다.

1768년 노리나가는 『고사기』 상권의 신대 부분에 대한 주석이 끝나는 『고사기전』 17권에 『삼대고』를 붙여 간행한다. 그리고 자신이 직접 쓴 발문에 "이를 통해 상고의 옛 전설이 더욱더 존귀해졌고 스메라미쿠니(すめら御國)의 내력이 좋음은 더욱더 존귀해졌다"[33]라고 했다. 노리나가가 『삼대고』를 상찬한 것은 무엇보다 '황국'을 특권적으로 이야기하는 세계의 생성 이야기에서 '외국'과의 차별화가 가능해졌다는 점에 있었다.

후일 노리나가 사후에 제자들 사이에서는 『삼대고』를 둘러싸고 대대적인 논쟁이 벌어졌다. 노리나가는 『삼대고』의 세계상을 통합하지 않은 채로, 혹은 통합할 수 없는 문제로 남겨둔 채로 『고사기전』에 병존시키고 말았다. 이것이 노리나가의 제자들을 당혹스럽게 했다.

『삼대고』 논쟁에 본질적으로 공통된 것은 이 세계의 생성과 모습을 옛 전설의 독해라는 방법으로 명확히 하려 했던 점이다. 그리고 그들이 '황국'의 옛 전설로부터 찾아낸 세계의 시작에 관한 이야기는 이른바 지구적 세계에서 '황국'과 '외국'의 '올바른' 위치를 증명해주는 근거로 기

32 『本居宣長全集』, 10권, 298-299쪽.

33 『本居宣長全集』, 10권, 316쪽.

능했다. 그런 의미에서 노리나가는 『삼대고』를 통해 세계상의 차원에서 논쟁의 장을 열었다고 할 수 있다.[34]

2) 천문학과 세계지도에 대한 관심

노리나가의 천체 및 역학에 대한 관심은 꽤 유명한 편이다. 그는 『진력고(眞曆考)』(1782)에서 고대 일본에는 인공적으로 역법의 날짜를 계산하는 방식이 없었고 그저 계절의 변화 관찰에 따른 자연력만이 존재했을 뿐이라고 주장했다.[35] 그의 이러한 사고방식의 기초가 된 것은 중국류의 태양태음력에 대치되는 만력(蠻曆), 즉 서양에서 들어온 그레고리력인데, 거기에는 지나치게 복잡한 중국력에 대한 비판이 담겨 있다. 당시의 천학(天學)이란 관료체제와 지배형태 안에 편입된 관학(官學)의 일환이었다. 1762년 일식 예측이 어긋나면서 호레키(寶曆) 개력의 실패가 세상에 드러나자, 전통적인 학파의 학문적 권위가 실추되고 무력화하면서 지식인들 사이에서는 천문역법에 대한 붐이 일었다. 노리나가의 천문에 대한 연구도 이러한 시대적 배경하에서 전개된 것이다. 그는 『진력고』를 간행한 1782년에 『천문도설(天文圖說)』도 완성했다.

또한 불교의 우주관인 수미산설(須彌山說)을 옹호하는 정토종 승려 후미오(文雄)의 『구산팔해해조론(九山八海解嘲論)』에 대해 『사문 후미오의 구산팔해해조론에 대한 변(沙門文雄が九山八海解嘲論の辨)』(1790)이라는 반론을 펼치기도 했다.[36]

---

34 『삼대고』 및 『삼대고』를 둘러싼 논쟁에 대해서는 졸고, 「죽는 신과 죽지 않는 신」, 『일본 고전문학에 나타난 삶과 죽음』, 보고사, 2015; 졸고, 「일본 국학의 우주론과 천문학적 지식의 접합」, 『동아시아 고전학과 한자세계』, 소명, 2016에 자세히 언급한 바 있으므로 생략한다.

35 『本居宣長全集』, 8권에 수록.

36 모두 『本居宣長全集』, 14권에 수록.

> 근래 서양 사람이 세계를 돌아다니며 만국을 상세히 알게 된 일이 점차 당토(唐土)와 황국(皇國)에도 알려졌다. 그 설이 밝혀짐에 따라 수미산이 망설이라는 점이 의심 없이 밝혀졌다.…… 혼천설, 지구설 등을 성인의 설이 아니라고 하여 믿지 못함은 어리석다. 혼천은 낙하굉(洛下閎)의 새로운 설이라 해도 그 설이 좋은데 어찌 믿지 않는가. 지구설도 마찬가지다.…… 실제로 서양 사람은 만국을 직접 다녀 잘 안다. 지금 그 서양 사람이 황국과 당토 등에 오가는 것을 보면 서쪽에서 오기도 하고 동쪽에서 오기도 한다. 이는 땅이 둥근 모양으로 허공에 걸려 있다는 증거다.[37]

위의 인용에서 불교의 수미산설을 비판하기 위해 가져온 서구의 지구설에 대한 높은 평가는 물론, 중국의 혼천설도 지구설과 마찬가지로 긍정하는 점이 주목된다. 노리나가에게 가장 중요한 판단기준은 누구의 설이 아니라 현실과의 합치 여부였던 것이다.

노리나가가 서양의 지식 수용에 상당히 적극적이었던 것은 일종의 시대적 과제였다고 하겠다. 중요한 것은 노리나가와 그의 제자들이 지구라는 천체 개념에 입각한 세계에 직면했을 때, 이 새로운 세계를 납득할 만한 설명의 근거를 신화에서 구했다는 점이다. 『삼대고』의 세계상이 안고 있는 문제의 핵심을 여기서 확인할 수 있다. 『고사기전』의 주석을 비롯하여 그 부록 『삼대고』가 천지 생성에서부터 '황국'과 '외국'의 '올바른' 위치를 정한 일, 그리고 노리나가 사후에 백 년 가까이 지속된 『삼대고』 논쟁 등은 모두 이와 같은 그들의 지적 영위에서 이해해야 할 것이다. 즉 그들에게 『고사기』 읽기란 중세의 신화 해석에서 벗어나 당

37 『本居宣長全集』, 14권, 163쪽.

면한 현재의 세계에 대한 새로운 신화를 찾아야 하는, 자기정체성의 문제였다.

『삼대고』는 『고사기』에 나타난 신화적 세계상을 지구설에 부합하는 형태로 해석하여 현실의 천체에 결부시키는 데 성공했다. 그런 의미에서 『고사기』를 세계 이야기로 읽으려 했던 『고사기전』의 문제는 『삼대고』에서 더욱 발전적으로 계승되었다고 할 수 있다. 『고사기전』에 『삼대고』를 편입시킨 노리나가의 의도를 자기모순이라고 파악하는 것은 부정확하다. 『삼대고』는 『고사기전』이 내포하고 있던 세계상의 문제에 대해 하나의 귀착점을 제시했기 때문에 노리나가는 그것을 『고사기전』과 같이 읽기를 요구한 것이라 생각할 수 있다.

노리나가와 그의 제자들이 새로운 세계상 구축에 분투했던 배경에는 근세 일본에 새롭게 유입된 세계지도의 영향이 있었다. 그 이전까지 중세에 걸쳐 세계인식의 기반에 있었던 유교나 불교적 세계관에 기초한 평면적 세계는 이제 지구라는 입체적인 세계로 이해하지 않으면 안 되었다. 선행 연구에 따르면 특히 간세이 연간(寛政年間, 1789-1801)은 지구도 간행과 지동설 도입이라는 사실로 인해 일본 천문지리사상사에서 특기할 만한 시기라고 일컬어진다.[38] 세계인식의 틀을 근본적으로 전환해야 하는 시대의 한가운데에 그들은 놓여 있었던 셈이다.

서구 과학지식에 충격을 받아 기존의 세계상은 크게 동요하면서도 새로운 세계상과의 공존을 위해 변용을 되풀이한다. 신지식에 접하여 그것을 부분적으로 흡수하면서도 그것과는 또 다른 세계상이 창출된다. 그 최대 변질은 불교의 일원적 세계가 갖는 가치관에서 삼국을 해방시

38 室賀信夫·海野一隆, 「江戸時代後期における佛教系世界圖」, 『地理學史研究二』, 臨川書店, 1978(1962).

켜 각각 신(神)·유(儒)·불(佛)의 중심으로 세운 것이다. 즉 서양계 세계지도의 도입으로 전통적인 삼국적 세계관을 변질시킴으로써 일본 중심의 세계상을 획득했다.[39] 일반적으로 유통의 중심에 있었던 것은 이와 같은 재생산의 과정에서 변질된 세계지도였다. 서양계·불교계를 불문하고 통속적인 일본어 번역판·축약판이 계속해서 제작 출판되어 급속하게 퍼져나갔다. 신형과 구형의 세계지도 재판이 각각 수용자를 달리하면서 병존한 상황은 막부 말기까지 계속되었다.[40]

3) 지구도와 만국도 사이의 격차

우에다 아키나리(上田秋成)와 노리나가가 벌인 유명한 태양신 논쟁에서도 두 사람이 서로 세계지도를 이용해서 자기 의견을 전개하는 장면이 있다. 이 논쟁의 모습은 노리나가 측에서 정리한 『가예가(呵刈葭)』에서 확인할 수 있다. 기본적으로 '하나의 나라에 하나의 천지'라는 입장인 아키나리는 노리나가가 주장하는 스쿠나비코나 신의 '만국경영'설에 대해 격하게 비판했다. 『겸광인(鉗狂人)』 말미에 "우리 고학의 눈으로 보면 외국은 무릇 인도도 중국도 삼한도 그 밖의 나라들도 모두 스쿠나비코나 신이 무엇이든 처음 만드신 것이라 생각된다"[41]라고 한 노리나가의 발언에 대해, 『가예가』에 이어지는 아키나리의 반론은 "인도, 중국, 삼한 그 밖의 나라들이 모두 스쿠나비코나 신이 처음 만드신 것이라는 생각

---

39 田尻祐一郎, 「近世日本の「神國」論」, 片野達郎 編, 『正統と異端: 天皇·天·神』, 角川書店, 1991.

40 鮎澤信太郎, 「佛教流の世界圖」, 開國百年記念文化事業會 編, 『鎖國時代日本人の海外知識: 世界地理·西洋史に關する文献解題』, 原書房, 1978(1953); 室賀信夫·海野一隆, 「日本に行われた佛教系世界圖について」, 『地理學史研究一』, 臨川書店, 1979(1957).

41 『本居宣長全集』, 8권, 300쪽.

은 눈을 한층 크게 뜬다면 그리 보이겠는가.…… 태고의 사적 중에도 이 설은 특히 황당하여 같이 논할 만한 것이 아니다"[42]였다. 이어지는 내용은 '황국'을 태양신의 '본국'이라 하는 노리나가의 주장에 대한 비판이다. 아키나리는 그러한 자국 중심의 논리가 다른 나라 사람들에게 통용될 리가 없다고 말한다. 세계 속에서 보면 일본은 그저 '작은 섬'에 불과하기 때문이다.

> (아키나리) 여기 아란타국(阿亂它國, 네덜란드) 지도가 있다. 이것은 사물을 잘 살펴서 그 형태의 대소·고저를 센티미터와 미터로 측량하고, 원근·부침(浮沈)·명암에 대해 미추(美醜)와 상관없이 오로지 사생(寫生)을 목적으로 하니 그저 펼쳐서 감상하려는 의도는 없다.…… 지구도라는 물건을 보면 문자로 사물의 이치가 통하는 나라는 극소수이며, 나머지는 나라 이름조차 들어보지 못한 곳이 많다. 게다가 지형이 광대함을 볼 수 있다. 이 지도 안에 과연 우리 황국은 어느 곳쯤일까 보면, 그저 드넓은 연못에 고작 나뭇잎 하나가 떨어져 있는 듯한 작은 섬이다.

> (노리나가) 만국도를 본 것을 드문 일처럼 젠체하며 말하는 것도 이상하다. 이 지도를 요새 보지 않은 자가 누가 있겠는가. 또한 황국이 그다지 광대하지 않다는 것도 누가 모르겠는가. 무릇 사물의 귀하고 천함이나 좋고 나쁨은 형태의 크고 작음에만 달린 것은 아니다.…… 아무리 광대한 나라라도 하국(下國)은 하국이다. 협소한 나라라도 상국(上國)은 상국이다. 그 만국도라는 물건을 보면 남극 아랫부분에 황망

---

42 『本居宣長全集』, 8권, 410쪽.

> 한 나라가 있어 풀도 나지 않고 인물도 없다. 그 광대함으로 말하자면 대개 지구의 삼분의 일을 차지할 정도이다. 필시 우에다 씨는 이를 사해 중 최상의 나라라 생각하는 것이리라.[43]

'지구도'를 이용해 논박하는 아키나리에 대해 노리나가는 '그 만국도'라면 누구나 알고 있다고 응수한다. 노리나가가 실제로 본 것이 무엇이었는지는 불분명하지만, 세계지도를 직접 활용했었던 것은 분명한 듯하다. 노리나가의 지도 대여와 이용 환경을 조사한 최근 연구에 따르면, 아키나리가 염두에 두고 있던 것은 최신 난학 계열의 세계지도였을 가능성이 높고, 노리나가가 본 것은 당시로서는 상당히 옛 정보원인 「곤여만국전도」 계통의 세계지도였을 것이라고 한다.[44]

세계를 응시하고 나서도 여전히 '상국'과 '하국'이라는 가치 규정에 연연하는 점에서 노리나가는 아키나리와 다르다. 그것은 '대국'과 '소국'이라는 구별도 아니라고 한다. 노리나가가 고집스럽게 주장하는 것은 '황국이 만국의 위에 자리하는 것'의 증명이다. 노리나가의 변론은 다음과 같이 이어진다.

> 무릇 황국은 사해만국의 근본이 되는 종주국으로, 반경이 그다지 넓지 않은 것은 두 신이 낳으실 때 반드시 그리해야 좋은 깊은 뜻이 있으리라.…… 헤아릴 수 없는 것을 헤아릴 수 없다고 하지 않고 달리 뭐라 하겠는가. 헤아릴 수 없는 것을 억지로 추량하려는 것은 얕은 지혜를 들먹이는 한의(漢意)의 습관이다. 그 헤아릴 수 없는 이치는 제쳐

43 『本居宣長全集』, 8권, 403쪽; 405쪽.

44 上杉和英, 『江戸知識人と地圖』, 京都大學學術出版會, 2010.

두고 실로 눈앞에 보이는 것만으로도 황국이 만국에 뛰어나고 존귀함은 분명하다.[45]

노리나가는 '황국'이 만국의 '본국'이라는 것은 신대로부터 전해진 '깊은 뜻(深理)'이고 '묘한 이치(妙趣)'인지라 거기에 이유를 붙이는 것은 불가능하다고 말한다. 이른바 '불가측(不可測)의 이치'로 널리 알려져 있다. 이유를 설명할 수는 없어도 '황국'의 우위성은 명백한 '사실'로 여겨진다. 그리고 나서 노리나가가 열거하는 '사실'이란 '황통이 바뀌지 않은 일', '신대부터 외국의 침입을 받지 않은 일'이라는 역사와 '미곡이 훌륭한 점', '논밭이 많아 인구가 많은 점', '호구가 조밀하여 넉넉하고 융성한 점' 등의 현상이다. 실제로 비교의 대상이 되는 것은 '그 나라(중국)'뿐이지만, 이로써 전 세계에서 독보적인 '황국'의 가치가 증명된다고 보고 있다.

태고의 전설이 각 나라에 있다고는 하나 외국의 전설은 바르지 않다. 어떤 것은 일부를 잘못 전하거나 어떤 것은 멋대로 날조하여 우민을 속이는 것이다. 한자가 통하지 않는 나라들의 전설도 대강 유추할 만하다. 멀리 서쪽 나라들이 숭앙하는 천주교처럼 모두 위조된 설이다. 그런데 우리 황국의 옛 전설은 여러 외국과 비할 데 없이 진실하고 바른 전설이다. 지금 세계의 인간 군상이 하나하나 신대의 뜻에 부합하니 신묘함이 이루 말할 수 없다.[46]

45 『本居宣長全集』, 8권, 405쪽.

46 『本居宣長全集』, 8권, 406쪽.

논리는 순환하여, 지금의 현실 세계와의 합치 여부에 따라 '외국'의 설은 모두 '위조'가 되고 '황국'의 옛 전설만이 유일하게 '진실'함을 뒷받침한다. 세계 각국에는 각각의 전설이 있음을 인정하는 아키나리에 대해, 노리나가는 후지와라노 데이카(藤原定家)가 백인일수(百人一首)를 썼다고 하는 오구라(小倉) 산장의 색지를 빗대어 반론한다. 아키나리의 입장에서는 데이카의 친필이 섞여 있을 색지 전부를 가짜라고 의심하게 되므로 결국 한 장의 진품까지 버리는 결과가 되어버린다는 것이다.

복수의 보편 내지 상대주의의 위험성을 이렇게 간파하는 노리나가는 그 모순과 자기기만을 넘기 위해 하나의 보편을 선택해야 한다고 주장한다. 그것은 '황국인'은 '황국'의 옛 전설을 믿어야 한다는 소극적인 자국 중심주의가 아니다. 노리나가의 결론은 "천지는 한 장이므로 이 나라 사람뿐만 아니라 만국의 사람들 모두가 믿어야 하는 것"[47]이다. 노리나가가 '황국'에 대치하는 '외국'의 기원으로 '상세국'을 발견하고 그곳을 '경영'하는 스쿠나비코나 신을 설정한 것도 '황국'에 전하는 신대의 원리를 세계만국에 적용하여 설명하려는 일종의 보편화의 논리였던 것이다.

따라서 이들의 논쟁은 논점에 대한 논의를 주고받기보다 다음과 같이 서로의 입장 차이를 확인하는 데 그칠 뿐이었다.

> (아키나리) 여하튼 황국을 만국 위에 두려 하다 보니 예의 지술(智術)로써 스스로를 위대하게 여기는 한토(漢土)의 도와 마찬가지로 타국을 비방하게 되는 것이다. 야마토다마시히(日本魂)도 그것이 치우칠 때는 중국풍 사고방식(漢籍意, 가라고코로)과 마찬가지다.

---

47 『本居宣長全集』, 8권, 407쪽.

(노리나가) 여하튼 황국을 만국 위에 두려 하다 보니 운운하는 구절은 내 생각과 정반대다. 나는 황국이 만국 위에 있다는 것을 세인들이 몰라서 걱정하는데, 우에다 씨는 황국이 만국 위에 있다는 것을 탄식하여 내 말에 대해 이러쿵저러쿵 비판하려 한다. 아, 어찌할 도리가 없다.[48]

여기서의 논점은 고대 기모노의 앞여밈이 왼쪽인지 오른쪽인지에 대한 것이었는데, 그와 무관하게 서로의 입장에 대한 비난만이 이어진다. 더 이상의 논쟁이 사실상 불가능해진 셈이다.

3. 외국을 말하지 않는 『고사기』

원래 『고사기』라는 텍스트에서는 '외국(外國)'이라는 용어나 외부라는 개념 자체를 찾아보기 힘들다. 물론 『고사기』에도 신라나 백제의 국명이 약간 나오기는 하지만, 이를 '외국'이라고 해야 할지는 상당히 미묘한 문제다. 무엇보다 『고사기』는 당시의 중국에 대해서는 아예 언급이 없는 등, 전반적으로 대외 관계 기사가 풍부한 『일본서기』와는 매우 대조적인 성격을 보인다. '외국'에 대해 말하지 않는 것이 역설적으로 '외국'에 대한 강한 반발의식의 발로임은 말할 필요도 없을 것이다.

그런데 내부적으로 완결된 세계를 지향하는 『고사기』의 위상을 넘어 『고사기전』은 '외국'까지도 함께 언급해야 할 필요가 있었다. 그리고 그것은 『고사기』로부터 직접적으로는 도출해내기 어려운 세계다. 새삼

48 『本居宣長全集』, 8권, 407쪽; 408쪽.

강조하건대 『고사기전』의 『고사기』가 주석을 통해 만들어낸 세계에 관한 이야기라고 할 수 있다.

『고사기전』의 '외국'론에 대해, 『고사기』에는 없던 '외국'을 노리나가의 시대에 현실에 존재하는 '외국'을 포함하여 세계 전체를 설명할 필요가 생긴 것이라고 정리할 수 있다. 그러나 『고사기전』이 만들어낸 '외국' 이야기의 의미는 거기서 끝나지 않는다. 『삼대고』의 세계상으로 대표되듯이 세계인식의 전환에 직면하여 '황국'을 발견한 것이 외부적 요인이라 한다면, 『고사기』 독해를 통해 그것을 발견하는 내부적 요인도 생각할 수 있다.

노리나가 스스로 세계의 이야기로 『고사기』를 읽는다는 방법적 의식을 명확히 하고 있는 만큼 세계상의 차원에서 『고사기전』에 접근하는 것도 당연하다고 할 수 있다.[49] 여기서는 『고사기전』이 멀어진 『고사기』의 텍스트 이해를 되물음으로써 새로운 세계상이라는 문제의 방향성을 보다 분명히 하려 한다.

먼저 『고사기』에는 '외국'이 없다는 것은 무슨 말인가. 애초에 『고사기』에는 대외관계라 할 만한 기사가 거의 보이지 않는다. 노리나가가 주장하는 신화상의 '상세국'이 '외국'인지 아닌지는 차치하고, 『고사기』 상권의 경우 천손강림 단에 보이는 '가라쿠니(韓國)'가 그 유일한 예다. 중·하권에는 백제 관계 기사 2건, 신라 관계 기사 3건, 그리고 중국 남조 혹은 고구려인지 불분명한 '구레(吳)' 관계 기사 2건, 이것이 '외국'의 전부다.

거의 동시대 텍스트인 『일본서기』에는 조선과 중국의 국명이 총

49 神野志隆光, 「『古事記』上卷の主題と構想: 世界の物語としての上卷」, 『古事記研究大系三 古事記の構想』, 高科書店, 1994.

1,300건을 넘을 정도로 대외관계 기사가 풍부하다.[50] 『만엽집』에도 '모로코시(唐·大唐)', '고마(高麗)', '가라쿠니(カラクニ)' 등의 예가 보인다. 지방지의 성격을 지닌 『풍토기(風土記)』에도 '천축'과 '남천축'까지 기재되어 있는 것을 고려하면 『고사기』의 기술이 매우 이례적임을 알 수 있다.

한편 『고사기』와 『일본서기』에 공통되는 기사의 경우라도 그 세부 내용이나 구성에는 차이가 있다. 예를 들면 신라 왕자가 부인의 뒤를 쫓아 일본으로 건너갔다고 하는 아메노히보코(天之日矛) 기사가 있다. 『고사기』의 경우 오진 천황(應神天皇) 조의 말미에 "또 옛날에 신라국의 왕자가 있었다. 이름은 아메노히보코라 한다. 이 사람이 바다를 건너왔다. 건너온 연유는……"이라고 시작하여 "이에 아메노히보코는 부인이 도망간 것을 듣고 뒤따라 바다를 건너"라는 구절 사이에 경위 설명이 되어 있다.[51] 어느 시대의 일인지 알 수 없는 '옛날(昔)'의 일화로 나타나기 때문에 기사의 선후도 확실치 않다. 다만 기사의 끝부분에 있는 자손의 계보 중에 가즈라키 다카누카히메노 미코토(葛城高額比賣命)가 오키나가 다라시히메노 미코토(息長帯比賣命=후의 진구 황후)의 선조라는 주석이 달려 있어, 여기서 비로소 이 기사가 진구 황후의 출신을 설명하기 위한 것임을 알 수 있다.

이러한 계보는 『일본서기』에는 나오지 않는다. 『일본서기』 스이닌 천황(垂仁天皇) 조에는 오호카라국(意富加羅國)의 왕자 쓰누가아라시토(都怒我阿羅斯等)와 신라 왕자 아메노히보코(天日槍)에 관한 6종의 다른 전승이 실려 있다.[52] 『일본서기』의 아메노히보코 기사는 진구 황후와는 무

---

50 井上秀雄, 『古代日本人の外國觀』, 學生社, 1991; 井上秀雄, 『倭·倭人·倭國』, 人文書院, 1991.

51 『古事記』, 275쪽; 277쪽.

52 각 전승들을 대조 분석한 것으로 阪下圭八, 「天之日矛の物語一·二」, 『古事記の語り

관하게 오히려 앞서 나온 다지마모리(田道間守)의 '상세국' 방문담을 중심으로 스이닌 천황 조에 집중되어 있는 이른바 '도래인' 전승 기사군에 위치하고 있다. 스이닌 천황 3년 3월 아메노히보코의 5대손으로 다지마모리의 이름이 보이고, 95년에 "천황이 다지마모리에게 명하여 상세국에 가서 때를 가리지 않고 늘 향이 나는 열매를 찾아오게 했다"는 기사가 있다.[53] 이후 99년에는 천황이 붕어한 이듬해 봄에 다지마모리가 상세국에서 돌아왔다는 기사가 있다. 파견과 귀환 사이에 햇수의 경과를 감안하여 연대기적인 구성에 모순이 없도록 한 것이다.

진구 황후의 출자에 대해 좀 더 살펴보면, 『일본서기』에서도 오키나가 다라시히메노 미코토(氣長足姬尊)에 대해 오키나가노 스쿠네노 미코(氣長宿禰王)의 딸이고 그 모친은 가즈라키노 다카누카노 히메(葛城高額媛)라고 하고 있지만 『고사기』의 계보와는 다르다. 더 특징적인 것은 『일본서기』는 4세기의 진구 황후를 3세기의 히미코(卑彌呼)와 동일시한다는 점이다. 다음과 같이 진구 황후 섭정 39년에서 43년 조에는 분주(分注) 형식으로 『위지(魏志)』「왜인전(倭人傳)」이 인용되어 있다. 정확히 말하면 그 인용만으로 기사가 구성되어 있다.

> 39년. 이해는 태세기미(太歲己未)였다.【『위지』에 이르길, 명제(明帝) 경초(景初) 3년 6월, 왜의 여왕이 대부 난두미(難斗米) 등을 파견하여 군(郡)에 이르러 천자를 접견하여 공물을 바치기를 청했다. 태수 등하(鄧夏)가 관리를 보내 낙양으로 데려갔다.】
>
> 40년.【『위지』에 이르길, 정시(正始) 원년에 건충부위(建忠校尉) 제휴(梯

口: 起源·命名·神話』, 笠間書院, 2002(1983·1984)가 있다.

53 『日本書紀』 상권, 279쪽.

攜) 등을 파견하여 조서(詔書)와 인수(印綬)를 가지고 왜국에 가도록 했다.】

43년.【『위지』에 이르길, 정시 4년에 왜왕이 다시 대부 이성자액야약(伊声者掖耶約) 등 8명을 사자로 파견하여 헌상했다.】[54]

위의 인용부분은 『위지』「왜인전」에 분명히 보인다. 하지만 경초 2년(238) 12월 기사의 조서 중 "친위왜왕(親魏倭王) 히미코에게 칙명을 내렸다.…… 지금 너를 친위왜왕으로 하고 금인자수(金印紫綬)를 맡기노라"[55]라는 중요한 내용이 정작 생략되어 있다. 다시 말해 『일본서기』는 이 기사의 핵심이 책봉이었다는 사실을 말하지 않는다. 진구 황후를 중국 역사서에 등장하는 왜의 여왕 히미코에 중첩시킴으로써 중국사와의 관계 속에서 자국사를 이야기하지만, 본격적으로 중국과의 교섭이 시작되는 스이코 천황(推古天皇) 때까지 책봉은 없었던 것처럼 꾸미고 있다.

『일본서기』의 중국 관계 기사는 오진 천황(應神天皇) 조에 오(吳)의 국명이 처음으로 보이고, 이후 닌토쿠 천황(仁德天皇)·유랴쿠 천황(雄略天皇) 조에도 약간 나온다. 그렇지만 스이코 천황 조에 등장하는 기사의 양과는 비교가 되지 않는다. 스이코 천황 조에는 15년 7월의 견수사(遣隋使) 오노노 이모코(小野妹子) 파견을 비롯하여 이듬해 4월 오노노 이모코의 귀국과 배세청(裴世淸) 등의 내조(來朝), 또한 9월의 견수사 및 승려 파견 등, 다수의 대외교섭 기사가 실려 있다.

반면 중국과의 관계가 외교는 물론 내정의 중심을 차지하는 7세기의 스이코 천황에서 『고사기』는 끝을 맺는다. 『고사기』가 스이코 천황

54 『日本書紀』 상권, 351-352쪽.

55 石原道博 編譯, 『新訂魏志倭人傳他三篇: 中國正史日本傳一』, 「譯注『魏志』倭人傳」, 岩波書店, 1985(1951), 51쪽.

의 계보만으로 끝나는 문제에 대해서는 종래 여러 연구자들이 주목했다. 대체로 황위 계승이 안정됨에 따라 더 이상의 서술이 불필요해졌다고 설명하지만, 지금까지 대외 기사라는 측면에는 그다지 주의를 기울이지 않았다. 적어도 『고사기』는 『일본서기』처럼 진구 황후를 히미코에 연결시키는 일은 없다. 또한 스이코 천황 조에 견수사는 물론 쇼토쿠 태자(聖德太子)의 불교 정책에 대해서도 전혀 언급이 없다. 『일본서기』에 보이는 풍부한 중국 관계 기사를 하나도 건드리지 않고 거기서 끝맺음으로써 정면에서 중국을 대하는 것을 피하고 있다.

『고사기』와 『일본서기』의 대외 기사에 나타나는 차이는 각각의 역사 서술에 관한 근본 문제인 만큼 검토가 더 필요하지만, 적어도 앞의 사건은 『고사기』가 이야기하려는 '옛일(古事)'에 적절하지 않은 것이었다고 하겠다. 즉 외부에 있는 세계는 굳이 문제 삼지 않는다. 자신들의 '고대'는 외부와 무관한 상태에 있었다는 주장이다.

『고사기』가 중국을 소외시키는 형태로 언급을 피한 것은 그만큼 중국을 강하게 의식하고 있었음을 역설적으로 보여준다.[56] 그와는 별개로 조선에 대한 인식의 문제가 남아 있다. 실제로 『고사기』에 분명하게 국명을 드러내는 '외국'은 주아이 천황(仲哀天皇)·오진 천황 조에 집중적으로 등장하는 한반도의 '신라국'과 '백제국'밖에 없다. 그러나 이 나라들은 천황의 세계 속 질서나 가치가 그대로 적용되는 세계로 묘사되어 있다.[57] 그런 의미에서 자신들의 세계에 대치하는 존재로서의 '외국'은 『고사기』의 세계상에 없었다고 할 수 있다.

56 阪下圭八, 앞의 논문.

57 神野志隆光, 「應神天皇の物語: 天皇の世界の秩序の確立」, 『古事記研究大系六 古事記の天皇』, 高科書店, 1994.

4. 외국을 필요로 한 『고사기전』

『고사기』에 '상세국'이 매우 단편적으로 등장하고, 또한 신라·백제의 국명이 갑작스럽게 등장하는 점은 지금까지 살펴본 대로다.

'상세국'은 스쿠나비코나 신이 그 나라로 건너갔고, 미케누노 미코토가 건너갔고, 그리고 다지마모리가 건너간 나라이기도 하다. 이미 존재하는 세계처럼 아무렇지도 않게 그 이름이 나오기는 하지만, 그 세계의 생성이나 모습에 관해서는 아무런 설명도 없다. 기사의 전후 맥락도 혹은 기사 간의 상호관계도 거의 보이지 않기 때문에 『고사기』에서 그 세계의 의미를 해명하기란 매우 어렵다. 『고사기전』이 '상세국'을 '외국'의 기원으로 연결하려 했을 때 생긴 곤란함과 그러한 세계상의 확대가 온당하지 않음을 다시 한 번 확인할 수 있다.

사실 '고천원(高天原, 다카마노하라)', '황천국(黃泉國, 요미노쿠니)', '근지견주국(根之堅州國, 네노가타스쿠니)' 등 『고사기』 신화에 출현하는 나라들은 모두 그렇다. 이 나라들은 어디까지나 '위원중국(葦原中國)' 밖의 세계로 존재할 뿐이다. 말하자면 이러한 식으로 나라들이 존재하는 것 자체가 『고사기』가 세계에 대해 말하는 방식이다.

『고사기』 신화의 관심사는 시종일관 지상세계인 '위원중국'에 있다. 서두의 "나라가 어려 기름이 떠 있는 듯한" 상태에 대해 "이 떠다니는 나라를 굳게 만들라"는 천신의 명이 있었다.[58] 이에 이자나키·이자나미의 국토생성이 이루어지고, 국토를 만들고 양위하는 이야기에 이어 천손강림을 시점으로 '위원중국'은 현실의 천황이 지배하는 세계인 '천하(天下)'로 연결된다.

58 『古事記』, 27쪽; 31쪽.

'위원중국'이라는 이름이 처음 나오는 것은 이자나키가 '황천국'에서 도망쳐 나올 때의 발언에서다. "너는 나를 돕는 것처럼 위원중국에 있는 민초(靑人草, 아오히토구사)들이 고통에 빠져 힘들어할 때 돕거라"[59] 라고 '황천국'과의 대응관계 속에서 '위원중국'이라는 이름이 보인다. 이자나키·이자나미가 낳은 것은 '대팔도국(大八島國, 오호야시마쿠니)'이라고 했는데 이때 처음으로 지상세계의 이름이 '위원중국'이었음이 나타난다.

『고사기전』은 이 대목에 대해 다음과 같이 주석을 달고 있다.

> 위원중국(葦原中國)은 대어국(大御國)의 이름으로 본디 천신의 시대에 고천원(高天原)에서 불리던 이름이다. 이 이름에 대해서는 별도로 『국호고(國號考)』에서 상세히 논했다. 지금 여기서 천상(天上, 아메)이 아닌 황천국(夜見國, 요미노쿠니)에서 이자나키노 미코토가 이렇게 말씀하시는 것은 천상에서 불리는 이름을 이쪽 세상에서도 부르는 데 익숙해진 시대가 되어 그 말이 전해진 것이다.[60]

위의 인용에 따라 노리나가가 국호를 둘러싼 논의를 정리한 『국호고(國號考)』(1787)를 참조해보자. 『국호고』의 시작은 "황대어국(皇大御國)의 이름은 신대에 두 가지가 있다. 하나는 대팔도국(大八島國), 다른 하나는 위원중국(葦原中國)이다"[61]라고 되어 있다. 먼저 '위원중국'에 대한 설명부터 보자.

---

59 『古事記』, 47-48쪽.

60 『本居宣長全集』, 9권, 251쪽.

61 『本居宣長全集』, 8권, 449쪽.

위원중국이란 본디 천신의 시대에 고천원에서 불리던 이름으로, 이는 그 나라(=중국)로부터 불리는 이름은 아니다. 이 이름의 의미는 이러하다. 머나먼 상고에는 사방의 바닷가는 하나같이 갈대밭으로 그 가운데 나라가 될 곳(國處)이 있었는데, 위쪽에서 내려다보면 갈대밭으로 둘러싸인 속에 보인 까닭에 고천원에서 이렇게 이름붙인 것이다. 『고사기』와 『서기』에 이 이름은 대개 천상(天上, 아메)에서 부르는 말에만 보인다.…… 또한 이를 풍위원지수수국(豊葦原之水穗國, 도요아시하라노 미즈호노쿠니)이라고도 한다.…… 수(穗)는 벼이삭을 가리키며 갈대싹은 아니다.…… 황국은 만사와 만물이 다른 나라보다 뛰어난데, 그 중에서도 벼는 특히 만국에 비할 데 없이 매우 훌륭하고 은혜롭다. 신대부터 이처럼 깊은 연유가 있어 지금에 이르기까지 실로 수수국(水穗國)이라는 이름을 가지고 있는 존귀함은 말할 필요도 없다.[62]

노리나가의 분석에 의하면 '위원중국'은 원래 '고천원'의 시점에서 유래한 이름이고, '대팔도국'은 지상의 시점에서 불린 이름이다.[63] 노리나가가 지적한 것은 요컨대 '위원중국'과 '대팔도국'은 시점의 차원을 달리하는 국호라는 점이다.

위 인용문에 이어지는 후반부는 '위원중국'의 미칭(美稱)인 '풍위원지수수국(豊葦原之水穗國)'에 대한 것이다. 이 이름에 붙는 '수(穗)'와 관련하여 '황국'의 벼가 훌륭하다고 주장하는 것은 만국에 대한 '황국' 우

62 『本居宣長全集』, 8권, 450-451쪽.

63 일찍이 사이노 노부쓰나는 이러한 노리나가의 해석을 높이 평가한 후에 『고사기』의 세계관을 천상의 '고천원', 지상의 '위원중국', 지하의 '황천국'이라는 삼층구조로 정리했다. 연구사에서 오랫동안 통설로 여겨졌던 삼층구조론은 고노시 다카미쓰에 의해 비판되었다. 西郷信綱, 『古事記の世界』, 岩波書店, 1967; 神野志隆光, 『古事記の世界觀』, 吉川弘文館, 1986.

위론의 근거 중 하나이기도 하다. 『고사기』 천손강림 신화에서 지상의 지배를 명하는 아마테라스의 발언에도 '풍위원지천추장오백추지수수국(豊葦原之千秋長五百秋之水穗國)'이라는 표현이 나오는데, 여기에 『고사기전』은 거의 똑같은 내용의 주석을 달고 있다.

【본래 황어국(皇御國, 스메라미쿠니)은 만물도 만사도 다른 나라들보다 뛰어난데, 그중에서도 벼가 특히 지금에 이르기까지 만국에 훌륭하고 은혜로움은 신대부터 깊은 연유가 있어서다. 지금 세상에서 모든 사람들이 이 은혜로운 어국(御國)에 태어나 이 은혜로운 벼이삭을 아침저녁으로 받으면서도 황신(皇神)의 은뢰(恩賴)를 받들지 않고 근거 없는 가라쿠니(漢國)에만 정성을 다하는 것은 어찌된 일인가.】[64]

한편 신대의 또 하나의 국명인 '대팔도국'에 대해서는 『국호고』에서 다음과 같이 설명한다.

대팔도국(大八島國)이란…… 그 팔(八, 야)은 예의 미(彌, 이야)로 원래는 그저 섬의 수가 많다는 뜻의 이름일 터, 후에 여덟의 뜻을 취하여 그 수를 가지런히 맞춰 전해져온 것일까 의심스럽다. 『고사기』에 쓰여 있는 여덟로써 기내(畿內) 칠도(七道)의 나라들이 모두 갖춰졌고 다른 섬들은 하나도 포함되지 않으며 남지도 모자라지도 않기 때문에 원래부터 여덟이라는 수는 고정된 것이다. 『서기』의 전승에는 이 안에 다른 섬들도 섞여 있기 때문에 여덟이라는 수는 움직이지만 『고사기』의 올바른 전승에 따라 정해야 한다. 이 국명은 외국에 대해서가 아니라 독

64 『本居宣長全集』, 10권, 42쪽.

립적으로 천하를 총칭하는 말이다.[65]

노리나가는 『고사기』에 보이는 여덟 섬에 기내(畿内) 칠도(七道)가 모두 들어간다는 점을 근거로, '대팔도(大八島)'의 '팔(八)'을 실수(實数)라고 설명한다. 국토생성 신화와 현실세계가 대응한다는 검증에 따라 신대의 사적을 그대로 역사적 사실로 간주하는 것이다.

여기서 한 가지 주의할 것은 인용문 마지막에 "외국에 대해서가 아니라 독립적으로 천하를 총칭하는 말"이라는 설명이다. 확실히 『고사기』에서 '대팔도국'은 천황의 세계인 '천하'의 판도를 가리키는 것으로 이해할 수 있다. 『고사기』의 '대팔도국'은 지금 다루고 있는 국토생성 신화 외에 게이코 천황(景行天皇) 조에 한 번 더 등장한다. 즉 야마토타케루(倭建)가 자신의 이름을 밝히는 장면에 "나는 마키무쿠(纏向) 히시로노미야(日代宮)에 진좌하여 대팔도국을 다스리는 오호타라시히코 오시로와케노 스메라미코토(大帯日子淤斯呂和氣天皇)의 아들인 야마토 오구나노 미코(倭男具那王)이다"[66]라고 되어 있다. 야마토타케루의 활약으로 천황의 통치가 '대팔도국' 전체에 미친다는 것을 확인하는 장면이다. 이렇게 보면 '대팔도국'에 대해 외부를 의식하지 않은 국내적 이름이라고 풀이한 노리나가의 설은 적절하다고 판단된다. 즉 『고사기』가 이야기하는 세계는 대외적 관계를 갖지 않고 성립한다는 점을 노리나가는 누구보다도 숙지하고 있었던 셈이다.

이런 의미에서 '대팔도국'이라는 이름은 외부로부터 붙여진 '왜(倭)'나 '일본(日本)'과는 다르다. 노리나가에 따르면 '왜'자는 "본디 다른

---

65 『本居宣長全集』, 8권, 449-450쪽.

66 『古事記』, 220-221쪽.

나라에서 붙인 이름으로 좋은 글자가 아니다"[67]라고 하며, 그 때문에 음이 같은 좋은 글자인 '화(和)'자로 고친 것이라고 설명한다. '일본'의 경우는 "원래부터 히노모토라는 이름이 있어 쓰게 된 글자가 아니다. 다른 나라에 보이기 위해서 일부러 세운 이름이다"[68]라고 한다. 둘 다 '외국'과 밀접한 관계를 갖는다는 이유에서 노리나가는 기본적으로 거부하는 이름들이다. 단 '일본'이라는 국명에 대해서는 보다 복잡한 태도를 드러낸다.

> 일본이라고도 하는 이름의 뜻은 만국을 비추시는 일신(日神)이 태어나신 어국(御國)이라는 뜻일까. 혹은 서번(西蕃, 니시노 미야쓰코구니)의 여러 나라에서 볼 때 해 뜨는 방향에 해당된다는 뜻일까. 이 두 가지 중 전자는 특히 이치에 맞는 듯하지만, 당시의 취지를 생각한다면 역시 후자의 뜻으로 명명된 듯하다. 예의 스이코 천황 치세 때 해 뜨는 나라의 천자(日出處天子)를 칭하며 사절을 파견한 것과 같은 취지다.…… 히노모토(ヒノモト)라는 이름은 옛 서적에는 보이지 않는다. 니혼(ニホム)이라 함은 뜻은 그러한 뜻이나, 본디 다른 나라에 보이기 위해 세운 것이므로 히노모토라고 읽지 않는다. 처음부터 니혼이라고 음으로만 읽는다.[69]

노리나가로서는 '일본'이 원래 '히노모토'였다면 가장 바람직했을 터였다. 하지만 옛말의 용법으로 판단하건대, 사실은 그렇지 않았다. 『고사기』에는 '일본'이라는 표현이 아예 등장하지 않는다. 『일본서기』에

67 『本居宣長全集』, 8권, 464쪽.

68 『本居宣長全集』, 8권, 467쪽.

69 『本居宣長全集』, 8권, 468-469쪽.

는 중국으로부터 불릴 때는 '왜', 한반도 나라들로부터 불릴 때는 '일본'이라고 되어 있다.[70] 최종적으로 노리나가는 '일본'이 대외관계를 의식한 이름인 이상, 처음부터 '히노모토'가 아니라 '니혼'이었다고 추정한다.

이로부터 노리나가는 '일본'이라는 국명을 전면에 내세운 『일본서기』에 비해, 그렇지 않은 『고사기』가 더 가치 있다고 말한다. 『고사기전』 1권의 「『고사기』의 서명에 대해」라는 항목에 다음과 같은 대목이 있다.

> 그런데 이 서명은 예의 『서기』처럼 국호를 표방하지 않고 그저 고사(古事)라고만 전면에 내세우는 점이 위풍당당하여 귀중하다. 다른 나라에 아첨하지 않고 하늘과 땅 끝까지 오로지 천신의 후예가 다스리는 나라일 뿐이라는 뜻에 부합한다.【편자가 의도하여 거기까지 생각해서 붙인 서명은 아니겠지만 절로 이 뜻에 부합하여 은혜롭다.】[71]

『일본서기』의 '일본'을 부정하는 노리나가의 입장은 『일본서기』를 단지 '서기'라고만 표기하는 것에 단적으로 나타난다. 이 입장은 『고사기전』 전체에 철저하게 지켜지고 있다.

노리나가는 서명에 '일본'이라는 이름을 내세우지 않는 『고사기』의 방침을 "다른 나라에 아첨하지 않는다"는 점에서 높이 평가한다. 『고사기전』의 초고로 알려진 『고사기잡고(古事記雜考)』에는 위의 인용에 대응하는 부분이 "다른 나라(있는 줄을 모르고 고금왕래 사방상하)를 생각하지 못하고"[72]라고 되어 있다. '외국'의 존재조차 몰랐다는 것이다. 『고사기』의

70 神野志隆光, 『「日本」: 國號の由來と歷史』, 講談社, 2016(2005); 神野志隆光, 『變奏される日本書紀』, 東京大學出版會, 2009.

71 『本居宣長全集』, 9권, 15쪽.

72 『本居宣長全集』, 14권, 48쪽.

세계상으로 보면 천신의 후예가 통치하는 나라가 이 세계의 전부였다고 한다. 더구나 『고사기』의 편자는 특별히 의도하지도 않았는데 자연스럽게 그 점에 부합하는 서명이 나온 것이라고 부연한다.

노리나가가 파악하듯, 『고사기』에서는 '고천원'의 천신들의 뜻에 따라 생겨난 '위원중국'이 있고 그 나라를 다스릴 자격은 천신의 자손뿐이라는 것을 무조건적이며 절대적으로 이야기한다. 외부로 퍼져나가지 않는, 이른바 자기완결형의 세계다. 정확히는 『고사기』의 편자가 외부 세계를 정말로 몰랐다기보다, 그것을 강하게 의식했기 때문에 주장하려 한 자신들의 '고대'였다고 할 수 있다.

따라서 『고사기』는 의식적으로 '외국'을 말하지 않는다. 그럼에도 불구하고 『고사기전』은 이상과 같은 『고사기』의 세계상을 넘어 새로운 세계상을 구축하고자 했다. 노리나가의 시점에서 다시 한 번 정리해보자. 현실에 있는 '외국'까지 포함하여 이 세계 전체를 설명하기 위해서는 국토생성 신화가 '황국'에서 그치면 곤란하다. 『고사기』를 보니 이자나키·이자나미는 여덟 개의 큰 섬을 낳은 뒤에 다시 여섯 섬을 낳았다고 전한다. 거기서 『고사기』의 국토생성은 막을 내리지만, 『일본서기』를 보면 이자나키·이자나미가 국토를 낳은 뒤에 '쓰시마지마, 이키노시마, 그리고 곳곳의 작은 섬'이 그 파도 거품에서 생겨났다고 전한다. 그렇다면 이 '곳곳의 작은 섬'이 바로 바다 서쪽 편에 퍼져 있는 '외국'을 가리키는 것임에 틀림없다. 한편 오호쿠니누시 신이 국토를 만들 때 바다를 건너온 스쿠나비코나 신은 그 후 '상세국'으로 건너갔다고 전한다. '상세국'은 실은 '외국'이고 스쿠나비코나 신은 그곳에 있었던 것이라야 앞뒤가 맞는다.

이것이 '외국'의 기원을 필요로 한 『고사기전』의 답이었다. 비록 억지 같은 설명처럼 보여도 『고사기』의 텍스트 읽기로는 모순 없이 명쾌한 해석이라고 할 수 있다. 그리고 이것은 어디까지나 '황국'의 기원을 이야기하기 위해 만들어낸 것이었다. 그러나 『고사기전』이 획득한 '황국' 이야기는 『고사기』가 말하지 않은, 혹은 말할 수 없었던 외부 세계를 감안하여 어쩌면 『고사기』가 그리고자 했던 '고대'에 가장 부합하는 것이었는지도 모른다.

제2장

황국의 기원을 둘러싼 논쟁

1. 가라쿠니(韓國)는 가라쿠니(空國)다

1) 가라(韓)의 배제인가

노리나가가 만국 위에 있는 '황국'을 말할 때 실제로 강하게 의식하는 '외국'은 '가라쿠니(カラ國)' 이외에는 없다. 게다가 그것은 '황국'을 이야기하면서 가장 극복해야 할 존재로 여겨진다. 물론 『고사기』에 나타나는 '에비스(蝦夷)' 같은 곳도 노리나가에게는 '황국'과 구별되는 '외국'이었으나, 그것을 '가라쿠니'만큼 의식하지는 않았다. 『고사기전』의 '황국'이 '가라쿠니'에 대치하는 형태로 만들어진 만큼 '가라'라는 문제를 피해갈 수는 없다.

『고사기』의 천손강림(天孫降臨) 신화에 의하면, 지금의 규슈 지방인 쓰쿠시(筑紫)의 휴가(日向) 다카치호(高千穗)에 천손 니니기노 미코토(邇邇藝命)가 강림하는 장면에 대해 다음과 같이 전한다.

이에 말씀하시기를, "이곳은 가라쿠니를 향하고, 가사사곶을 직통하고, 아침 해가 비추는 나라, 저녁 해가 빛나는 나라이다. 고로 이곳은 매우 길한 땅이다"라고 하시고, 대반석 위에 기둥을 굳건히 세우고 고천원에 용마루를 높이 올려 지으시고 사셨다.

於是, 詔之, 此地者, 向韓國, 眞來通笠沙之御前而, 朝日之直刺國, 夕日之日照國也. 故, 此地, 甚吉地, 詔而, 於底津石根宮柱布斗斯理, 於高天原氷椽多迦斯理而坐也.[1]

원문에서 '조지(詔之)'와 '조이(詔而)' 사이가 천손의 발언에 해당한다. 그래서 현대의 주석서들도 대개 이 부분을 위와 같이 따옴표 처리해서 읽는다. 여기서 '가라쿠니를 향하고(向韓國)'라는 표현이 문제가 된다. '가라쿠니(韓國)'가 고대 한반도를 의식한 말이라는 점에는 거의 이견이 없다. 그렇다면 한반도를 향해 있다는 조건이 어째서 '길한 땅'의 이유가 되는가. 현실적으로 쓰쿠시의 휴가라는 곳은 규슈 북쪽이 아니라 규슈 남쪽이기 때문에 한반도를 향한다고 하는 기술은 지리적으로 모순이다. '일향(日向)'을 굳이 현실의 지명 '휴가'에 대응시키지 않고 글자 그대로 '태양을 향한 곳'이라는 정도의 신화적 명칭으로 보는 설도 가능하지만, 그렇다 해도 '향한국(向韓國)' 세 글자에 대해서는 아직 미해결된 상태다.

이 구절을 『고사기전』은 다음과 같이 읽는다.

이 문장은 필시 '於是膂肉韓國, 眞來通笠沙之御前而詔之, 此地者朝日之……'이었을 터인데, '詔之此地者' 다섯 글자가 착각으로 위로 옮겨갔고, '膂'자는 탈락되었으며, '肉'자는 '向'자로 잘못 쓰였다. 고로 지금은 이렇게 훈독하는 바이다.【또는 '膂肉韓國眞來通, 到坐笠沙之御前而'이었을 수도

---

1 『古事記』, 116-118쪽.

있다. '到坐' 두 글자가 빠진 것일 수도 있다.】 그 까닭은 『서기』에…… 라는 문장과 조응해보고 또한 어형으로부터 추정해보더라도, '眞來通笠沙之御前'라고 함은 필시 지문으로 천손의 말씀에 속하지는 않을 것이다.[2]

'韓國'의 '韓'은 차자(借字)로서【혹시 이것을 정자(正字)라고 한다면 여기에 맞지 않는다. 그 까닭은 우선 『서기』 신대 상권에 이미 '韓鄕之島'에 관한 건이 보이기 때문에 여기에 그 나라에 관한 언급이 있을 수 없는 것은 아니지만, 이 단의 고사는 모두 오스미 사쓰마 지방(=현재 규슈의 남쪽)의 휴가라는 곳에서의 일이다. 그곳은 동남쪽을 향한 지역이므로 '向韓國'이라고 말해야 할 연유가 없는 것이다.】 '空虛國(가라쿠니)'의 뜻은 즉 『서기』의 '空國(가라쿠니)'이다.【무릇 사물의 속이 비고 열매가 없음을 '가라(カラ)'라고 한다. '가라(껍질)' 등의 말도 그러한 뜻이다. 그런데 『서기』의 '空國'을 예로부터 '무나쿠니'라고 읽어왔으나, '胸副國(무나소이쿠니)'에서 '空'자와 무관하게 '胸'자를 썼음을 생각하면 '가라쿠니'라고 읽어야 하는가. 그러나 '무나쿠니'라고 읽어도 뜻은 같다. 한편 여기서는 '向空國'이라고 해도 괜찮을 것 같지만 그렇지는 않다. '向'은 '肉'의 오자일 터, 또한 '膂'에 해당하는 글자는 탈자임에 대해서도 이견은 없을 터이다.】[3]

노리나가는 '조지차지자(詔之此地者)'라는 구의 위치가 잘못되어 문장의 착종이 일어난 것으로 보았다. 이른바 본문 비판이다. 천손의 발언

2 『本居宣長全集』, 10권, 198쪽.

3 『本居宣長全集』, 10권, 198-199쪽.

에 속하는 것은 '朝日……甚吉地'만이며, 그 앞의 '向韓國, 眞來通笠沙之御前而'는 지문에 해당한다는 판단이다. 그리고 '향(向)'자는 '육(肉)'자의 오자라고 보고 거기에 '려(膂)'자를 더해 '향한국(向韓國)'을 '소시시노 가라쿠니(膂肉韓國)'라고 읽었다. 황무지와 같은 땅이라는 뜻이다. 결국 『고사기전』의 설에 따라 읽는다면 "이에 소시시노 가라쿠니를 가사사곶으로 통해 지나고 말씀하시기를"이라는 문장이 된다. 또는 "소시시노 가라쿠니로 통하여 가사사곶에 이르러 말씀하시기를"이라고 읽을 수도 있다고 덧붙인다.

요컨대 『고사기전』의 주석의 핵심은 천손이 '길한 땅'이라고 찬미한 곳이 강림지 '다카치호봉'이 아니라 도착지 '가사사곶'이라는 점에 있다. 그리고 이러한 본문 비판의 과정에서 '가라쿠니(韓國)'는 '가라쿠니(空國)'라고 간주되면서, 결과적으로 고대의 한반도와는 무관한 말이 되었다.

이상은 오늘날 『고사기』 연구에서는 거의 받아들이지 않는 해석이다. 현대의 많은 주석서들이 『고사기전』의 설에 찬동하지 않는 최대 이유는 과도한 본문 비판에 대한 거부감 때문인 듯하다. '가라쿠니(韓國)'를 '가라쿠니(空國)'라고 하는 노리나가의 설을 수용하면서 '向韓國'은 '自韓國'일 것이라는 안을 제시한 사이고 노부쓰나조차 "단 『고사기전』의 문장 수정은 다소 심한 경향이 있다"[4]고 선을 긋는다.

그러나 『고사기전』을 읽는 입장에서는 이 부분이야말로 본질적인 문제를 보여준다고 생각한다. 『고사기』에 나오는 '가라쿠니(韓國)'는 위의 문장이 유일한 예이다. 다시 말해 『고사기』 안에서 더 이상의 실마리를 찾기란 곤란하다. 여기서 『고사기전』이 참고로 한 것은 『일본서기』

---

4 西郷信綱, 『古事記注釋』, 筑摩書房, 2006(1975-1989), 4권, 82쪽.

의 천손강림 신화다.

> 휴가의 소의 다카치호봉에 강림하셨다. 그리하여 황손이 지나가신 모습은 구시비의 아메노우키하시 다리에 밟고 서서, 소시시노 가라쿠니를 히타오 언덕에서 나라를 찾아 지나, 와다의 나가야의 가사사곶에 다다르셨다. 황손이 "나라가 있느냐 없느냐"라고 물으시자, "이곳에 나라가 있습니다. 청하옵건대 마음대로 다스리십시오"라고 답했다. 이에 황손은 머물기로 하셨다.[5]

『일본서기』는 『고사기』와 달리 하나의 이야기에 일서(一書)라고 불리는 이전(異傳)들이 다수 나열된 형태가 많다. 그렇지만 천손의 강림지가 '휴가(日向)의 소(襲)의 구시비(槵日)의 다카치호(高千穗)봉'이고, '구니마기(國覓ぎ)'하여 지나는 곳이 '소시시노 가라쿠니(膂宍空國)'이며, 그리고 나서 '가사사곶(笠狭碕)'에 이르렀다는 문맥만큼은 거의 비슷하다. 단 『일본서기』의 해당 부분은 문장의 구성부터 『고사기』와 다를 뿐만 아니라, 강림지를 찬미하거나 묘사하는 내용도 전혀 없고, 문제의 '가라쿠니(韓國)' 표현 자체가 등장하지 않는다.

『일본서기』의 '소시시노 가라쿠니(膂宍空國)'에 대해서는 예부터 '소(背) + 시시(肉)'의 비유 표현으로 황망한 불모지의 뜻이라고 풀이되었다.[6] 『고사기』의 '가라쿠니(韓國)'에 대응하는 것으로 보이는 『일본서기』

---

5 『日本書紀』, 상권, 140-141쪽.

6 노리나가도 언급하고 있지만 『신대권구결(神代卷口訣)』에 "膂完之空國, 荒芒地,…… 膂, 背也, 無肉, 以譬不穀之地", 또한 『일본서기찬소(日本書紀纂疏)』에 "今按, 膂背也, 背上無肉, 故稱空國, 曰膂肉也, 空國, 則不毛之地"라고 되어 있다. 眞壁俊信 校注, 『神道大系古典註釋編三 日本書紀註釋中』, 神道大系編纂會, 1985, 96쪽; 295쪽.

의 '소시시노 가라쿠니(膂宍空國)'에 대해서는 참고로 주아이 천황 기사에 용례가 하나 더 있다.

> 천황은 어째서 구마소가 굴복하지 않음을 걱정하시는가. 이는 소시시노 가라쿠니이다. 어찌 병사를 일으켜 칠 만한 나라라 하겠는가. 여기 나라 곳곳에 보물이 가득한 나라가 있다. 처녀의 눈썹과 같이 포구를 마주한 나라이다. 눈부신 금은보석이 그 나라에 많은데 이를 고금신라국이라 한다.[7]

이른바 진구 황후의 신라정벌 전에 주아이 천황이 구마소(熊襲) 지방을 토벌하려고 하는데, 이때 구마소를 '소시시노 가라쿠니(膂宍空國)'라고 했다. 이는 '다카라노쿠니(寶國)' 신라와 대조를 이루는 표현이다. 빈껍데기 같은 쓸모없는 땅 '소시시노 가라쿠니(膂宍空國)'는 구마소에 대한 것이며, 이보다는 보물의 나라 신라를 치는 것이 이득이라는 문맥이다. 어찌 되었든 『일본서기』에서 '가라쿠니(空國)'가 불모의 땅을 의미하는 것은 분명해 보인다.

『고사기전』에서는 『고사기』의 난해한 문장을 『일본서기』에 조응하는 것으로 보고 본문 자체를 바꿔 읽음으로써, '가라쿠니(韓國)'가 고대 한반도의 의미여야 할 필요성이 자연스럽게 없어졌다. 그렇다고 노리나가가 의도적으로 '가라쿠니(韓國)'를 삭제했다는 식으로 소급해 말할 수는 없다.[8] 게다가 『고사기전』이 '가라(韓)'라는 말에 대해 항상 이런 형

7 『日本書紀』, 상권, 326쪽.

8 김석형이나 나루사와 아키라와 같이 실제로 이러한 『고사기전』의 해석에 대해 노리나가가 한반도에 대한 부정적인 인식하에 『고사기』의 원문을 바꾸면서까지 '가라쿠니(韓國)'를 공허한 '무나쿠니(空國)'의 의미로 규정하려 했다는 식의 지적들이 종종

태로 전면 부정하는 것은 아니다. 『고사기』에는 '가라쿠니(韓國)'는 다른 예가 없지만, 그 밖에 '가라카미(韓神)', '가라비토(韓人)', 또는 인명 중에 '가라히메(訶良比賣·韓比賣)', '가라부쿠로(韓袋)' 등 '가라(韓)'가 붙은 말들이 단편적으로 등장한다. 이들에 대해서는 『고사기전』도 한반도를 뜻하는 '가라(韓)'와의 연관성에 대해 인정하는 태도를 취한다.

『고사기전』의 주석은 단순히 '가라쿠니(韓國)'라는 단어 하나를 '가라쿠니(空國)'로 바꾼 것도 아니고, 그것이 '가라쿠니(韓國)'라서 '무나쿠니(空國)'를 뜻한다는 식의 극단적인 해석을 한 것도 아니다. 오히려 주석의 초반부에는 '가라쿠니(韓國)'가 '가라쿠니(空國)'의 차자(借字)가 아니고 정자(正字)일 가능성, 즉 '가라쿠니(韓國)'를 한반도의 '가라쿠니(韓國)'로 해석할 가능성에 대해서도 충분히 언급하고 있다. 다만 그럴 경우 '향한국(向韓國)'대로라면 문맥에 부합하지 않는다는 이유로 선택지에서 제외했을 뿐이다. 결국은 『일본서기』를 가져와서 '가라쿠니(韓國)'는 '소시시노 가라쿠니(膂肉韓國)'였을 것이라고 추정한 것이다. 노리나가는 단지 해당 문맥에서는 '가라(韓)'를 연관시켜 해석하려고 하지 않았다 혹은 할 수 없었다. 적어도 노리나가의 입장에서 '가라쿠니(韓國)' 한 단어보다 더 중요한 문제는 전체 문맥이었다.

그렇다면 노리나가가 '가라(韓)'를 부정하기 위해 『고사기』의 '가라쿠니(韓國)'를 『일본서기』의 '가라쿠니(空國)'로 바꿔버렸다고 비판하기보다는, 『고사기전』이 『고사기』의 문맥을 어떻게 바꾸게 되었는지에 주목해야 할 것이다.

있었다. 그러나 역사 조작의 소산이라고 운운하는 것은 노리나가 비판으로서는 그 비판의 초점이 맞지 않는다고 하겠다. 金錫亨, 『古代韓日關係史: 大和政權と任那』, 勁草書房, 1969; 成澤光, 『政治のことば: 意味の歷史をめぐって』, 平凡社, 1984.

2) 나라 찾기와 역대 황궁의 시작 이야기

『고사기전』의 본문 비판 결과, '向韓國, 眞來通笠沙之御前而' 부분이 천손의 발언이 아니라 지문에 속하게 되었다는 점은 전후 문맥에 어떤 영향을 미치는가. 그것은 먼저 『고사기』의 '마기토오루(眞來通)'를 『일본서기』의 '구니마기(國覓ぎ)', 즉 '나라 찾기'와 같은 말이라고 해석하는 것이었다.

> '마기토오루(眞來通)'의 '마기(眞來)'는 차자(借字)이다. 『서기』에 '覓國, 이를 구니마기라 한다'라는 것이 이것이다.…… 그렇다면 이 부분 전체 구절의 뜻은 진좌해야 할 나라를 찾아가려고 소시시노 가라쿠니(膂肉空虛地)를 통과하여 가사사곶에 이르렀다는 말이 된다. '가라쿠니를(韓國袁)'이라고 '를'을 붙여 읽어야 한다.[9]

노리나가가 보기에, 『일본서기』에는 '구니마기'라고 되어 있는 설명 부분이 『고사기』에는 발언 안에 들어가 있는 점이 문장의 혼란을 일으키는 최대 원인이었다. 그래서 『일본서기』 기사를 가져다 '길한 땅'이라는 '이곳'이란 '가라쿠니'를 지나 최종적으로 도착한 '가사사곶'만을 직접적으로 가리킨다고 해결한 것이다. 이로써 해당 기사는 '오스미 사쓰마 휴가'의 사건으로 맥락을 관철할 수 있게 되었다.

물론 종래에 의미 불명으로 취급되어온 구절에 대해 노리나가도 고심했음에 틀림없다. '마기토오루(眞來通)'의 해석은 천손이 강림하기 전의 표현으로 나오는 '우키지마리 소리타타시테(宇岐士摩理蘇理多多斯弖)'의 해석과 연동하는 것이었는데, 이를 보면 노리나가가 신중하게 판단

9 『本居宣長全集』, 10권, 199-200쪽.

을 유보하는 태도가 엿보인다.

> '우키지마리 소리타타시테(宇岐士摩理蘇理多多斯弖)'라는 말의 뜻은 심히 알기 어렵다. 우선 이 부분을 『서기』에는 ……【이는 다카치호봉에 먼저 내려와서 도읍으로 진좌할 땅을 찾아 돌아다니시는 모습을 말한다.…… 소시시(膂肉) 운운하는 것은 히타오(頓丘)부터 소시시노 무나쿠니(膂肉空國)를 지나 나라를 찾으시는 것을 말한다. '무나쿠니를'이라고 읽어야 한다. 그렇지 않으면 통하지 않는 문장이다. 그 주변에 물가(浮渚)가 있어서 조금 높은 언덕(頓丘)으로 옮겨 무나쿠니를 통과하신 것이다. 소시시노 무나쿠니는 그 주변의 전체 모습을 말한다.】 일서에는…… 이를 서로 참조하여 생각하건대, 『고사기』와 『서기』는 차이가 많아 양쪽 다 의심스러운 점이 있다.…… '우키지마리'는 『서기』의 '우키지마아리(浮渚在)'와 같으므로 '우키지마아리(浮洲有)'라고 여겨지나, '소리'라는 말은 '다히라(平處)'와 전혀 비슷하지 않아 뭐라 풀이하기 어렵다.…… 또한 이 구절이 다카치호봉에 내려오기 전에 위치하는 점도 순서가 온당치 않게 여겨진다. '타타시테'라는 말 뒤에도 뭔가 말이 빠진 듯하다. 이 부분은 문장이 탈락되거나 혼란이 있는 것이리라.【…… 앞의 안은 모두 일단 『고사기』의 문장 순서에 대해 시험 삼아 말했을 따름이다.】 더욱 잘 생각해야 할 일이다.[10]

고심 끝에 노리나가는 『일본서기』의 문장과 정합하여 이해하는 선택을 했다. 『일본서기』의 순서에 따라 '우키지마리 소리타타시테'라는 표현을 다카치호 강림 후로 파악한다면 『고사기』의 혼란도 어느 정도

10 『本居宣長全集』, 10권, 188-190쪽.

해소할 수 있다. 이처럼 『일본서기』에 의지하여 『고사기』의 애매한 문장도 천손이 먼저 다카치호에 내려오고 나서 "도읍으로 진좌할 만한 땅을 찾아 돌아다니시는 모습"을 뜻하는 것으로 재구성한 것이다.

같은 맥락에서 『고사기전』은 진무 천황(神武天皇)의 동정(東征)을 '구니마기(國覓ぎ)'로 파악한다. 『고사기』에는 다카치호궁에 있던 간야마토 이와레비코노 미코토(神倭伊波禮毘古命), 즉 후의 진무 천황이 형 이쓰세노 미코토(五瀨命)와 함께 "어느 곳에 가서 천하의 정치를 평안히 듣겠는가. 더욱 동쪽으로 가려고 생각한다"[11]라고 말하며 휴가를 떠났다고 전한다. 『일본서기』 진무 천황 즉위전기(卽位前紀)의 기사는 다음과 같다.

> 또 시오쓰쓰(塩土) 노옹에게 물었다. 답하기를, 동쪽에 좋은 땅이 있다. 청산이 사방을 에워싸고 있다. 거기에 또 아마노 이와후네(天磐船)를 타고 날아서 내려오는 사람이 있다고 말했다. 내가 생각하건대, 그 땅은 필시 대업을 드넓게 하고 천하에 빛이 드는 것을 충족시켜줄 터이다. 대략 육합(六合)의 중심인가. 그 내려온다는 자는 니기하야히(饒速日)를 말하는가. 어찌 도읍으로 만들지 않으랴.[12]

『고사기전』은 이를 이용하여 다음과 같이 해석한다.

> '思東行'은 '히무카시노 가타니코소 이데마사메(동쪽으로 가려고 생각한다)'라고 읽어야 한다.⋯⋯ '이데마스'는 가신다는 뜻으로 옛날에는 천

11 『古事記』, 140쪽.

12 『日本書紀』, 상권, 189쪽.

황의 행행(行幸)을 '이데마시'라 했다.……【이렇듯 『서기』의 뜻은 휴가에서 논의하신 때부터 이미 오호야마토국(大倭國)으로 정하고 출발하신 것이다. 『고사기』의 뜻은 어느 곳으로 갈지 정하시지 않고 다만 동쪽으로 가셔서 이윽고 좋은 땅을 찾으셨다고 파악할 수 있다. 니니기노 미코토의 나라 찾기와 같은 모습이다.……】…… 휴가 지방은 서쪽 변두리인 까닭에 천하를 다스리기에는 좋지 않아서 나라의 중앙에 진좌하신 것이다. 『서기』에 오호야마토국을 대략 육합의 중심인가라고 말씀하신 것도 이러한 연유다.[13]

진무 천황이 동정을 감행한 이유에 대해 서쪽 변두리인 휴가 지방에서 나라의 중앙에 해당하는 땅을 찾아 야마토로 이동한 것이라고 설명하는 것은 『고사기』에는 없지만 『일본서기』에 따라 보충한 것이다. 그러면서 진무 천황의 '동행(東行)'이 니니기의 '마기토오루(眞來通る)'와 같은 맥락이라고 파악하고 있다. 양쪽은 모두 '나라 찾기'라는 '구니마기(國覓ぎ)'의 문맥으로 통한다는 해석이다.

『고사기』의 '마기(眞來)'를 『일본서기』의 '마기(覓ぎ)'라는 옛말과 동일시하는 것은 곧 천손강림 신화를 도읍으로 할 땅을 찾아가는 '구니마기'의 과정으로 읽기 위해서다. 강림 전에 나오는 '우키지마리 소리타타시테'라는 의미 불명의 표현도 순서를 뒤바꿔 강림 후의 '나라 찾기'의 일환으로 파악한 것이다. 그리고 진무 천황의 동정이라는 또 하나의 '나라 찾기'에 이를 연결시켰다. 그리하여 문제의 문장은 '나라 찾기'라는 시점으로 정연하게 순서가 정리되었다. 결국 이 문장을 '소시시노 가라쿠니를 가사사곶으로 지나' 혹은 '소시시노 가라쿠니를 지나 가사사곶

13 『本居宣長全集』, 10권, 322-323쪽.

에 이르러' 어느 쪽으로 읽더라도 '가라쿠니'는 '나라 찾기' 과정에서의 통과 지점에 해당한다. '가라쿠니(韓國)'를 황무지와 같은 '가라쿠니(空國)'로 풀이한 것은 이와 같이 이해할 수 있다.

지금까지 '이곳은 가라쿠니에 향하고'라는 문장의 전반부에 초점을 맞췄는데, 이제부터는 후반의 '이곳은 매우 길한 땅이다'라는 지점이 가사사곶에 한정되는 점에 주목해본다.

가사사곶이라는 장소가 뒤에 이어지는 "이에 아마쓰히다카 히코 호노 니니기노 미코토(天津日高日子番能邇邇藝能命)는 가사사곶에서 아름다운 미인을 만났다"[14]는 구절과 조응하는 것은 분명하다. 즉 천손의 혼인담으로 연결되는 가운데 의미를 갖는 장소라는 면에서, 그것은 『일본서기』의 문맥과 다르지 않다.

그러나 해당 문장으로 돌아가 보면 『고사기』에는 마지막에 "소코쓰이와네(底津石根)에 궁전 기둥을 두껍게 세우고 고천원에 히기(氷椽)를 높이 세워 진좌했다"는 문구가 삽입되어 있다. 이것은 궁전을 조영할 때의 전형적인 표현이다. 스사노오가 오호나무치 신을 오호쿠니누시 신으로 인정하는 발언, 또한 오호쿠니누니 신이 국토 양위의 조건을 말할 때도 궁전 조영을 뜻하는 표현으로 쓰인 적이 있다. 특히 『고사기』에서는 이때 세운 궁이 나중에 '다카치호궁(高千穗宮)'이라고 불린다는 점에 주의를 요한다. 즉 『고사기』 천손강림 신화에서 강림지를 찬미하는 장면은 최종적으로 궁전 조영을 이야기함으로써 마무리된다. 이 점은 강림지를 '나라 찾기' 과정 중에 통과하는 지점으로만 기술하고 있는 『일본서기』의 문맥과 가장 다른 특징이기도 하다. 노리나가는 바로 이 점을 놓치지 않고, 이때 가사사곶에 세운 '다카치호궁'이 역대 천황가의 "황

14 『古事記』, 120쪽.

대궁(皇大宮, 스메라오호미야)의 시작"[15]이 된다고 지적한다.

『고사기』에서는 휴가 삼대(日向三代) 이야기 마지막에 "히코 호호데미노 미코토는 다카치호궁에 진좌하여 580년을 살았다. 능은 다카치호산의 서쪽에 있다"[16]라고 하여 '다카치호궁'이 명시되어 있다. 또한 앞에서 보았듯이 진무 천황의 동정이 '다카치호궁'에서 출발한 것으로 기술되어 있다. '다카치호궁'이 이러한 형태로 지속적으로 의미를 갖는 것은 『일본서기』에는 없는 『고사기』만의 문맥이다. 이 두 곳의 '다카치호궁'에 대해 『고사기전』은 상세한 주석을 달고 있다.

> 이 다카치호는 기리시마야마(霧島山)를 말한다.【…… 신대의 서적에 다카치호봉이라 함은 두 군데가 있어 같은 이름이다. 예의 우스키군(臼杵郡)도 또 기리시마야마도 모두 그 산에 해당한다. 이는 황손이 처음으로 강림하실 때 먼저 두 군데 중 한쪽의 다카치호봉에 내려오신 다음, 또 한쪽의 다카치호로 이동하신 것이리라.……】『서기』에 소노다카치호봉(襲之高千穗峰)이라고도 한다. 소(襲)는 오스미국(大隅國)이므로 이 기리시마야마도 다카치호라 부르는 증거가 된다. 이렇기에 처음에 니니기노 미코토는 가사사곶에 궁전을 조영했는데 호호데미노 미코토에 이르러 이 궁전으로 옮기신 것이리라.

> 다카치호궁은…… 오스미국이라고 생각된다.【휴가국 미야자키라는 설은 옛 서적의 뜻에 맞지 않는다.…… 다카치호궁은 역시 오스미국 쪽에 있었던 것이 틀림없다.】[17]

15 『本居宣長全集』, 10권, 201쪽.

16 『古事記』, 136쪽.

17 『本居宣長全集』, 10권, 287-288쪽; 320-321쪽.

여기 두 곳의 '다카치호'는 모두 휴가국이 아니라 오스미국이라는 것이 강조되고 있다. '다카치호'의 소재에 대해서는 오늘날까지도 미야자키현(宮崎縣) 우스키군(臼杵郡) 다카치호초(高千穗町)인가, 모로카타군(諸縣郡) 기리시마야마(霧島山) 다카치호노미네(高千穗峰)인가로 갈라져 있다. 『고사기전』에서는 어느 쪽이라고 정하기 어렵다는 입장을 표명하다가 여기서 양쪽 모두 버릴 수 없다고 최종 결론을 내린다. 그 합리화는 '이행(移幸)'으로 모순 없이 설명된다. 즉 니니기가 조영한 가사사곶의 궁전과는 별도로 호호데미가 이동하여 세운 다카치호궁이 있다는 것이다. 노리나가는 처음부터 두 개의 궁을 상정함으로써 다카치호의 소재에 관한 분쟁을 해결한 셈이다.

그렇다고 해도 여기서 군이 가사사곶의 궁을 다카치호궁으로 이어지는 것으로 보고 그것을 '황대궁'의 기원으로 규정할 필요가 있었던 것일까. 혹은 그러한 해석은 어디서 보장되는 것일까. 예를 들어 궁전 지을 곳을 찾아다녔다는 문맥만을 생각한다면 스사노오가 조영한 스가궁(須賀宮)의 예도 있지만, 『고사기전』에 따르면 그곳은 '황대궁'이 아니다.

이상과 같은 '황대궁'의 기원을 둘러싼 새로운 이야기는 『고사기』만으로는 성립하지 않는다는 점을 지적하고 싶다. 이는 『일본서기』를 참고하면 보다 분명해진다.

『일본서기』에서 '황대궁'의 시작이라 할 수 있는 것은 진무 천황이 야마토에 조영하는 '가시하라궁(橿原宮)'이다. 진무 천황 즉위전기에 의하면, 이윽고 동정이 끝나고 하늘에서 내려다보고 좋은 나라를 정했다는 것이 '소라미쓰 야마토노쿠니'라는 말의 유래라고 한다. 그리고 이 진무 천황의 야마토 입성으로 비로소 '황도(皇都)'가 정해지고 '궁실을 조영'하고 '황후(皇后)'를 책봉하는 일련의 과정을 거쳐 신유년 정월 "천황이 가시하라궁에서 즉위했다. 이해를 천황의 원년으로 삼았다"[18]라고 쓰여 있다. 바로 이 대목에 "우네비(畝傍)의 가시하라(橿原)에 궁전 기둥을 대반석에 두껍게 세우고 고천원에 치기(搏風)를 높이 세우고"라는 표현도 『일본서기』에 처음으로 나온다.

이 관용구를 『고사기』와의 접점으로 하고 싶지만, 『고사기』에서 진무 천황의 즉위는 "우네비(畝火)의 가시하라궁(白梼原宮)에 진좌하여 천하를 다스렸다"[19]라고만 되어 있다. 『고사기』에서 진무 천황의 궁은 가사사곶의 궁으로부터 직접적으로 연결되지 않는다. 그렇지만 노리나가는 이 관용구를 무엇보다도 진무 천황의 궁에서 비롯되는 것처럼 이해한다. 노리나가는 『축사(祝詞, 노리토)』에 나오는 "宮柱太敷立, 高天原爾, 千木高知底"라는 구에 대해서도 『대불사후석(大祓詞後釋, 오호바라에노 고토바 고샤쿠)』이라는 주석서에서 "이것은 진무 천황 이래로 야마토국에 조영되어 있는 황대궁을 가리키는 말이다"[20]라고 풀이한다.

요컨대 『고사기전』은 천손강림에서 진무 천황의 야마토 입성까지를 하나로 이어지는 '황대궁' 이야기로 읽어낸다. 그것은 사실 『고사기』의 해석과도 『일본서기』의 해석과도 거리가 먼 것이라고 하지 않을 수 없다.

천손강림 신화는 천황의 시조가 되는 신이 천상에서 강림하여 지상에 대한 지배가 시작되는, 이른바 『고사기』 상권의 하이라이트이다.[21] 그러나 노리나가가 볼 때 다카치호봉에 천손이 강림한 것만으로 이야기가 끝나는 것이 아니라, 여기서부터 도읍지를 구하기 위한 '나라 찾기'가 전개되어야 한다. 그리하여 천손이 가사사곶에 이르렀을 때 비로소

18 『日本書紀』, 상권, 213쪽.

19 『古事記』, 156쪽.

20 『本居宣長全集』, 7권, 110쪽.

21 吉井巖, 「古事記の作品的性格: 天神から天皇へ」, 『石井庄司博士喜壽記念論集 上代文學考究』, 塙書房, 1978.

그곳에 궁을 세운 것이며, 이렇게 읽어야만 가사사곶에 대한 찬미의 발언이 의미를 갖는다. 더구나 가사사곶에 지은 니니기의 궁은 호호데미의 다카치호궁을 거쳐 역대 천황의 궁으로 계승된다. 그 시발점이 되는 가사사곶의 궁을 노리나가는 '황궁'의 기원으로 자리매김한 것이다. 다시 말해, 노리나가의 설에 따르면 천손강림 신화는 훗날 천황의 '황궁'의 시초가 되는 천손의 궁을 세우는 것으로 완결된다. 이는 물론 『고사기전』이 만들어낸 이야기다.

2. 가라(漢)에 수렴되는 존재로서의 가라(韓)

1) 가라(韓) 논쟁

유학자 도 데이칸(藤貞幹, 후지와라 사다모토 藤原貞幹)과 노리나가 사이에 벌어진 논쟁에 대해, 고야스 노부쿠니는 '가라(韓)'의 흔적을 둘러싼 논쟁이라고 규정한 바 있다.[22] 이처럼 단순히 도식적으로 이해하면 데이칸의 사고는 이른바 혼합문화론적인 시점으로 높이 평가되는 반면, 노리나가의 사고는 국수주의적인 타자인식의 전형으로 비판을 받을 뿐이다. 그러나 '가라' 논쟁이라는 것도 그 문제의 본질은 '가라' 자체에 대한 관심이라기보다 '황국'의 기원에 대한 관심이었다고 여겨진다.

데이칸이 저술한 『충구발(衝口發)』은 노리나가의 『겸광인(鉗狂人)』이라는 저서를 낳았다. 『충구발』에는 황통(皇統)·언어(言語)·국어(國語)·신성(神聖)·연호(年號)·용식(容飾)·의복(衣服)·상장(喪葬)·제사(祭祀)·박수(拍手)·화가(和歌)·시부(詩賦)·국사(國史)·제도(制度)의 제반 항목에 걸쳐

22 子安宣邦, 『日本ナショナリズムの解讀』, 白澤社, 2007.

고증학자라 할 만한 데이칸의 의견이 제시되어 있다. 결론적으로 데이칸이 말하는 일본의 기원은 "개벽 이후 위로는 스사노오노 미코토, 아래로는 오호나무치노 미코토부터 개시되었기 때문에 사물과 언어 모두 한의 풍속(韓俗)"[23]이라는 것이다.

이에 대해 노리나가는 격분하여 반발했다. 『겸광인』에 "무엇이든 간에 전부 가라(韓)로부터 생겼다고 한다. 논자의 취지의 근본이다", "지금 이 논자의 뜻은 스사노오노 미코토가 한인(韓人)이라는 것을 바탕으로 만사가 모두 가라에서 생겼다고 하지만"이라며 데이칸의 의도를 계속해서 확인하는 모습에 노리나가의 쟁점이 드러나 있다.[24]

노리나가는 데이칸의 문장을 하나하나 인용하면서 세세하게 비판을 한다.

> (데이칸) 진한(辰韓)은 진(秦)의 망인(亡人)으로 이루어졌으며, 스사노오노 미코토는 진한의 주인이다.
>
> (데이칸) 열에 여덟아홉은 한음(韓音)과 한어(韓語)이며, 혹은 서토(西土)의 음이 변한 것이다.[25]

> (노리나가) 신라는 변한(辨韓)이지 진한(辰韓)이 아니다. 그렇다면 스사노오노 미코토는 진한과는 연이 없다.
>
> (노리나가) 옛날 한(韓)의 나라들은 대개 황국에 복속되어 있었기 때문에 늘 왕래가 잦았다. 서로 이쪽에도 그쪽에도 오래도록 머물며 지내

---

23 鷲尾順敬 編, 『日本思想闘争史料』 4, 名著刊行會, 1970, 32쪽. 이하 『衝口發』, 쪽수만 표시한다.

24 『本居宣長全集』, 8권, 276쪽; 283쪽.

25 『衝口發』, 2쪽; 5쪽.

는 사람도 많았기 때문에 언어는 물론 의복, 기물, 풍속 등도 이쪽에서 그쪽으로 옮겨진 것도 많았을 것이다. 그것들을 뒤집어 그쪽에서 이쪽으로 옮긴 것이라 함은 깊이 생각하지 않은 잘못이다.[26]

인용한 부분은 일본 신의 태생과 화훈(和訓)에 관한 것이다. 하나같이 '가라(韓)'와의 관련성을 주장하는 데이칸에 대해 노리나가의 반론은 고학에 어둡다는 점으로 집중된다. 사실 노리나가를 기다릴 것도 없이 데이칸의 주장에 설득력이 결여되어 있음을 지적하는 것은 그리 어렵지 않다. 예를 들어 스사노오의 태생을 한반도에서 찾는 설의 근거는 오로지 『일본서기』 신대권의 일서(一書)에 스사노오가 천상에서 추방되어 이즈모(出雲)에 내려가기 전에 신라를 경유했다는 기사뿐이다.

무엇보다 『겸광인』이라는 도발적인 서명에서 노리나가는 데이칸을 '광인(狂人)'이라고 단정하고 있다. 그것은 이미 정당한 비판의 선을 넘은 비난이다. 노리나가의 논쟁이 상대에 대한 매도가 목적인 듯 생각되기도 하지만, 그렇게만 보면 노리나가의 문제로서도 왜소화될 우려가 있다. 단적으로 노리나가만이 조선 멸시의 관점에 철저한 반면, 데이칸은 전혀 그렇지 않았던 것일까.

『충구발』을 끝까지 보면 데이칸의 경우도 과연 '가라(韓)' 자체가 주제였다고는 판단하기 어렵다. 다음은 『충구발』의 거의 말미 부분이다.

덴치 천황(天智帝) 치세에 마지막에 당(唐)의 제도와 문물을 받아들여 칠백여 년의 한풍(韓風)을 물리치고 그 전례를 모두 후세에 법으로 삼을 토대를 마련하셨다. 그리하여 오래도록 일본 중흥의 왕으로 추앙

26 『本居宣長全集』, 8권, 278쪽; 288쪽.

> 되는 것이다.…… 몬무 천황(文武帝)의 영단으로 대극전을 세우고 조하 등의 예를 정하고 석전을 시작하고 율령을 개정하셨다. 참으로 덴치 천황의 뜻을 계승하셨다고 할 만하다.…… 이때(=간무 천황)가 되어 덴치와 몬무 두 천황의 뜻을 모두 마련했다고 할 것이다. 그 후 밖으로는 불법을, 안으로는 음양, 무당, 정로(正路)를 막고 고닌(弘仁) 이후 간무 천황의 옛 제도를 개편하심에 따라 당도 아니고 가라도 아니고 천축도 아닌 하나의 전례를 일으켜, 불법과 신도가 섞이고 유자는 이것의 노예가 되어 신국의 이름을 주장하고 귀천을 불문하고 부처에 공양하는 것이 나날이 줄어 중엽에 이르렀다. 사람들은 하루도 옛일을 잊어서는 안 된다. 서토의 책을 읽고 화이를 분별하고 성현의 도를 아는 것은 모두 덴치와 몬무 두 천황의 공덕이다.[27]

여기서 덴치 천황과 몬무 천황이 추앙받는 이유는 '당도 아니고 가라도 아니고 천축도 아닌' 법을 세웠다는 점이라고 설명한다. 데이칸은 노리나가와 달리 고대 일본에 크게 관여했던 '가라(韓)'의 존재를 인정하기는 하지만, 그 사실을 일부러 강조하고자 『충구발』을 쓴 것은 아니다. 당연하지만 그것은 일본 역사의 기원을 해명하기 위한 것이고, 오히려 전체적으로는 '한풍(韓風)'을 물리치고 일본풍의 제도를 마련했다는 데 비중을 두고 있다. '가라(韓)' 그 자체나 '가라(韓)'의 역사 등은 본질적으로 그들의 주제가 아니었다. 그런 의미에서 데이칸도 예외는 아니었다.

27 『衝口發』, 33쪽.

2) 가라(韓) 인식

일본의 전통적인 세계인식에서 '가라(韓)'가 종종 제외되어온 사실에 대해서는 잘 알려져 있다. 이른바 불교적 삼국세계관이라 일컬어지는 세계인식에서 전 세계는 한반도를 도외시한 천축(인도)·진단(중국)·본조(일본)로 구성되었다. 일찍이 다카기 유타카는 중세 일본의 기반에 있었던 세계인식에 대해 "한반도라는 이 나라 역사에 깊은 관련이 있는 지역과 그곳의 불교를 결락시킴으로써 성립한 불교의 창도와 전파의 역사적 공간이었다"[28]라고 지적했다. 한반도 국가들로부터의 불교 전래가 시야에 전혀 없는 것은 아니나, 결국 한반도 불교에 대해 깊이 언급하는 일은 없이 삼국불교사로 총괄하는 것이다.[29]

1470년경 성립된 일본 최초의 외교사서 『선린국보기(善隣國寶記)』 서문 말미에 저자 즈이케이 슈호(瑞渓周鳳)의 조선관을 단적으로 보여주는 대목이 있다.

> 또한 우리나라의 불법은 처음에 백제로부터 전해졌다. 지금 그것을 진단에 종속시키는 것은 어째서인가. 백제는 대체로 진단의 영역이다. 널리 이를 말할 따름이다. 이 책에 신라·고구려에 대해 싣는 것도 진단에 겸하는 것은 이러한 까닭이다.[30]

---

28 高木豊, 『鎌倉佛教史研究』, 岩波書店, 1982, 187쪽.

29 일본불교사 구상의 선구적인 저작으로 손꼽히는 교넨(凝然)의 『삼국불법전통연기(三國佛法傳通緣起)』(1311)에 "連陸之嶮境. 隔海之群土. 任那百濟皆傳梵天之敎. 新羅高麗俱飡印度之宗. 具陳事迹難知難言. 且就三國示傳法迹"이라고 되어 있다. 佛教刊行會 編, 『日本高僧傳要文抄外四部』, 大日本佛教全書 101, 1979, 1쪽.

30 田中健夫 編, 『善隣國寶記·新訂續善隣國寶記』, 譯注日本史料, 集英社, 1995, 9쪽. 이하 『善隣國寶記』, 쪽수만 표시한다.

일본에 직접 불교를 전한 한반도에 대해 저자는 이와 같이 변명하고 있다. 『선린국보기』라는 서명의 전고가 "親仁善隣, 國之寶也"(『춘추좌씨전』 은공 6년)에 있으며 '선린'이 이웃 나라들과 잘 지낸다는 뜻이라는데 이론은 없을 것이다. 단 여기서 '린(隣)'으로 상정하고 있는 것은 처음부터 중국뿐이라는 점은 확인해두고 싶다. 조선은 중국의 복속국으로 간주하고 독립된 가치를 인정하지 않는 태도다. 이는 당시 외교당사자의 인식이었을 뿐 아니라 조선관의 대전제로 근세에도 작용하고 있었다.

노리나가는 조선에 대해 무관심하지 않았다. 오히려 이른 시기부터 조선에 대한 상당한 지식을 갖고 있었던 것으로 보인다.[31] 1778년 노리나가는 신대부터 근세 초기까지의 일본 외교관계사에 대해 평론한 『어융개언(馭戎慨言)』을 저술한다. 서명은 '오랑캐를 길들이는 데 한탄스러운 말'이라는 뜻이다.[32] 그 인용서목에는 중국의 정사는 물론, 『삼국사기(三國史記)』나 『동국통감』 등의 조선 자료도 다수 언급되어 있다.

특히 이 책의 후반부는 도요토미 히데요시(豊臣秀吉)의 조선 침략에 관한 찬사가 중심을 이루고 있다. 그런 의미에서는 노리나가의 조선 문제를 생각할 때 불가결한 텍스트라 할 수 있다. 다만 노리나가는 히데요

31 교토 유학 중에 노리나가가 초록한 문장들 중에는 중국 정사의 왜인전뿐만 아니라 삼한전도 들어 있으며(『本居宣長随筆 第二巻』), 도쿠가와 쇼군과 조선 국왕과의 왕복문서를 「조선국서(朝鮮國書)」라고 하여 따로 발췌해둔 것도 확인된다(『本居宣長随筆 第五巻』). 개중에는 중국 서적 외에도 바바 노부노리(馬場信意)의 『조선태평기(朝鮮太平記)』(1705)와 같은 일본판 통속사서의 인용들도 보인다. 모두 『本居宣長全集』 13권에 수록되어 있다. 해제 참조.

32 서명을 읽는 법에 대해 약간의 논란이 있다. 판본에 달린 제자 와타나베 시게나(渡邊重名)의 서문에는 '가라오사메노 우레타미고토(からをさめのうれたみごと)'라고 되어 있지만, 1795년에 노리나가가 아들 하루니와(春庭)에게 보낸 서간에 '교주가이겐(ギョジウガイゲン)'이라는 훈이 붙어 있어 현재 음독에 따르고 있다. 『本居宣長全集』 8권의 해제 참조.

시가 처음부터 명나라를 정벌했어야 했는데, 조선을 경유하여 북경(北京)으로 공략한 것이 정황이 나빴다고 분석한다. 남쪽에서부터 공략해 들어가 먼저 남경(南京)부터 취했어야만 했다는 의견을 개진하여 우에다 아키나리로부터 비웃음을 사기도 했다.

그런데 조선 침략을 전면에 내세우면서 상세히 다루고는 있으나, 이 책에서 조선관계는 처음부터 대등한 양국 간의 외교사라 부를 만한 수준이 아니다. 전체 주제인 일본의 외교는 오로지 중국관계를 지칭하는 말이다. 즉 서명에 내세우는 '어융'의 '융'이 중국·조선·만주 등의 주변 국가들을 가리키는 것은 분명하지만, 거기서 가장 의식되는 것은 어디까지나 중국이다. 노리나가의 언설은 앞에서도 확인한 조선복속관에 기반하고 있다는 점을 다시 한 번 볼 수 있다.

『어융개언』에서는 '융(戎)'자로 '가라(カラ)'를 나타내고 있지만, '가라'는 일본에서 옛날부터 '가라(韓)'이기도 하고 '가라(唐·漢)'이기도 했다. 노리나가도 이 점에 대해 언급한 적이 있다. 다음은 노리나가가 죽기 전까지 자신의 연구를 메모한 『다마카쓰마(玉勝間)』 3권 「중국을 가라라고 하는 것에 대해」라는 항목이다.

> 혹자가 말하기를, 중국(모로코시)을 가라라고 하는 것은 잘못이며 가라는 삼한을 칭하는 것이라 한다. 이렇게 말하는 것은 크게 잘못되었다. 『만엽집』 권19에 3월 3일 야카모치(家持) 저택에서의 노래에 "가라비토(漢人)도 배를 띄우고 논다는 오늘이로다. 형제들이여 꽃장식을 쓰게나"…… 또 『만엽집』 권19에 견당사 후지와라노 기요카와(藤原淸河) 경에게 읊은 후지와라 황후(藤原大后)의 장가(長歌)에 "내 님을 가라쿠니(韓國)에 보내고"라는 말이 있다. 같은 부사(副使) 오호토모노 고마로(大伴胡麻呂)를 전별하는 노래에도 "가라쿠니(韓國)에 가게 하여"라는 말이 있다. 이처럼 '唐國'을 '韓國'이라고 쓰는 것은 모두 가라라고

하기 때문에 서로 같이 쓰는 것이 아니겠는가. 예로부터 가라에 '당(唐)' 자를 쓰는 일도 보통이지 않은가.[33]

노리나가에 의하면 『만엽집』의 시대에 이미 '가라쿠니'는 '韓國'으로도 '唐國'으로도 썼다는 것이다. 『고사기』와 『일본서기』, 그리고 『풍토기』 등에도 '가라쿠니'라는 표현이 약간 쓰이고 있다. 『고사기』의 '가라쿠니(韓國)'는 하나밖에 없는데 앞에서 이미 다루었다. 『일본서기』의 '가라쿠니'는 주로 한반도 나라들을 의식해서 사용된다. 『풍토기』의 '가라쿠니'는 『히타치국 풍토기(常陸國風土記)』와 『하리마국 풍토기(播磨國風土記)』를 중심으로 등장하는데, 총 9개 중 8개의 '가라쿠니'가 '韓國'이라고 되어 있다. 구체적으로는 신라를 비롯한 한반도 나라들을 가리킨다.

한자가 아닌 가나로 쓰여 있는 '가라쿠니(柯羅屨儞)'의 경우는 모두 임나(任那)를 가리킨다. 임나는 한반도 남부에 있었던 가라(伽羅)의 나라들을 지칭하는데, 6세기 중반 무렵 신라에 병합된 곳이다. 임나가 멸망한 후 가라의 사람들이 일본으로 건너가 '귀화(歸化)'했다는 기사가 『일본서기』 스이닌 천황 조에 있다.

이 두 나라에 대한 원망이 이때 처음으로 일어났다.【일서에는 미마키 천황(御間城天皇=스진 천황) 치세에 이마에 뿔이 있는 사람이 배를 타고 와서 고시국(越國) 게히포구(笥飯浦)에 정박했다.…… 어느 나라 사람이냐고 묻자 답하기를, 오호카라국(意富加羅國)의 왕자, 이름은 쓰누가아라시토(都怒我阿羅斯等), 다른 이름은 우시키아리시치칸키(于斯岐阿利叱智干岐)라 한다. 일본국에 성황(聖皇)이 있다고 전해 듣고 귀화(歸化)

33 『本居宣長全集』, 1권, 108쪽.

하려 한다.……】[34]

스이닌 천황 2년 '이해(是歲)'의 주석에 속하는 내용이다. 이것이 외국인이 일본에 온 최초의 기록이기 때문에 이로 인해 '가라'가 외국의 총칭이 되었다고 보는 설이 다수 존재한다.

노리나가도 '가라'라는 말의 유래에 대해 기본적으로 통설과 같은 의견을 가지고 있었다. '가라'에 대한 노리나가의 설은 앞에 나왔던 '도둔가(渡屯家)'의 주석 가운데 『일본서기』의 '삼한(三韓)'에 대해 설명하는 할주(割注) 부분에 보인다.

【…… 가라쿠니(加羅國)란 임나(任那)의 옛 이름으로, 스진 천황(崇神天皇) 치세에 외국에서 처음으로 찾아온 것이 이 나라다. 고로 서쪽의 모든 외국을 널리 말하는 이름이 되어 삼한(三韓)도 모로코시(漢國)도 모두 가라라고 한다. 그런데 이를 그저 삼한에만 한정하는 말이라고 생각하여 모로코시를 그렇게 부르는 것을 잘못이라고 하는 것은 심히 맞지 않다.…… 옛날의 고려·조선·삼한 등의 지역은 지금 모두 하나로 합쳐져 조선의 영역이 되었다. 또한 모로코시는 스이코 천황의 치세부터 사절을 파견했고, 그 나라 국왕도 사절을 보내어 처음으로 통교가 이루어졌다. 이는 황국에 찾아오는 여러 오랑캐(戎, 가라) 중에서도 특히 큰 오랑캐나라(戎國, 가라쿠니)다.】[35]

노리나가는 한(韓)의 역사에 대해 다음과 같이 정리한다. 본래 한

34 『日本書紀』, 상권, 258쪽.

35 『本居宣長全集』, 11권, 383-384쪽.

(韓)은 한반도 남부의 마한·진한·변한의 지역을 가리키는 말이었다. 그 삼한이 후에 한반도 북부의 고려(고구려), 마한 지역의 백제, 변한 지역의 신라의 삼국으로 발전했기 때문에 '삼국'을 '삼한'이라고도 부르게 되었다. 따라서 진구 황후 섭정전기에 나오는 '삼한'은 후의 신라·백제·고려의 '삼국'을 선취하여 쓴 것이다. '가라'가 외국 전반을 의미하게 된 유래에 대해서는 통설과 마찬가지로 가라의 왕자 쓰누가아라시토에 근거를 두기는 하지만, 그에 따라 '가라'를 반드시 한반도에 한정할 필요는 없다고 강조한다.

인용의 끝부분에는 스이코 천황의 시대부터 공식적인 중국과의 외교가 시작되었다고 하면서 통교의 상대인 중국을 '오랑캐나라(戎國)'라고 하고 있다. 이처럼 노리나가의 입장에서 '가라'는 언제나 '가라쿠니(漢國)'였다. '한의(漢意)'·'한풍(漢風)'·'한속(漢俗)' 등 노리나가의 저술에 넘쳐나는 '가라'에 대한 대항의식은 일관되게 '한(漢)'이라는 글자로 나타난다. 거기서 '한(韓)'은 당연한 듯이 '한(漢)' 속에 흡수되는 존재이며, 독립적으로 의식되는 일은 별로 없었다.

3. 구마소 위참설에서 정한의 기원으로

1) 고대 야마토 논쟁

앞에서 노리나가와 데이칸의 논쟁에 대해 '가라(漢)'의 부정이었는가 그렇지 않았는가라고 이분법으로 규정하는 것은 오히려 논의의 본질을 축소시킬 수도 있다고 했다. 중요한 것은 타자로서의 중국을 강하게 의식했던 그들이 그에 대항할 수 있는 자기정체성의 근거를 어디서 구했는가 하는 점이다. 논쟁의 핵심에 다가가기 위해 근세 일본에서 벌어진 고대 야마토를 둘러싼 논의에 대해 좀 더 살펴볼 필요가 있다.

『고사기전』에서도 『어융개언』에서도 노리나가는 일본과 중국의 공식 외교 개시를 『일본서기』 스이코 천황 15년의 견수사 파견으로 보고 있다. 그렇게 되면 그보다 이전에 있었던, 즉 유랴쿠 천황 치세에 오(吳)에서 온 사절의 기사 등은 어떻게 되는가. 노리나가는 이것을 사실(史實)로 인정할 수 없다고 한다. 뿐만 아니라 중국 역사서에 등장하는 히미코(卑彌呼)나 다섯 명의 왜왕(倭王) 등은 모두 규슈 혹은 임나일본부에 의한 조공 기록을 잘못 전한 것이라고 주장한다. 이것이야말로 노리나가가 가장 강조하고 있는 점이다.

훗날 노리나가의 문제의식은 '야마토(大和)'와 '야마타이(邪馬臺)'에 대한 고대사 논란에 지대한 영향을 주게 된다. 근대를 거쳐 사실상 현재까지도 아직 결착이 나지 않은 야마타이국(邪馬臺國) 논쟁이다.

그 발단은 앞에서 언급했던 『일본서기』 진구 황후 섭정 39년에서 43년 기사에 보이는 분주(分注)에서 비롯되었다. 분주에 『위지』「왜인전」을 인용하여 진구 황후의 연대를 정하려 했고, 그러면서 진구 황후를 왜의 여왕 히미코와 중첩시켰다. 이것은 『일본서기』가 표방하는 하나의 '고대'였다고 할 수 있다. 그런데 진구 황후를 히미코와 동일시하는 이상 히미코의 야마타이국 또한 야마토가 아니면 안 되었다. 이 『일본서기』의 분주가 후세 사람들의 해석에 혼란을 일으켰다. 예를 들면 가마쿠라 시대 말기의 『석일본기(釋日本紀)』에서는 이 39년에 대해 "魏志云.【先師曰. 魏志文惣不可讀之】"[36]라고 하여 문제의 분주를 무시해버리기도 했다. 그리고 근세에 들어와 이 문제를 본격적으로 파헤친 것은 에도 시대 전기의 국학자 마쓰시타 겐린(松下見林)의 『이칭일본전(異稱日本傳)』

36 黒板勝美 編, 『日本書紀私記·釋日本紀·日本逸史』, 新訂增補國史大系 8, 吉川弘文館, 1965, 235쪽.

(1688)이다.

겐린은 『일본서기』의 기술에 따라 '경초(景初)'와 '정시(正始)'라는 연호를 진구 황후의 시대에 해당한다고 주장한다. '야마토국(大養德國)'은 왜노국(倭奴國)에 대입하며, '야마타이(邪馬壹)'의 '일(壹)'자는 '대(臺)'자의 오자라고 보고 '야마타이(邪馬臺)'가 야마토(大和)의 화훈(和訓)이 된다고 설명한다. 아라이 하쿠세키(新井白石)도 마찬가지로 『고사통혹문(古史通或問)』(1716)에서 야마타이국 야마토설을 주장했는데, 만년의 저서로 알려진 『외국지사조서(外國之事調書)』에서는 야마타이국을 지금의 후쿠오카현인 지쿠고(筑後)의 야마토군(山門郡)이라고 자신의 설을 바꾼다.

반면 노리나가는 야마타이국 기나이(畿內)=야마토(大和)설을 야마타이국 규슈(九州)=구마소(熊襲)설로 대체함으로써 야마타이=야마토, 히미코=진구 황후라는 설을 근본부터 깨뜨린 것이다. 『어융개언』의 해당 부분을 다음에 인용한다.

> 경초(景初)와 정시(正始)는 둘 다 그 나라 위(魏)의 연호로 참으로 그 / 히메 미코토(姫尊)의 치세에 해당한다. 그러나 이때 그 나라에 사신을 파견했다는 내용을 기록한 것은 모두 진짜 / 황조(皇朝)의 사신이 아니다. 쓰쿠시 남쪽에 세력을 갖고 있는 구마소 등의 무리가 여왕의 이름이 여러 오랑캐나라에까지 드높은지라 그 사신이라고 속여 사사로이 보낸 것이다.[37]

『겸광인』「황통」 항목에도 "쓰쿠시에서 위참(僞僭)하는 자에게 속아 그것을 황조라 여기고 잘못 기록한 것에 대해 나는 전에 『어융개언』을

37 『本居宣長全集』, 8권, 32-33쪽.

저술하여 논한 바 있다"[38]라고 했다. 이른바 구마소 위참설(熊襲僞僭說)이다. 최대 근거는 여왕의 도읍은 규슈 남쪽에 있다고 하는데, 규슈 동쪽에 있는 야마토가 되면 지리적으로 설명이 맞지 않는다는 것이었다. 이에 노리나가는 '히미코=진구 황후'라는 대전제를 버리고 야마타이국은 본래 야마토 조정과는 무관한 것이라는 결론을 내린다.

노리나가의 판단은 일견 『일본서기』의 독해에 반하는 듯하지만, 실은 『일본서기』의 연대에 충실히 따르려 한 것이다. 즉 진구 황후 조의 기술을 무시할 수 없다는 입장에 철저했기 때문에 생긴 합리화였다. 이로써 고대 야마토 왕조와 중국의 관계는 명실공히 스이코 천황 15년에 시작된다고 주장할 수 있다. 『일본서기』가 내포하고 있던 '고대'에 보다 부합하는 모습의 일중관계사가 노리나가에 의해 완성된 셈이다.

이 구마소 위참설을 계승하여 노리나가가 말한 '구마소 등의 무리'를 '습국(襲國, 소노쿠니)'이라고 단정하고 그것을 발전시킨 것은 에도 시대 후기의 국학자 쓰루미네 시게노부(鶴峯戊申)의 『습국위참고(襲國僞僭考)』(1836)이다. 그 내용은 다음과 같다.

> 그러므로 한인(漢人)이 왜노국(倭奴國), 동해희씨국(東海姬氏國), 여왕국(女王國) 등이라 하는 것도 본디 습국(襲國)에 대한 것이다. 습국은 희(姬)가 성(姓)이었기에 희씨국이라 하며, 또한 히미코라는 여자가 왕이 되어 여왕의 명성이 높았기 때문에 여왕국이라고도 한 것이다. 또한 왜(倭)라는 이름은 원래 습인(襲人)이 거짓으로 칭하여 세운 국호다.…… 그런데 이것을 황국의 국호와 혼동하여 야마토의 차자(借字)로 사용한 것은 매우 안타까운 일이다.

---

38 『本居宣長全集』, 8권, 286쪽.

> 또한 『위지』에 '女王國東, 渡海千餘里復有國, 皆倭種, 参問倭地, 絕在海中州島上'이라 함은 왜지(倭地)는 바다 가운데 섬 위에 있고 그 동해를 건너면 시코쿠(四國) 등의 나라가 있음을 말한다.【이에 대해서는 『선린국보기』에서 처음으로 의문을 제기하여 『어융개언』에서 상세히 해명했다. 『이칭일본전』의 설은 전부 틀렸다.】[39]

'습국(襲國)'이 노리나가나 시게노부에게 문제시되었던 것은 그것이 결국 중국 역사서에 기록된 '왜국(倭國·倭地)', '왜인(倭人·倭種)'의 해명에 연관되기 때문이었다. 위의 인용 가운데 『선린국보기』에서 시작되었다고 하는 '왜국'에 대한 의문은 다음 대목을 가리킨다.

> 내가 생각건대, 낙랑해중에 왜인이 있어 백여 국으로 나뉘어 있다 함은 대체로 이것을 일본이라 해야 할까. 그러나 백여 국이라 함은 의심스럽다. 또한 이르길, 바다 건너 천 리에 또 나라가 있다고 한다. 만약 이것을 일본이라 한다면, 즉 위에서 말한 낙랑해중 백여 국의 왜인은 어느 나라를 가리킬까. 『운서(韻書)』에 왜로써 여왕국의 이름을 삼는다고 한다. 대체로 천조대신(天照大神, 아마테라스)은 지신(地神)의 수장으로 이 나라의 주인이다. 고로 이를 여왕국의 이름이라 말하는가. 그렇다면 즉 이 나라의 인민은 모두 그 종(種)이고 그 노(奴)일 뿐이다. 단 '바다 건너 천 리'라는 말은 낙랑해중의 왜는 왜종(倭種)의 나라와 다르다는 것과 같다. 아직 의문을 해결하지 못함이다.[40]

---

39 鶴峯戊申, 『襲國僞僭考』, 東京大學総合圖書館藏版本霞亭文庫, 1836, 7-8쪽; 9-10쪽.
40 『善隣國寶記』, 17쪽.

무엇보다 '왜(倭)'자를 '야마토'라는 '황국의 국호'에 관련시키지 않고 중국으로부터 부여된 칭호로 처리해버리는 것이다. 게다가 『습국위참고』에서는 작자와 성립 연대 모두 미상의 옛 서적인 『구주연호(九州年號)』에서 의거하는 것이라 하며 '선기(善記)'에서 '대장(大長)'까지 177년간의 연호를 나열하고 있다. 『구주연호』에 대해서는 여전히 밝혀진 바가 없으나, 야마타이국 규슈설을 현대에 독자적으로 부흥시킨 요시다 다케히코의 규슈 왕조설에서도 이를 중요한 논거로 삼고 있다.[41]

근세 일본의 고대론에서 연호 문제는 국호 문제와 함께 중요한 논점 중의 하나였다. 데이칸의 『충구발』에서는 「연호」 항목에 "연호는 다이호(大寶)를 최초로 한다. 그 전에 고토쿠 천황(孝德帝)의 다이카(大化), 덴무 천황의 하쿠호(白鳳)가 있었으나 이어지지 않았으므로 다이호를 최초라 하는 것이다. 생각건대 다이카, 하쿠호 외에 흔히 세간에서 이연호(異年號)라 알려진 연호가 있다.…… 이에 대해서는 그 뜻을 풀기 어려운 것이 많다"[42]라고 하여 처음으로 이연호(異年號·僞年號·逸年號·私年號)를 소개하고 있다. 또한 데이칸은 『일호연표(逸號年表)』(1798)를 작성하기도 했다. 에도 시대 후기의 국학자 반 노부토모(伴信友)의 『나가라노야마카제(長等の山風)』(1832)에도 부록에 「연호에 대한 논」이 있다.

지금 논하는 사외(史外)의 연호, 혹은 위연호(僞年號) 등은 증문(證文) 이십여 종이 조선 서적에 기록되어 있는 것을 수집하여 엮은 도 데이

41 古田武彦, 『失われた九州王朝: 天皇家以前の古代史』, 朝日新聞社, 1973; 古田武彦, 『邪馬臺國の論理: 古代に眞實を求めて』, 朝日新聞社, 1975; 古田武彦, 『九州王朝の歷史學: 多元的世界への出發』, 駸々堂, 1991 등. 규슈 왕조설 전반에 대해서는 요시다설을 보강한 丸山晉司, 『古代逸年號の謎: 古寫本『九州年號』の原像を求めて』, アイピーシー, 1992 참조.

42 『衝口發』, 10쪽.

칸(藤貞幹)의 『일호연표』라는 책에 나온다. 보기 쉽게 만들어 판본으로 간행한 것이다. 나도 그에 기초하여 책을 읽다 눈에 띌 때마다 하나둘 덧붙이다 보니, 지금 그 위에 증문 팔십 종이나 더하게 되었다.[43]

여기에 데이칸의 『일호연표』를 참고했다는 직접적인 언급이 보인다. 이 연표는 유학자 다카야스 로오쿠(高安蘆屋·高昶)의 『화한연계(和漢年契)』(1794)와 함께 에도 시대 후기 이래 고대 연호를 둘러싼 연구 전반에 지대한 영향을 끼쳤다.[44]

2) 가라(韓)와 무관한 고유의 기원론

『습국위참고』가 간행된 지 십 년이 지난 1846년에는 모토오리 오히라(本居大平)에 사사한 국학자 곤도 요시키(近藤芳樹)의 『정한기원(征韓起源)』이 간행되었다.[45] 곤도 역시 『일본서기』의 연대에 따라 고찰하는 태도를 고수하고 있다. 『정한기원』에서는 중국 역사서의 '야마타이'는 거짓 왜왕이 있는 구마소의 거주지라 보고, 그 구마소가 쓰쿠시를 통솔하면서 천황의 도읍지 이름을 훔쳐다가 '야마토'라 속여 중국과 통교한 것이라고 설명한다. 쓰루미네의 습국 위참설에 비하면 곤도의 구마소 위참설은 상당히 과격한 논조인데, 그것은 이 책의 집필 동기와 다분히 관련되어 있다. 『정한기원』이라는 서명에서 짐작되듯이 이 책은 진구 황

---

43 伴信友, 『伴信友全集』, 國書刊行會, 1907-1909, 4권, 597쪽. 이하 『伴信友全集』, 권수, 쪽수만 표기한다.

44 久保常晴, 『日本私年號の研究』, 吉川弘文館, 1967.

45 無窮會圖書館藏神州文庫에 1887년의 합본(合本) 형태로 『征韓起原·襲人譜儀考』가 수록되어 있다. 속표지에 「防長國郡志豊浦郡忌宮神社條附録 征韓起原」이라고 되어 있어 스오우(周防)·나가토(長門)국의 지방지 『防長國郡志』의 부록으로 집필된 것으로 추정된다.

후의 삼한정벌에 대한 기원을 밝히고자 한 것이다. 계기는 삼한정벌을 정당한 이유도 없는 침략이었다고 비판하는 유학자들의 설에 대해 반론하는 것이었다. 곤도는 『일본서기』에서 신라에 앞서 구마소를 토벌하려 할 때의 신탁에 대해 다음과 같이 말한다.

> 이것이야말로 가라쿠니(韓國)의 역(役)이 일어난 원인이다. 그런데 이 문장에 따르면 가라쿠니는 금은이 많은 보물의 나라인데, 어찌 그 나라를 치지 않고 구마소의 가라쿠니(空國)를 원하셨는가. 신라만 복속시킨다면 구마소는 절로 복속할 것처럼 신탁을 내린 뜻이 쓰여 있음을 생각하면, 토벌하라고 이끄시는 신의 뜻이 백성을 다스리라는 데 있지 않고 이득을 취하라는 가르침처럼 들려 매우 의심스럽다.[46]

위의 신탁대로라면 삼한정벌의 정당성은 전혀 보장되지 않으나 거기에는 깊은 연유가 있다고 하며, 이어서 신대의 기사를 가져온다. 즉 삼한은 일찍이 스사노오 신과 스쿠나비코나 신이 만든 나라로 황국의 속국이라는 것이 신대부터 정해진 사실이라고 주장하는 것이다.

> 특히 금은은 세상 물건 중에 가장 뛰어난 보물인데, 황신(皇神)의 뜻으로 그 나라에 산출되도록 하시고 그것을 황국에 바치도록 내관가(內官家)로 삼으셨다.【금은은 황국의 땅속에도 매우 많은데 신대부터 은밀히 감춰져 있어 세상에 드러나지 않았다. 거기에 깊은 연유가 있다는 것은 앞에서 말했다.】 진무 천황이 야마토로 옮기시고 난 후, 동쪽의 정무가 많아져 쓰쿠시보다 먼 곳은 왕화(王化)가 미치지 못한 틈을 타

46 『征韓起原』, 2쪽.

서 구마소라는 역적의 무리들의 말을 좇아 불경스럽게도 조정에 복속하지 않고 금은을 바치는 일도 거르게 되었다. 고로 황신이 매우 노하셔서 헛되이 구마소의 가라쿠니(空國)를 토벌하기보다는 신라를 정벌하여 금은을 얻으시도록 가르침을 주신 것이다.[47]

이것이 구마소를 제쳐두고 신라를 정벌한 경위이자, 곤도가 생각해낸 '올바른' 정한의 기원이다. 그리고 이 정한에 앞서 주아이 천황(仲哀天皇)을 죽음으로 몰아넣은 구마소는 대체 어떤 자들인가라는 물음이 계속된다. 곤도는 구마소도, 구마소와 내통하고 있던 삼한도 오로지 야마토 조정을 위태롭게 하는 존재라고 보았다.

아아, 진구 황후의 삼한정벌이 없었더라면 구마소는 그 후원을 얻어 더욱 역모를 자행하여 종국에는 조정도 무너뜨렸을지 모른다. 그러나 황후의 신려(神慮)로 이 정벌을 마치셨기에 구마소의 위세가 차츰 쇠퇴하여, 그 후 칠도(七道) 말단의 천 리 밖까지도 왕화(王化)가 널리 미치는 세상이 되었다. 봄눈이 아침 해를 만나듯 흉악한 무리는 어느새 사라지고 일본의 휘호(徽號) 그 빛을 만국에 비추었다.[48]

이렇게 해서 주아이 천황의 뒤를 이은 진구 황후가 삼한을 정벌한 것에 대한 정당화가 이루어진다.

실은 노리나가도 삼한정벌을 불의(不義)의 침략이라고 하는 유학자들의 비판을 의식하고 있었다. 그는 『고사기전』 삼한정벌 기사가 끝나

47 『征韓起原』, 3쪽.

48 『征韓起原』, 32쪽.

는 부분에서 다음과 같이 이야기 전체에 대해 의미를 부여했다.

> 이 황후께서 가라쿠니(韓國)를 정벌하신 일에 대해 유학자들이 논하기를, 신라가 당시 황국을 침략한 것도 아니고 아무 잘못도 없는데 까닭도 없이 공격하신 것은 오로지 보화를 탐낸 불의의 거병이고 명분 없는 싸움이었다고 한다. 그러나 이는 그저 자신의 사사로운 마음과 얕은 지식으로 사물의 이치를 정하는 예의 가라쿠니(漢國) 정신에 물들어 참된 도리를 모르는 것이다. 애초에 이 정벌은 황신(皇神)의 뜻에 의해 시작되어 전부가 신께서 하신 것이다. 그렇기에 반드시 그리해야 할 뜻이 있을 터, 그 뜻은 심히 묘한 것인지라 사람이 헤아려 알 수 있는 것이 아니다. 그것을 이러쿵저러쿵 논하는 것은 실로 황공하게 받아들이지 못하는 잘못이다.[49]

노리나가는 진구 황후의 삼한정벌을 전적으로 신의 뜻에 의한 일이라고 파악한다. 그리고 "애초에 이 삼한의 나라를 복속시키신 것은…… 이미 신대부터 깊은 인연으로 정해진 일이다"[50]라고 하여 그 유래를 신대에서 구하는 입장을 취한다. 이 점은 곤도가 정한을 설명하는 논리에서도 확인된다. 또한 『고사기전』에서는 "옛날에는 황국에 금은이 나오지 않았던 까닭에 그것이 많이 있는 나라를 복속시킨 것이다.…… 처음부터 그러한 것도 이는 모두 신의 뜻이므로 필시 그러해야 할 이치가 있는 것이다"[51]라고 일본의 금은 산출이 뒤늦게 일어난 유래를 설명하기도 한다. 이렇게 보면 『정한기원』의 골격이 되는 많은 부분은 『고사기

49 『本居宣長全集』, 11권, 390쪽.

50 『本居宣長全集』, 11권, 349쪽.

51 『本居宣長全集』, 11권, 347-348쪽.

전』에서 가져온 것임을 알 수 있다.

노리나가를 비롯하여 구마소 위참설을 주장하는 이들은 공통적으로 다음과 같은 논리를 폈다. 야마토에서 자신들의 외부에 있는 한반도 나라들의 존재를 알게 된 것은 진구 황후의 정벌 때가 처음이다. 중국에 대해서는 아직 그 나라의 존재조차 몰랐는데 통교했다는 사실은 있을 수 없다. 또한 문자가 전래되기 이전 시대에 상표(上表)를 올리는 것은 무리가 있다. 이런 식으로 생각하면 야마타이국의 히미코도 왜의 오왕도 야마토의 정통 계보에서는 벗어나고 만다. 그래서 그들은 위참설을 주장하기에 이른 것이다. 그들이 생각하기에 기나이에 있는 야마토 조정은 3세기의 히미코 시대보다 더 오래전부터 이미 고유한 나라의 형태를 갖추고 있었다. 그러한 확신이 그들의 '고대'를 찾도록 한 것이다.[52]

데이칸을 비롯하여 근세의 유학자들이 관심을 갖고 지지를 표명했던 기원설 중에 오태백(吳泰伯)의 후예설이 있다. 『논어(論語)』「태백편(泰伯篇)」에 지덕(至德)으로 평가되는 문왕(文王)의 백부 태백을 천황의 조상으로 보는 설이다. 이로써 이적(夷狄)으로서의 일본도 중화문명권 안에 들어갈 수 있는 근거를 갖는 셈이다. 『겸광인』에서 노리나가는 데이칸이 지지하는 오태백설에 대해 다음과 같이 부정한다.

애당초 태백은 그 나라에서나 존숭하는 것이지 서쪽의 오랑캐(西戎)인

---

52 노리나가의 고대사관에서 출발한 이 문제는 근세 후기의 지식인들에 그치지 않고 근대에 들어와서도 여러 연구자들을 끌어들여 파장을 일으켰다. 스가 마사토모(菅政友)의 「한적왜인고(漢籍倭人考)」(1892)나 요시다 도고(吉田東伍)의 『일한고사단(日韓古史断)』(1893)에 이르기까지 세부의 차이는 있어도 노리나가의 구마소 위참설의 흐름을 잇는 야마타이국 규슈설이 지배적이었다. 20세기 이후에는 시라토리 구라키치(白鳥庫吉)의 규슈설과 나이토 고난(内藤湖南)의 야마토설로 대표되는, 메이지 사학의 새로운 야마타이국 논쟁이 전개되었다.

데 황국에서 무슨 존숭할 것이 있겠는가. 그러나 세상 사람들은 무슨 일이든 간에 가라쿠니(漢國)를 무턱대고 숭앙하는 마음이 있다. 공자가 지덕이라고 평한 사람이기에 존귀하다고 여겨 이 설을 기꺼이 받아들이는 사람이 중고 시대부터 있었다.[53]

고대 일본의 고유성을 주장하는 노리나가의 입장에서 오태백 후예설은 중국 숭배의 사조에서 비롯된 망설에 지나지 않는다.

또한 데이칸이 제기한 논점 중에 『일본서기』 기년론(紀年論)이 있다. 데이칸은 『일본서기』 진무 원년인 신유(辛酉)에서 600년을 줄이지 않으면 외국의 기년과 맞지 않는다는 것을 처음으로 지적했다. 훗날 근대사학계에서 데이칸의 이름이 빈번하게 거론되었던 것은 이 때문이었다. 하지만 노리나가는 이 또한 일축한다.

『일본서기』의 기년에 대한 불신은 노리나가도 『고사기전』 도처에 언급하고 있다.[54] 노리나가가 120년의 차이를 주장한 점에 대해서는 앞에서 언급한 대로다. 이에 대해서는 노리나가의 『진력고(眞曆考)』(1782)에도 자세히 나와 있다.

그런데 『서기』에는 진무 천황 조에 "이해는 太歲甲寅이다. 冬十月 丁巳朔 辛酉…… 辛酉年 春正月 庚辰朔, 천황이 가시하라궁에 즉위했다"라고 되어 있는 것을 비롯하여, 대개 상고의 일에 대해서도 모두 연월을 표시하고 또한 갑자로 옮기며 날짜까지 적혀 있다. 도저히 이해할 수 없다.[55]

53 『本居宣長全集』, 8권, 283쪽.

54 『本居宣長全集』, 10권, 435-436쪽; 10권, 452쪽; 11권, 439쪽.

55 『本居宣長全集』, 8권, 218쪽.

이러한 의문을 발전시켜 반 노부토모는 1847년 저술한 『히코바에(比古婆衣)』「일본기년역고(日本紀年曆考)」에서 『일본서기』의 기년은 신유혁명설에 의해 설정된 것이라고 주장했다.[56] 이것이 메이지 사학계에서 이른바 기년 논쟁으로 전개되는 바탕을 이룬다.

노부토모는 노리나가 사후에 입문한 제자로, 흔히 히라타 아쓰타네와 대조적으로 노리나가의 고증학적 측면을 가장 충실히 계승한 제자라고 평가된다. 노부토모는 일본 대외교섭사로 『중외경위전초고(中外經緯傳草稿)』(1806)도 썼는데, 이는 앞에서 나온 노리나가의 『어융개언』에 영향을 받은 저술이다. 노부토모는 히데요시의 조선 출병을 예찬하는 입장은 아니지만, 그럼에도 역시 "이치는 어찌 되었든 간에…… 그만큼 대어국(大御國) 천황의 위세(御稜威)를 외국에 영광스럽게 보여준 전투"[57]였다고 긍정한다.

3) 가라쿠니(漢國)에 대한 반발

『어융개언』은 사본으로 유통되었을 뿐 아니라 1796년에 간행되어 노리나가의 저작 중에서도 널리 유포된 편이다. 이러한 사정은 18세기 말 일본에서 지식인의 조선관을 대변하는 것이기도 하다. '외국'을 이야기하는 것과 '황국'이라는 표현을 쓰는 것은 표리일체의 관계에 있었다. 그리고 그처럼 강렬한 대외인식의 중심에 있는 것은 언제나 '가라쿠니(漢國)'였다는 점을 다시 한 번 강조한다.

이는 『고사기전』에 쓰인 '외국'·'이국'·'타국' 등의 용례에 비해 '가라쿠니(漢國)'의 용례가 압도적으로 많다는 점으로도 말할 수 있다. '외

---

56 『伴信友全集』, 4권, 13-14쪽.

57 『伴信友全集』, 3권, 239쪽.

국(外國, 도쓰쿠니)'은 글자 그대로 생각하면 '황국'의 외부에 있는 나라들을 폭넓게 가리키는 것이다. 앞에서 언급한 대로 신대의 '상세국'에서 확대된 '외국'은 기본적으로 '황국' 이외의 세계 전체를 의미한다고 보인다. 그렇지만 '외국'과 비슷하게 여겨지는 '이국(異國, 아다시쿠니)'은 실제 문맥에서는 거의 '가라쿠니(漢國)'를 지칭한다. '이국의 도리', '이국의 제도' 등은 '이국' 대신 '가라쿠니(漢國)'를 대입해도 같은 말이다. 또한 '타국(他國, 히토구니)'도 '가라쿠니(漢國)'를 지칭하는 경우가 많으며, '융국(戎國, 가라쿠니)'은 전부 '가라쿠니(漢國)'를 뜻한다. 그 밖에도 '그 나라(彼國·かの國)'라는 표현은 수백 회나 쓰인다. '그 나라'가 문맥상 한반도 나라들을 가리키는 경우도 간혹 있으나, 대부분은 역시 중국이다.

더구나 '가라(漢)'는 단독으로는 물론 '한양(漢樣, 가라자마)', '한풍(漢風, 가라부리)', '한의(漢意, 가라고코로)', '한기(漢氣, 가라케)' 등 매우 다양한 형태로 나타난다. 특히 많이 쓰이는 것은 '한적(漢籍, 가라부미)', '한문(漢文, 가라부미·가라고토바)', '한학(漢學, 가라부미마나비)', '한자(漢字, 가라모지)' 등이다. 짐작하듯이 이러한 예는 '한문(漢文)'과 '고언(古言)'을 비교 설명하는 경우에 쓰이는 것들이다. 나라로서의 '가라쿠니(漢國)'와 반드시 일치하는 것은 아니나, 유명한 '한의' 배척사상이 이와 관련된다.

한편 노리나가의 조선에 대한 인식은 현실문제와 맞물려 있다. 물론 세계인식과 현실외교 사이에는 낙차가 있겠으나, 18세기 말 일본과 조선의 이른바 선린외교 정책은 이미 붕괴되었다. 『어융개언』이 다룬 시대는 히데요시의 조선 출병까지이므로 도쿠가와 막부의 외교 정책에 대해 직접적으로 비판하는 일은 없다. 하지만 노리나가는 일찍이 조선통신사와의 왕복문서를 초록하면서 통신사 정책의 문제점을 간파하고 있었다. 조선과 일본 사이에 '적례(敵禮)'를 전제로 하는 선린외교는 부적절하다는 것이 문제의 핵심이다.

노리나가가 '황국'에 신하로 복종(臣服)해야 할 나라라고 언급하는

것은 사실 조선만이 아니라 만국 전체다. 다음은 노리나가의 전형적인 황국주의 언설로 종종 인용되는 『다마쿠시게(玉くしげ)』의 한 대목이다.

> 황국이 각별히 뛰어난 이유가 있다는 것은 무슨 말인가 하면, 우선 본조는 사해만국을 비추는 아마테라스 오호미카미(天照大御神)가 태어나신 본국(本國)이기 때문에 만국의 원본대종(元本大宗)의 나라로 많은 점에서 외국보다 뛰어나다.…… 따라서 만국이 이를 존숭하여 신복하고, 온 세상이 모두 이 참된 도(道)에 따르는 것이 도리다. 그런데 지금까지 외국에서는 이와 같은 사정을 전혀 알지 못하고, 단지 바다 건너의 작은 섬으로만 생각한다. 하물며 참된 도가 이 황국에 있음을 꿈에도 알지 못하고 망설만을 일삼으니, 이 또한 놀라서 기가 막힐 노릇이다. 이는 전적으로 신대의 옛 전설이 없기 때문이다. 외국에는 옛 전설이 없기 때문에 그러한 사정을 모르는 것도 무리가 아니다. 그러나 본조에는 명백하게 올바른 전설이 있는데도 세상 사람들은 이를 알지 못하고, 단지 외국의 망설만을 믿고 구애될 뿐 아니라, 오히려 연고가 없는 서융(西戎=중국)의 나라를 존숭하니 한층 더 기가 막힐 일이 아니겠는가.(93-94쪽)[58]

그렇다 해도 이것이 현실적으로 만국의 신복(臣服)을 주장하는 것이라고는 생각할 수 없다. '외국' 사람들이 일신(日神)의 본국이라는 옛 전설을 모르는 것은 '어쩔 수 없다'고 했다. 노리나가의 발언은 '참된

58 인용은 『일본 국체 내셔널리즘의 원형: 모토오리 노리나가의 국학』, 고희탁 외 옮김, 동북아역사재단, 2011에 따라 쪽수만을 약기한다. 노리나가의 저작 중 『직비령』, 『다마쿠시게』, 『비본 다마쿠시게』, 『우히야마부미』의 경우는 이 책의 번역문에 따랐으나, 경우에 따라 필자의 이해대로 고쳐 인용한 곳도 있다.

도'를 전하는 옛 전설을 세계에서 유일하게 가졌으면서도 그것을 모르는 '황국' 사람들을 향한 것이다. 정확하게는 '한의(漢意)'라는 중국풍 사고방식에 현혹되어 옛 전설을 알려고 하지도 않는 식자층에 대한 비판이다. '한의' 비판이 현실의 중국을 겨냥했다기보다 오히려 유교 중심의 일본 근세사회를 향한 것이라면, 그것은 다름 아닌 공동체 내부의 대립항이라고 생각할 수 있다. 인간이 공동체 유지를 위해 외부에 필연적으로 만들어내는 다른 차원의 적대적 세계를 내면화한 결과, 즉 허구로 이루어진 공동성 주장의 방식이다.

그러나 내부의 대립항으로 기능했던 '한의' 배척사상이 이윽고 현실의 양이론(攘夷論)에서 배타적 대외인식으로 작용하며, 만국의 본국으로서의 '황국'이라는 언설이 전면에 부각되는 점도 간과할 수 없다. 이에 대해서는 뒤에서 다시 살펴보게 될 것이다. '황국'의 발견이 근세 서민의 아이덴티티를 갖는 노리나가의 문제의식으로는 어디까지나 근세 일본사회 고유의 자기정체성에 대한 고민이었음이 분명하다. 이것을 쉽게 근대 일본의 '황국'사상으로 연결짓는 것은 경계하면서도, '황국'의 선택이 노리나가 시대에 그리고 그 이후에 어떠한 결과를 가져왔는지에 대해서는 더 묻지 않으면 안 된다.

여하튼 『고사기전』에 쓰인 '가라쿠니(漢國)' 관련 용례가 '황국' 관련 용례보다 훨씬 더 많다는 사실은 '가라쿠니(漢國)'에 대한 반발과 대항의식으로 만들어진 '황국'이라는 이야기의 실체를 묻는 데 중요한 단서가 된다.

제3장 황국이라는 선택

1. 어국에서 황국으로

'황국'이 『고사기전』의 본질에 관련된 문제임을 확인한 이상, '황국'이라는 키워드를 가지고 『고사기전』을 다시 들여다볼 필요가 있다. 여기서는 『고사기전』 텍스트 속에서 '황국'이 얼마나, 그리고 어떻게 쓰이고 있는지 구체적으로 분석하고자 한다.

앞에서 언급한 「직비령」은 『고사기전』 1권에 실리기까지 여러 번의 퇴고를 거쳐 성립한 사실이 선행 연구에 의해 이미 밝혀져 있기 때문에 초고의 변화를 쉽게 찾아볼 수 있다.[1] 다음은 현재 『고사기전』에 수록되어 있는 「직비령」을 편의상 제4고로 보고 남아 있는 도중의 원고를 순서대로 나열한 것이다.

---

1 「직비령」의 자세한 성립 과정에 대해서는 『本居宣長全集』 14권의 해제(大久保正 집필) 참조.

제1고 『古事記雑考』「道テフ物ノ論」

大御國ハ, カケマシクモカシコキ神祖天照大御神ノ御生坐ル大御國ニシテ

제2고 『道云事之論』

大御國者, 闕麻久母畏伎神祖天照大御神之御生所坐大御國爾斯弖

제3고 『直靈』

大御國は, かけまくも畏き神祖天照大御神の御あれませる大御國にして

제4고 『古事記傳』「直毘靈」

皇大御國は, 掛まくも可畏き神御祖天照大御神の, 御生坐る大御國にして[2]

인용은 각 원고의 첫머리인데(의미는 "우리나라는 입에 올리기도 황송한 아마테라스 오호미카미가 낳으신 나라로"), 단 제1고의 경우 첫머리가 아니라 다른 원고와의 비교를 위해 대응되는 구절을 제시했다. 노리나가가 사용하는 개념이나 서술 용어 등은 이와 같이 추고에 추고를 거듭한 결과 점점 의식화되고 명확해졌다고 보는 것이 자연스럽다. 재차 강조하건대, 노리나가의 어떠한 사상이 마치 확고하게 형성되어 있었던 것처럼 소급적으로 의식구조를 운운하는 방법은 적절치 못하다.

더욱이 「직비령」에는 '이 편은 도(道)라는 것에 대한 논'이라는 부제가 붙어 있듯이 저술의 목적을 매우 분명히 하고 있다. 논쟁을 의식한 만큼 보다 명료한 형태로 전달하려고 노력한 측면도 있었을 것이다. 참고로 위의 인용에서 제2고에 해당하는 『도에 대한 논(道云事之論)』은 사본 형태로 유포되기 시작해서 상당히 널리 읽혀졌다. 노리나가와의 사상 논쟁으로 유명한 당대의 지식인들, 예를 들어 이치카와 가쿠메이(市川鶴鳴·匡·匡麿), 도 데이칸, 우에다 아키나리 같은 이들이 접했던 것도,

2 『本居宣長全集』, 14권, 97쪽; 107쪽; 119쪽; 9권, 49쪽.

그로 인해 노리나가 비판의 계기가 되었던 것도 모두 이 책이었다.

인용문으로 돌아가 보면, 첫머리 부분은 내용상의 변화는 거의 없어서 그만큼 문체나 표기의 변화가 한눈에 들어온다. 그리고 마지막 정본 「직비령(直毘靈, 나오비노미타마)」과 제3고 『직령(直靈, 나오비노미타마)』 사이의 유일하게 다른 곳을 금방 알 수 있다. 즉 '대어국(大御國, 오호미쿠니)'에서 '황대어국(皇大御國, 스메라오호미쿠니)'으로 표기가 바뀌었다. 물론 첫머리뿐 아니라 제3고 단계에서 '어국(御國)'으로 쓰던 '미쿠니'는 제4고에서는 거의 다 '황국(皇國)'의 '미쿠니'로 바뀌었다. 노리나가는 그 후에도 계속 원고를 수정하여 1790년 초 『고사기전』을 간행할 때 1권 말미에 「직비령」을 실은 것이다.

1771년 성립으로 추정되는 제3고의 시점에서 아직 '황국'이라는 말은 전혀 보이지 않았다. 하지만 1780년, 노리나가의 고도론(古道論)을 비판한 유학자 이치카와 가쿠메이의 『마가노히레(末賀乃比禮)』에 대해 노리나가가 그것을 재비판한 『구즈바나(くず花)』에서는 이미 '황국'을 전면에 내세워서 논쟁을 하고 있다. 또 도 데이칸의 1781년 저서 『충구발(衝口發)』에 대한 노리나가의 비판서 『겸광인(鉗狂人)』이 1785년에 나오는데, 여기에 우에다 아키나리가 가담하게 된다. 그러자 노리나가는 아키나리와 서간으로 주고받았던 논쟁의 내용을 1787년에 『가예가(呵刈葭)』라는 한 권의 책으로 엮었다. 『겸광인』에서도 『가예가』에서도 노리나가는 '황국'을 수없이 사용하고 있다.

이렇게 볼 때 노리나가가 '황국'이라는 말을 쓰기 시작한 것은 적어도 1771년 이후의 일이었고, 1780년대에는 완전히 정착한 것으로 추정할 수 있다. 이즈음은 한마디로 노리나가의 논쟁의 시대라 불러도 과언이 아니었다. 동시에 『고사기전』의 주석과 정서(淨書) 작업이 진행되던 시기이기도 했다. 이러한 상황에서 자국을 표현하는 용어가 '어국'에서 '황국'으로 거의 통일되었다고 하겠다.

『고사기전』 중에 쓰인 '황국'이라는 말은 약 180회에 달한다. 17권 부록으로 실려 있는 『삼대고』 중의 24회를 제외한 횟수다. 엄밀히 말하면 '어국'이라는 말도 완전히 사라진 것은 아니다. '어국'은 약 78회가 쓰였다. "아마테라스 오호미카미의 어국(天照大御神の御國)", "천신들이 계시는 어국(天神たちの坐ます御國)", "황손께서 다스리는 어국(御孫命のしろしめす御國)", "천황께서 계시는 어국(天皇命の靜坐御國)"과 같은 경우에 많이 남아 있다.[3] 이와 같이 말할 때 '어국' 대신 '황국'을 쓰면 의미가 중복되기 때문이다. 즉 '황국'이라고 할 때는 '천황이 계시는 어국'의 의미를 함축적으로 뜻하는 것이라고 이해할 수 있다.

한편 '황국'과 비슷한 '황조(皇朝)'라는 말도 42회 나오는데, 훈은 '미카도(ミカド)', '스메라미카도(スメラミカド)', '미쿠니(ミクニ)' 등으로 다양하게 표기된다. 그 밖에도 '와가쿠니(ワガクニ)'로 읽는 '아국(我國)' 4회, '오국(吾國)' 2회, '오조(吾朝)' 1회 등이 수적으로 미미하나마 남아 있다. '이 나라(此國, 고노쿠니)' 혹은 '이곳(此間, 고코)'이라고 칭할 때도 대개의 경우 일본을 가리킨다. 자국을 표상하는 이러한 용어들도 염두에 두면서 '황국' 관련 용례들이 어떠한 문맥에 쓰이는지에 대해 검토해 보기로 한다.

『고사기전』 안에서 '황국'이 사용되는 전형적인 예는 '황국어(皇國言·語)', '황국의 고어(皇國の古言·語)'와 같은 형태다. 『고사기』에 나오는 어떤 단어가 "본래부터의 황국어(本·基よりの皇國言)"인지 아닌지를 고찰하거나, "황국어가 아니다", "황국어의 모습이 아니다", "황국의 옛 이름과 다르다"고 판단한 경우에는 그 대신에 '황국어'로 적합한 훈을 정하거나 한다. 전체 '황국' 용례의 약 40%가 이와 같은 '황국어'의 형태, 꼭

3 『本居宣長全集』, 9권, 50쪽; 121쪽; 122쪽; 10권, 22쪽.

'황국어'가 아니더라도 내용상 '황국'의 어법이나 문법 등을 문제로 삼는 것들이다. 그리고 약 30%는 '황국'의 '옛것(古の物)'이나 '옛일(古の事)'에 대한 내용을 문제로 삼는 예다. 마지막으로 나머지 약 30%는 '외국'과의 지리적 관계를 설명하는 장면, 예를 들면 '에미시(蝦夷)'의 주석 부분에 '황국'이나 '황국인(皇國人)' 등의 용례가 다수 등장한다. 영역 내지 인종적 경계를 그을 때 사용되는 '황국'의 예라 하겠다. 이러한 내용을 간단히 정리하면 다음과 같다.

① '황국'의 '고어' 및 어법과 관련된 용례: 약 40%
② '황국'의 '고사'에 관련된 용례: 약 30%
③ '황국'의 영역 및 인종에 관련된 용례: 약 30%

물론 이러한 구분은 어디까지나 전체적 조망을 위한 편의적인 수치일 따름이다. 노리나가에 의하면 고대 '황국'의 온갖 사물의 명칭은 한자로 기록되어온 탓에 실물과는 차이가 생길 수밖에 없었다. 따라서 본래의 이름을 찾는 것이 곧 '황국'의 사물의 본모습을 밝혀내는 일이었다. 다시 말해 주석이라는 행위는 '황국'의 '고어' 찾기나 다름없었다. 그리고 그것은 단순히 『고사기』의 한 글자 한 글자를 따라가며 말의 뜻을 풀어내는 일에서 끝나지 않고, 『일본서기』를 비롯한 고대의 문헌을 총동원하여 '고어'에 대응하는 '고사'의 실체를 하나하나 확인해가는 작업이었다. 즉 ①과 ②의 용례는 서로 밀접하게 연관된 예로서 명확하게 구분짓기도 애매하다. 다만 이 책에서 주목하는 것은 특히 ②의 용례들을 중심으로 노리나가가 구체적으로 '황국'과 관련하여 어떠한 사항들에 관심을 보였는가 하는 점이다.

『고사기전』이 '황국'의 '고사'로 다루고 있는 주석들을 보면, 그 대상은 관직, 예배(禮拜), 복식, 식사, 출산, 혼례, 장례 등과 같이 상고부터

전해 내려오는 '풍습(風儀, 나라와시)', '예의(禮儀, 이야고토)', '제도(制, 사다메)' 등에 관한 것이다. 이러한 것이 실제로 노리나가가 '고토(コト)' 혹은 '와자(ワザ)'라고 부르는 '사(事)'의 구체적인 사례들이다. 『고사기』의 성격상 대부분의 경우는 황실의 제도와 관습에 관계된 예인데, 노리나가는 황실을 기준으로 민간의 풍습 또한 형성되었다고 보았다. 때문에 여기서 말하는 '고사'는 황실을 비롯한 '황국' 전체의 고유한 풍습을 가리킨다고 할 수 있다.

노리나가의 학문적 방법론이 무엇보다 오규 소라이(荻生徂徠)의 고문사학(古文辭學)에 영향을 받은 것임은 틀림없다. 소라이는 육경(六經)에 대해 언어의 '사(辭)'와 제도의 '사(事)'를 학문의 요체라 했다. 소라이가 역사 연구에서 가장 중요시했던 것은 전통적으로 주자학자들이 받들었던 철학적 담론이 아니라, '고금의 사적'을 실증함으로써 밝혀낸 '사실(事實)'이었다.

노리나가가 이와 같은 '고사'에 대해 논할 때는 으레 '가라쿠니'와 대조적으로 설명하는 방식을 취한다. 예를 들면 황실의 황후 및 황태후 등과 같은 명칭은 '가라쿠니'에서 전래된 제도로 원래 '황국'에는 없었다는 것,[4] 또 '황국'에서는 '가라쿠니'처럼 황태자를 따로 정해두지 않고

4 "고대에 오호기사키(大后)라고 함은 당대의 제일부인을 뜻한다. 그런데 갖가지 제도를 가라쿠니의 예를 본떠 만든 시대가 되자, 정식문서에는 당대의 부인을 황후, 선대의 부인을 황태후라 쓰게 되었다. 그렇다 해도 구어나 비공식적인 글 등에서는 나라시대까지도 여전히 예전대로 당대의 부인을 오호기사키, 선대의 부인을 오호미오야(大御祖)라고 했다"(『本居宣長全集』, 10권, 419-420쪽), "무릇 『서기』에 상고 대대로 황후를 세운 일 등을 모년 모월 모일이라고 날짜까지 기록한 것은 심히 의심스럽다. …… 또한 확실하게 황후의 호칭을 존립했다는 등의 일도 가라쿠니의 일로서 황국의 상고에는 있을 리 없다. 황후는 어느 때부터랄 것 없이 자연스럽게 황후가 되는 것이 아닌가"(『本居宣長全集』, 10권, 435-436쪽) 등.

황위 후보로 복수의 태자가 있었다는 것[5] 등을 『고사기』의 기술을 근거로 지적한다. 그리고 이러한 예들을 가지고 결론적으로 '가라쿠니'에는 지나치게 세세한 규정과 격식이 있었던 것과는 달리, '황국'의 고대에는 만사에 얼마나 대략적인 구분만이 있었는지를 논하는 식이다.

'가라쿠니'에 대응하는 것들이 모두 '황국'의 고대에 없었던 것만은 아니다. '가라쿠니'의 그것과 다른 형태이기는 하지만, 그에 대응하는 '황국' 나름의 제도나 예법과 풍습 같은 것이 엄연히 존재했다고 말한다. 다음의 예는 관직에 관한 것이다.

【…… 관직에 관한 것은 신대(神代)부터 있었는데,…… 팔십반서(八十伴緒)라는 것이 즉 중국 서적에 백관(百官)이라고 하는 것과 같다. 그렇지만 가라쿠니에서 때때로 격에도 맞지 않는 이를 간택하여 관직에 임용하는 것과는 달리, 황조의 상고에는 각각의 직책을 대대로 세습하여 천황을 모셨기 때문에 그 가문의 직책을 성씨로 하는 예가 많았다. 이리하여 관직은 신대부터 쭉 있었음에도 불구하고, 후대와 그 모습이 다른 탓에 후세 사람들은 관직임을 모르고 상고에는 관직이 없었던 것처럼 생각하게 된 것이리라.……】[6]

노리나가는 '가라쿠니'와는 다른 고대 '황국'의 관직의 양상을 이처럼 설명한다. 논리 전개의 초점이 되는 것은 "천하의 주요 대정관(大政

5 "본래 상고에 대대로 히쓰기노미코(日嗣御子)라 함은,…… 반드시 한 명으로 한하지 않고 때로 두 명, 세 명을 두는 적도 있었다. 황위는 반드시 그 히쓰기노미코 중에 계승했다"(『本居宣長全集』, 11권, 169-171쪽), "상고에는 태자는 한 명으로 국한되지 않았던 일,……"(『本居宣長全集』, 11권, 451쪽) 등.

6 『本居宣長全集』, 11권, 324쪽.

官)의 명칭이 없었다"라고 하듯 언제나 해당 사항의 명칭의 유무였다.

고대 국가의 다양한 제도에 대해서도 대개 이와 같은 방식으로 설명한다. 예를 들어 『고사기』의 세이무 천황(成務天皇) 조에 "각국의 경계(國國之堺)"를 정하고 이어 "대현소현(大縣小縣)의 현주(縣主)"를 정했다는 기록이 있는데, 특히 후자는 "가라쿠니의 봉건제·군현제"에 해당하는 것이라 했다. 주석에는 고대의 상세한 국경 제도에 대해 알기 어렵다고 하면서도, 그래도 후세와 같은 엄격한 구분만 없었을 뿐이지 대략적인 각국의 경계는 있었을 것이라고 부연한다.[7]

'황국'과 '가라쿠니'의 풍습의 차이를 설명하는 논법 또한 마찬가지다. 장례를 예로 들면 본래 '황국'에는 '가라쿠니'에서 말하는 삼년상(三年喪)이라든지 무덤 밖에 묘(廟)를 만드는 관습 등은 없었다고 한다. 단지 천황의 빈궁(殯宮)을 따라 민간에서도 모야(喪屋)를 만드는 습관이 생겼다는 것이다.[8] 흥미롭게도 "없는 것도 있는 것도 풍속일진대 어느 쪽을 좋다고 정할 것인가"[9]라고 말하기는 하지만, 사실상 노리나가가 과다한 주석을 덧붙이는 항목들은 당시의 유학자들이 '황국'에는 없었다고 말한 것들에 대한 반론이 많다.

다음은 『고사기』의 게이코 천황(景行天皇) 조에 오호우스노 미코토(大碓命) 황자가 식사에 참석하지 않았다는 '불참출래(不参出來)'라는 구절에 대한 『고사기전』의 주석 부분이다.

> 상고에 천황이 조찬 석찬을 드시는 예법은 매우 엄중해서 응당 황자들도 참석하여 함께 모셨던 것일까. 이로써 거기에 더욱 다양한 각종

7 『本居宣長全集』, 11권, 327쪽; 331쪽.

8 『本居宣長全集』, 10권, 453쪽; 458쪽; 69쪽.

9 『本居宣長全集』, 9권, 268쪽.

> 의식이 있었음을 알게 된다.【…… 그런데 황국의 고대에는 이러한 일들이 거론된 적이 없기 때문에 상고에는 마치 아무런 예법도 없었던 것처럼 생각하는 것은 고대의 모습을 제대로 고찰하지 않은 잘못된 설이다. 가라쿠니는 무엇이든 따지고 논하는 풍속이 있기에 그것을 보고 이와 같은 예법은 오직 그 나라에만 있는 것처럼 생각한 것이리라. 비록 번잡하게 논하는 것은 없을지라도, 황국의 상고에도 어떤 일에나 있을 만한 예법은 다 있었음을 이 한 가지만 가지고도 추론해낼 수 있다.……】[10]

구체적으로 기록이 남아 있지는 않더라도 이와 같은 일례가 천황가의 다양한 의식과 예법의 존재를 충분히 증명하는 것이라고 노리나가는 말한다. 게다가 이로 인해 그 밖의 귀인(貴人)들과 범인(凡人)들도 각 신분에 맞는 적당한 예법이 있었으리라는 것을 유추해서 알 수 있다고 하면서, '황국'의 상고의 예법들이 전부 소실되어버린 현실을 탄식한다.

이렇듯 『고사기전』은 『고사기』를 실마리로 하여 지금은 잃어버린 상고의 단편들을 찾아내고자 했다. '가라쿠니'에 대응할 만한, 혹은 '가라쿠니'의 영향을 받기 이전에 있었을 '황국'의 '고사' 찾기였다. 그러나 노리나가의 작업은 소실된 '고사'의 확인만으로 끝나지 않는다. 보다 중요한 것은 그다음이다.

예를 들면 안코 천황(安康天皇) 조에 있는 '사배(四拜)'에 대한 주석에는 "민간의 배례는 정해진 제도도 없이 지금에 이르기까지 상고 그대로 양손을 땅에 대고 무릎을 꿇는 배례 방식이 전해내려왔다.…… 지금 민속의 배례야말로 상고의 배례에 있는 그것"이라고 했다. 그리고 "그

10 『本居宣長全集』, 11권, 190쪽.

후 점차 사배(四拜)를 관두고 대개가 재배(再拜)로 바뀌었으나, 유일하게 신에게 배례를 올릴 때는 후대에도 여전히 사배를 했다"고 하면서, 신사에 남아 있는 사례들을 증거로 하나하나 열거한다.[11] 또 아메노 와카히코(天若日子)라는 신의 장례식 모습 중에 새들에게 각각 역할을 분담시키는 이야기가 있는데, 그중에 '기사리모치(岐佐理持)'라는 의미 불명의 구가 나온다. 노리나가도 더 이상 그 뜻을 풀지 못하고 넘어간다. 그러면서도 "각 지방의 장례 풍습을 조사하면 지금도 비슷한 예가 반드시 있고 그 이름도 남아 있을 것임에 틀림없다"[12]라고 맺고 있다.

요컨대 이미 원형을 규명해낼 수 없는 것도 다수 있지만, 적어도 그 일부는 남아서 현재에도 전해지고 있으며, 개중에는 지금까지 유효한 것도 있다는 사실 확인이 이들 주석의 요점이다.

덧붙이면 『고사기전』 1권 「『서기』에 대해」 항목에서 한문의 윤색이 고대의 진실을 가리는 원인이라고 비판할 때 노리나가가 예로 드는 것도, 이상과 같이 '황국'의 고유한 풍습이라고 할 수 있는 '고사'들이다.

> 진무 천황 조에 '弟猾大設牛酒, 以労饗皇師焉'라고, 또 스진 천황 조에 '蓋命神龜, 以極致災之所由也'라고 되어 있다. 이들 문장은 한문의 윤색에 의해 실질을 잃어 매우 해롭다. 황국에는 상고라고 해도 소를 먹는 일이 없었고, 또 복점을 칠 때 귀면을 이용하는 일도 없었으니…….[13]

여기서 노리나가는 『일본서기』의 문장에 나오는 풍속의 구체적인 예를 가지고 그 기술이 허식임을 밝힌다. 각각의 사항에 대해서는 『고

11 『本居宣長全集』, 12권, 227쪽.

12 『本居宣長全集』, 10권, 71쪽.

13 『本居宣長全集』, 9권, 12쪽.

사기전』 본문 안에 더욱 상세한 주석을 달고 있다.[14]

또한 「직비령」에는 형제간의 혼인을 인정하는 '황국'의 관습에 대해 다음과 같이 해명하는 부분이 있다.

> 황국을 일부러 비하하기 위해 걸핏하면 옛날에 형제가 결혼했다는 사실을 끄집어내어 금수의 행위라고 비난한다. 우리나라의 식자들도 이를 좋지 않게 여기고 어국의 도리에 어긋난 관습이라 생각하여 이러쿵저러쿵 둘러대면서 여태껏 명확하게 설파한 것이 없다.…… 원래 황국의 상고에는 같은 어머니의 형제만을 피했을 뿐, 다른 어머니의 형제와 결혼하는 일은 천황을 비롯하여 자연스럽게 행해졌다. 헤이안 시대 이래로도 이를 불길한 것으로 꺼리는 일은 전혀 없었다. 다만 귀천의 구별은 정확히 있어, 혼란을 야기하는 일(=황통을 어지럽히는 일)은 자연히 생기지 않았다. 이것이야말로 신들이 결정하신 올바르고 참된 도인 것이다.(75-76쪽)

이것은 형제관계에 관한 명칭의 분석과 신대 이래 천황가의 혼인에 관한 사례 검증에 의거해서 논하고 있는 내용이다. 노리나가는 고어 연구를 통해 동모(同母) 형제에 대해서는 '하라카라(ハラカラ)'라고 하며 서로 친하게 지냈던 반면, 이모(異母) 형제에 대해서는 '하라카라'라는 말을 쓰지 않고 소원한 관계였기 때문에 혼인도 가능했다고 설명한다. 동

14 '우주(牛酒)'에 대해서는 향연에서 소고기 등을 쓰는 것은 '가라쿠니'의 경우라 하면서 '황국'에서는 예나 지금이나 없는 일이라고 했다(『本居宣長全集』, 10권, 374쪽). 복점에 대해서는 아마테라스가 아마노이와야(天石屋)에 숨는 단에서 "숫사슴의 어깨뼈를 뽑아…… 점을 치고"라는 구절을 근거로, 상고의 복점은 귀면이 아니라 사슴뼈를 사용했다고 추정하는 부분이 있다(『本居宣長全集』, 9권, 359-360쪽).

모 형제간의 혼인에 대해서는 '황국'의 고대에도 엄격히 금했음을 인교천황(允恭天皇)의 가루노 미코(軽太子) 사건의 예를 통해 증명한다. 『고사기전』 본문 중에도 비슷한 내용의 주석이 여러 차례 되풀이되며, 『구즈바나』를 비롯한 다른 저서에도 재차 등장하는 언설이다.[15]

이상으로 『고사기전』에 쓰인 '황국'의 용례를 특히 '고사'를 중심으로 해서 살펴보았다. 그 결과는 일견 단편적이고 개별적인 사항들인 것 같지만, 『고사기전』 속의 '황국'은 이렇게 조망할 수밖에 없다. 왜냐하면 『고사기』 연구에 몰두해가는 노리나가 역시 '황국'의 고대에 대한 전체상이 이미 자명한 모습으로 눈앞에 있었다고는 생각하기 어렵기 때문이다. 다만 여기서 강조하고 싶은 것은 이와 같은 '황국'의 '고사'가 노리나가에게는 그저 머나먼 상고의 일로서 존재하는 데 그치지 않는다는 점이다. 『고사기』에 나오는 신들의 시대는 노리나가의 현대에 바로 직결되는 문제였기 때문에 그에게 의미가 있었던 것이다.

2. 신대와 현대의 연속

신들의 시대가 '고사'의 흔적으로 엄연히 현존한다는 사실은 노리나가가 보기에 '황국'의 '고사'가 틀림없는 진실이었음을 증명하는 것이다. 이는 반대로 온갖 이름만이 기록으로 전해질 뿐, 옛 형태가 전혀 남아 있지 않은 '가라쿠니'의 허위성을 입증하는 것이 된다. 노리나가가 이러한 주장을 본격적으로 개진하는 것은 앞에서 말한 『구즈바나』와 같은 저서에서다. 대표적으로 다음과 같은 언설에서 엿볼 수 있다.

15 『本居宣長全集』, 12권, 198쪽; 8권, 168-170쪽.

아마테라스 오호미카미(天照大御神)가 스메미마노 미코토(皇孫命)에게 하사하신 신령이 깃든 거울은 지금도 이스즈궁(五十鈴宮)에 모셔져 있고, 구사나기(草薙)의 신검은 아쓰타궁(熱田宮)에 모셔져 있는 등, 신대의 유적은 지금도 각 지방에 남아 있다. 또 진무 천황 이래 역대 천황들의 산릉(山陵)도 기나이(畿内) 지방 곳곳에 현존하며, 조정에는 신대의 유사(遺事)가 이것저것 남아 있다. 또 나카토미(中臣), 인베(忌部), 오호토모(大伴) 등의 성씨는 신대의 관직을 세습하여 후대에도 연면히 이어지는 등, 이 모두가 고사(古事)의 진실함을 명백히 밝히는 증거들이다. 이와 같이 각 지방에 많은 유적과 유사, 그리고 각 가문의 계보까지 어느 날 갑자기 날조해냈을 리 없다. 가라쿠니의 명가(名家)의 자손이라든지 국군(國郡)의 제도처럼 그 무엇 하나 흔적도 없이 변해버린 질 나쁜 나라의 예와는 세월을 같이한다 해도 견줄 수 없다.[16]

인용 중에 보이는 거울과 신검의 실재에 대해서는 『고사기전』에서 고찰한 내용을 바탕으로 말하고 있는 것이다.[17] 그리고 역대 천황의 능에 대해서라면, 『고사기전』은 각 천황 조의 말미에 반드시 해당 천황의 능의 소재지 및 현존 상태를 조사해서 주석을 달았다. 이러한 검증 작업을 마쳤기 때문에 "유적과 유사와 신하의 자손들이 있는 한, 그 고사가 있었음은 의심의 여지가 없다"[18]고 노리나가는 확언할 수 있었던 게 아닐까.

한편 『구즈바나』는 앞에서도 언급했듯이 노리나가가 이치카와 가

16 『本居宣長全集』, 8권, 126-127쪽.

17 '이스즈궁'의 주석에 있는 '거울(御鏡)'에 대한 상세한 설명, 그리고 '신검(御劍)'에 대한 주석 참조. 『本居宣長全集』, 10권, 164쪽; 11권, 263-265쪽.

18 『本居宣長全集』, 8권, 127쪽.

쿠메이의 『마가노히레』에 대해 자신의 입장을 변론한 저서다.[19] 앞의 인용문은 가쿠메이가 "상고의 고사는 후대 천황들의 명으로 이루어진 비사(秘事)"라고 주장한 것에 대한 노리나가의 반론에 해당한다. 노리나가는 가쿠메이가 말하는 '비사'의 의미를 "오진 천황 이전, 즉 문자가 없었던 시대의 고사는 모두 그 후의 천황의 의중에 따라 좋은 쪽으로 만든 것, 즉 실제의 일은 아니라는 뜻"[20]이라고 파악한 다음, 이에 대해 "가라쿠니의 취향과는 너무 다르게, 오히려 성인(聖人)의 도리로 보면 거짓이라 아예 취급조차 하지 않을 것 같은 일만 신대에 많은 건 어찌 설명할 것인가. 이는 가라쿠니의 서적에 의거하지 않고 조작된 것이 아니라는 증거"[21]라고 논박했다. 이어서 『고사기』에 전하는 '고사'가 모두 '진실'임을 증명하는 실례들이 앞의 인용 부분이었던 것이다.

『구즈바나』의 서두는 말보다 문자의 효용을 강조하는 가쿠메이의 논에 대한 반박으로 시작된다.[22] 『마가노히레』에서 문자가 있는 나라는 문자로 사건을 기록하기 때문에 상고의 일도 지금의 일인 양 훤히 알

---

19 나고야의 유학자 이치카와 가쿠메이는 노리나가의 제자 다나카 미치마로(田中道麿)와 친분이 있어 미치마로에게 빌린 노리나가의 저서들을 보고 감복했다고 한다. 그러나 '도(道)에 대한 논'에 대해서만은 찬동할 수 없어서 『마가노히레』를 썼고, 이것을 노리나가에게 보였으면 한다는 편지를 붙여 미치마로에게 보낸다. '마가노히레'는 사악함을 떨쳐내는 주술을 지닌 천을 뜻한다. 노리나가는 곧바로 『구즈바나』라는 서명의 반론서를 쓴다. '구즈바나'는 칡꽃인데, 당시 취기에 쓰이는 약재였다. 즉 '한의'에 취한 것을 각성시킨다는 뜻이다. 『本居宣長全集』 8권의 해제(大久保正 집필) 참조.

20 『本居宣長全集』, 8권, 125쪽.

21 『本居宣長全集』, 8권, 126쪽.

22 『구즈바나』는 말미에 "한동안 문자의 유무의 우열을 관해 논하고자 한 것은 다름 아닌 문자가 없었던 까닭에 상세하고 정확하게 전해졌다는 점, 이에 대해서는 위에서도 이미 논한 바이다"(『本居宣長全集』, 8권, 176쪽)라고 맺으면서 문자론으로 수미일관한다.

수 있다고 주장하는 '문자의 덕(文字の德)'에 대해, 다음과 같이 노리나가는 그에 뒤지지 않는 '구전의 덕(言傳の德)'으로 응수한다.

> 문자가 없는 시대는 문자가 없는 시대의 마음이기 때문에 구전이라고 해도 문자가 있는 시대의 구전과는 달라서 불안정함이 전혀 없다.…… 특히 황국은 '언령(言靈)이 살펴주는 나라, 언령이 축복받은 나라'라는 말이 고어에도 있으니 그 언어의 절묘함이란 만국에 뛰어나지 아니한가.…… 황국에는 천지가 나뉘는 태초부터 국토와 일월과 만물의 시초까지 그 고사가 상세히 전해져왔다. 그것은 아마테라스 오호미카미가 탄생하신 어국으로서 만국에 뛰어나고 사람들의 마음도 정직했기 때문이며, 또한 중고까지 문자라고 하는 것의 간섭 없이 영묘한 언령이 전하는 덕이라고 할 만하다. 외국은 오호미카미의 어국이 아니므로 만사가 본디 황국에 미치지 못함이 지당하여 상고의 고사도 불분명한 것이다.[23]

문자의 유무가 어느새 '가라쿠니'와 '황국' 간의 우열을 가리는 논으로 작용하고 있다. 노리나가에 의하면 비록 문자를 갖지 못했어도 '황국'에는 구전이 있었고 그렇게 전해진 '고사'의 정확함으로 인해, 역설적이지만 문자가 없었던 '황국'의 상고가 다른 나라보다 우위에 서게 된다.[24]

---

23 『本居宣長全集』, 8권, 125쪽.

24 일본 본래의 소박하고 순수한 정신을 잃은 것이 중국에서 전래된 문자의 악영향이라고 파악한 것은 가모노 마부치의 사상에서 유래하는 것이었다. 노리나가는 이를 발전시켜 무문자 시대의 고대 일본을 구승의 세계로 상정하고 문자 그 자체를 철저히 부정했다. 무라이 오사무의 지적대로, 국학이 한자의 억압에 대한 대항 기제로서의 성격을 획득해가는 과정이었다. 村井紀, 『文字の抑壓: 國學イデオロギーの成立』,

『마가노히레』에서 가쿠메이는 세상만사 시대의 변화에 따라 이름만 남은 것이 많다면서 '고사'에 대해 상당히 회의적이었는데, 『구즈바나』에서 노리나가는 다음과 같이 강한 어조로 확신에 찬 태도를 보인다.

> 가라쿠니의 도(道)라는 것이야말로 오직 명칭만이 남아 문장이나 말로는 누구나 성인이라 하면서 떠받드나, 실제로는 그것을 쓰는 왕도 없고 또한 그 설처럼 세상이 되지도 않아 모두 허위가 되어가고 있으며, 나라의 모든 일은 바뀌고 또 바뀌어 옛 모습이 하나도 남아 있지 않다. 황국은 그렇지 않다. 예의 그 신칙(神勅)처럼 천양무궁하게 천신의 계보를 잇는 황통(天津日嗣, 아마쓰 히쓰기)이 계승되어왔다. 그 사이 마가쓰비 신(禍津日神)의 횡포가 때때로 나타났으나, 여전히 천황은 천황으로 엄존하신다. 이 근본을 비롯해서 만사가 신기할 정도로 옛 법이 끊이지 않고 지금까지 남아 있는 곳은 아마 천지간에 오로지 이 황국뿐일 것으로 생각된다.[25]

'가라쿠니'에 대해 '황국'의 절대적 우위를 주장하는 노리나가에게 최대의 근거가 되었던 것은 바로 황통(皇統)이 존속한다고 하는 역사적 사실이었다. 위 인용문에서 '그 신칙'이란 아마테라스가 직계자손들에게 이 지상의 지배를 명하는, 이른바 천양무궁(天壤無窮)의 신칙을 말한다. 노리나가는 황통의 연속을 이 신칙의 영험이자 증거라고 종종 말하곤 한다.

하지만 신대로부터 계속 이어져왔다고 주장하는 이 '묘리'라는 것

青弓社, 1989; 村井紀, 「都市の漢意」, 『現代思想』 20, 1992.

25 『本居宣長全集』, 8권, 157쪽.

도 결국은 노리나가가 '가라쿠니'의 악습이라 맹렬히 비판했던 '이(理)'가 아닌가. 사실 이러한 비판은 당대에도 끊이지 않았다. 자칫 자기모순에 빠지기 쉬운 논법에 대해 노리나가는 다음과 같이 해명한다.

> 이 점은 이 자(=이치카와 가쿠메이)뿐만 아니라 우리 고학(古學)의 무리들도 비난하는 바이다. 그러나 그것은 단지 이치란 것을 너무 싫어해서 분명히 보이는 이치를 알지 못하는 것이다. 아무리 이치를 꺼린다 해도 현저히 드러난 이치를 억지로 감출 필요는 없다. 본래 이 선과 악이 서로 바뀌는 이치는 신대의 황천국 단부터 시작해서 지금에 이르기까지 황국과 가라쿠니의 변화의 흔적에 대해 깊이 생각해보라. 기묘하게도 하나같이 이 이치에 들어맞는다.[26]

노리나가는 이것도 '이(理)'이기는 하나 결코 '가라쿠니'의 '공리(空理)'는 아니라고 말한다. 어디까지나 '황국'과 '가라쿠니'의 역사적 변화에 합치하는 명백한 사실로서의 '묘리'다. 이처럼 신대가 현대에 내재한다는 사실의 발견은 노리나가가 『고사기』의 신대 연구를 통해 얻어낸 최대 성과였다고 할 수 있다.

'가라쿠니'와 다른 '황국'의 모습 가운데 황통의 존속이라는 역사적 사실이 강조된다. 단 천양무궁의 신칙이나 만세일계를 가지고 일본의 우위성을 논증하려는 시도는 신도를 주자학적으로 해석하여 오륜 중에서도 군신의 도를 인륜의 중심에 두는 스이카 신도(垂加神道) 등에서 이미 확인된다. 그렇다면 노리나가는 황통의 존속을 어떻게 증명하려 했을까.

26 『本居宣長全集』, 8권, 162쪽.

3. 서쪽의 이웃인가, 신하의 나라인가

노리나가를 비롯한 국학자들뿐만 아니라 당시 대부분의 유학자들 또한 중국에 대해서는 강한 동경과 대항의식을 보였던 반면, 조선에 대해서는 중국과 같은 위상의 '이웃나라(隣國)'가 아니라 일본의 번국, 즉 '신하의 나라(臣國)'로 취급했다. 이러한 인식은 전통적으로 『고사기』와 『일본서기』 등 고대 문헌에 실려 있는 진구 황후의 삼한정벌 전설과 그에 따른 신라의 조공기사 등에 의거한 것이었다. 한마디로 조선은 신대(神代)에는 일본의 복속국이었고, 근세 당대(當代)에는 중국의 속국이라고 여겨졌다.

지금까지 이와 같은 근세 일본의 부정적 조선 인식에 대해서는 근대 내셔널리즘 담론에서 많은 비판이 이루어져왔고, 특히 노리나가의 경우 천황 중심적인 '황국(皇國)'사상에 기초한 일본주의의 전형적인 예로 언급되어왔다. 그러나 이 책에서는 노리나가의 사상을 단순히 비판하기에 앞서 노리나가의 언설을 당시의 문맥에서 다시 읽어보고자 한다.

먼저 조선을 번국으로 보는 노리나가의 조선 인식의 문제를 『고사기전』 속에서 '서번(西蕃)'이라는 한자에 대해 일본말로 '미야쓰코쿠니(ミヤツコクニ)'라고 훈(訓)을 다는 주석을 통해 살펴본다. 『고사기전』은 『고사기』의 주석서이므로 기본적으로 『고사기』의 문장에 주해를 단 것이다. 이 작업에 『일본서기』 등 여러 고대 문헌이 총동원되었다. 『고사기전』의 분석에 이어, 그 배경이자 전제가 되는 노리나가 주변의 콘텍스트를 검토한다. 즉 역사적 맥락 속에서 노리나가의 주장이 어떠한 의미를 갖는지를 점검하는 것이다. 그리고 나서 다시 『고사기전』의 텍스트 분석으로 돌아오기로 한다. 구체적으로는 『고사기전』에서 '군신(君臣)'이라는 한자를 '기미·야쓰코(キミ·ヤツコ)'라고 읽는 훈독의 문제를 경유하여, 마지막에 '신국(臣國)'을 '미야쓰코쿠니'라고 읽는 문제를 다

룰 것이다. 다소 번잡하지만, 노리나가를 문제 삼으려면 노리나가가 고대 일본어라고 주장하는 '미야쓰코쿠니'가 대체 어떻게 나온 것인가를 일단 따라가볼 수밖에 없다.

『고사기전』 30권 중 '도둔가(渡屯家, 와타리노미야케)'를 풀이하는 부분에 다음과 같은 노리나가의 특이한 설이 있다. 『일본서기』 진구 황후 신라정벌 기사의 말미에 "이에 고구려와 백제의 두 나라의 왕이 금후 서번이라 칭하며 영원히 조공을 끊이지 않게 할 것을 맹세했다"고 전하는데, 이 기사를 『고사기전』에 인용하는 도중에 '서번'이라는 말에 주석을 달았다.

> 【서번(西蕃)을 '니시노토나리'라고 읽고, 또한 다른 권에 번병(蕃屛)을 '가쿠레마가키'라고 읽는 것 등은 모두 정해진 훈이 없기 때문에 생긴 잘못된 훈이다. 린(隣)이라 하면 애초부터 이웃이었는데 새삼스럽게 이웃이라고 칭함은 어떤 연유에서인가. 또 '가쿠레마가키'도 글자에 구애된 것으로 더욱 맞지 않는다. 번(蕃)을 고대에는 어떻게 말했는지 그 명칭이 전하지 않으므로 알기 어렵다. 지금 사건의 전말을 생각하건대, 글자에는 연연하지 말고 '미야쓰코쿠니'라고 읽어야 할 것이다. 신하의 나라라는 뜻이다.……】[27]

여기서 노리나가는 '번(蕃)'이라는 한자를 '이웃'이라는 뜻의 일본어 '도나리(トナリ)'라고 읽어왔던 기존의 통설에 대해 반대하고 있다. 노리나가에 따르면, '번(蕃)'자를 '린(隣)'자에 해당하는 '도나리'라고 읽으면 위의 문장은 원래 이웃에 있었던 나라를 이때부터 굳이 '서쪽의 이

27 『本居宣長全集』, 11권, 382쪽.

웃'이라고 부를 것을 선언하는 기묘한 문맥이 되어버린다. 따라서 그는 '서번(西蕃)' 두 글자를 '니시노토나리(ニシノトナリ)'가 아니라, '신하의 나라'를 의미하는 '미야쓰코쿠니(ミヤツコクニ)'라고 읽어야 한다고 주장하는 것이다. 그 밖에 '번국(蕃國)'이나 '번병(蕃屛)' 등의 글자에 대해서도 『고사기전』에서는 모두 '미야쓰코쿠니'라고 훈을 달고 있다.

『일본서기』를 보면 이러한 기사 외에도 한반도의 신라나 백제에 대해 '서번'이라고 표현하는 예가 다음과 같이 종종 나온다.

① 진구 황후 섭정 49년 3월: "항상 서번이라 칭하며 봄가을에 조공할 것을"

② 진구 황후 섭정 51년 3월: "영원히 서번이 되어 끝내 무력은 없을 것을"

③ 긴메이 천황 8년 4월: "황공한 천황【서번은 모두 일본 천황을 칭하여 황공한 천황으로서 모신다.】"

④ 긴메이 천황 13년 10월: 즉 군신에게 묻기를, "서번이 헌상한 불상의 모습이 단엄하다. 미증유의 것이다. 받들어야 하는 것인가, 말아야 하는 것인가"라고 말씀하셨다. 소가노 오호미 이나메 쓰구네(蘇我大臣稲目宿禰)가 주상하기를, "서번의 모든 나라가 하나같이 받들고 있습니다. 도요아키쓰 야마토(豊秋日本)만이 홀로 등질 것입니까"라고 했다. 모노노베 오호무라지 오코시(物部大連尾輿)·나카토미무라지 가마코(中臣連鎌子)가 같이 주상하기를, "우리나라의 천하에 왕으로 계신 자는 항시 천지사직(天地社稷)의 180신에 대해 춘하추동 제사 지내기에 전념하십니다. 그런 분에게 지금 번신(蕃神)을 모시도록 고친다면 아마도 국신(國神)의 노여움을 살 것입니다"라고 했다.[28]

①과 ②는 앞의 예와 마찬가지로 진구 황후의 신라정벌에 이어 백제의 왕이 스스로 복속을 맹세하면서 자국을 칭하는 용어로 '서번'이라고 한 경우다. ③과 ④는 긴메이 천황(欽明天皇) 때의 예로, 특히 ④는 유명한 불교 전래에 관한 내용이다. 여기서 폐불파(廢佛派)는 번신(蕃神)과 국신(國神)의 대립을 이유로 불교 전래를 반대하는 논을 펼치는데, 한편 숭불파(崇佛派) 소가씨(蘇我氏)는 '서번'의 여러 나라가 불교를 숭상하고 있기 때문에 일본만이 따르지 않을 수는 없는 일이라는 식의 논지를 전개한다. 불교가 갖는 보편적 가치 등을 근거로 들어 일본에서도 이를 받아들여야 한다고 설득하는 것이라면 쉽게 이해할 수 있으나, 여기서는 '서번'이 본받아야 할 대상으로 쓰이고 있다. '번(蕃)'자의 원뜻을 고려하여 이를 멸시의 의미를 지닌 칭호라고 한다면 이 기사는 모순이라고 볼 수밖에 없다.

많은 문제점을 안고 있는 예들이지만 일단 현존하는 『일본서기』의 고훈(古訓)을 찾아보면, '서번(西蕃)' 두 글자를 '니시노토나리(ニシノトナリ, 서쪽의 이웃)' 혹은 '니시노쿠니(ニシノクニ, 서쪽의 나라)'라고 할 뿐, 특별히 다른 훈을 전하지 않는다. 오랜 기간 동안 '번(蕃)'자와 '린(隣)'자를 그저 중복되는 개념으로 별다른 이의제기 없이 사용해왔다고 하겠다.[29]

---

28 ①『日本書紀』, 상권, 356쪽; ②『日本書紀』, 상권, 358쪽; ③『日本書紀』, 하권, 96쪽; ④『日本書紀』, 하권, 102쪽.

29 다른 예로 『율령(律令)』「공식령집해(公式令集解)」 안에 인용문으로만 남아 있는 「고기(古記)」에 "인국은 당, 번국은 신라다(隣國者唐, 蕃國者新羅也)"라는 규정이 있었다는 사실은 잘 알려져 있지만, 실제 '인국'과 '번국'의 구별이 어떠했는지에 대해서는 명확히 밝혀진 바가 없다. 또한 「부역령집해(賦役令集解)」에 의하면 한반도 이외의 일본열도 내의 부족에 대해서는 "번이라고 칭하기에 부족하다(蕃と稱するに足らず)"라고 되어 있어서, '인국'과 '번국'뿐만 아니라 '이적(夷狄)' 개념의 구별도 있었음을 짐작할 수 있다.

물론 이상과 같은 사실을 그대로 실제의 고대 역사에 환원해버리는 것은 부적절하다. 이는 어디까지나 각각의 텍스트들이 표방하는 세계인식의 문제로서 접근해야 할 필요가 있다.

다만 이 책의 관심은 노리나가의 문제로서 그가 집착했던 점이 과연 어떠한 문제를 내포하고 있었는지 그 의미를 분명히 하는 일에 있다. 처음의 예와 같은 텍스트의 부자연스러운 문맥에 대해 노리나가는 한자라는 표기에 구애받지 말고 원래의 의도에 적합한 고유의 일본어로 읽어야 한다는 방침에서 '미야쓰코쿠니'라는 새로운 훈을 찾아낸 것이다. 이 과정에서 한반도의 여러 나라가 고대 일본의 '신하의 나라'라고 하는 점은 노리나가의 입장에서는 지극히 당연한 이치일 뿐, 그 점에 관해서는 별다른 부연조차 하지 않는다. 다시 말해 이러한 노리나가의 조선 번국관을 그의 부정적 조선 인식이라고 평한다 한들, 사실상 노리나가에게는 아무런 비판이 되지 않는 셈이다.

여기서 잠시 다른 예를 보자. 노리나가보다 시대적으로 조금 앞선 세대에 속하기는 하지만, 에도 시대 중기의 유학자 야마가 소코(山鹿素行)의 『중조사실(中朝事實)』(1669) 「예의장(禮儀章)」 중에 다음과 같이 '선린지례(善隣之禮)'를 논하는 부분이 있다.

> 이것이 인호(隣好)를 수호한 시초다. 린(隣)이란 무엇인가. 우호를 가지고 상대해야 한다.…… 혹은 의문이다. 고려(고구려)·백제·신라가 내조하는 것 또한 교린이 아닌가. 답하기를,…… 처음으로 나라마다 관가(官家)를 두고 바다 건너의 번병(蕃屛)으로 정한다. 이로부터 역대 자제들을 인질로 하고 항상 조공한다. 아니면 정벌하여 부정(不庭)을 징벌한다. 그리하면 해외의 제번(諸蕃)은 모두 일본(中國)에 속하고, 오로지 중국(外朝)과만 통신한다. 제번은 린이라 칭하기에 부족하다.[30]

소코의 조선 멸시관은 그 대부분이 『일본서기』에 의한 것인데, 위의 설은 『일본서기』 스이코 천황 15년 기사를 근거로 하고 있다. 해당 연도에 일본에서 파견된 견수사(遣隋使)를 중국과의 교린외교의 개시로 보아야 한다는 점, 또 '린(隣)' 개념을 가져와 일본과 상대할 수 있는 유일한 나라는 오로지 중국뿐이라는 점 등은 훗날 노리나가의 언설과도 매우 흡사하다.

참고로 인용문에서도 알 수 있듯이, 소코는 일본을 '중국(中國)'이라 부르고 당시의 중국은 '외조(外朝)'라고 불렀다. 중국의 중화사상에 대항하기 위함이다. 결론적으로 소코의 논리에 따르면, 중국과의 외교는 인정한다 할지라도 '제번(諸蕃)'에 불과한 조선과의 외교는 가당치 않다는 얘기가 된다.

그런데 이와 같은 주장을 전개하는 소코조차도 '서번(西蕃)'을 여전히 '니시노토나리(서쪽의 이웃)'라고 읽으며 그 훈의 문제에 대해서는 전혀 언급하지 않았다. 그런 의미에서 '서번'을 '미야쓰코쿠니(신하의 나라)'라고 읽어야 한다고 말하는 노리나가의 태도는 소코에 비해 훨씬 더 철저하고 일관되게 보일 정도다.

조선을 일본과 수평관계의 '인국'이 아닌 상하관계의 '번국'으로 정의하는 노리나가의 인식은 이처럼 한자의 훈을 바로잡는 문제를 통해서 극명하게 드러난다. 그것은 일견 지엽적이고 개별적인 문제로 보일지 몰라도, 오히려 총체적인 사상적 입장을 가장 단적으로 대변하고 있는 것이다.

---

30 山鹿素行, 『山鹿素行 上』, 日本教育思想大系, 日本圖書センター, 1979, 146-149쪽.

4. 교린의 시대와 조선 번국관

한·일 관계사 연구에서 에도 막부 시대는 유례없는 선린외교가 약 200년간 지속되었다고 특히 강조되는 시기다. 그 상징이자 증거로 조선통신사를 둘러싼 연구가 양국에서 활발히 이루어져왔고, 예컨대 조선의 외교사절에 대한 실무 담당자였던 쓰시마번의 아메노모리 호슈(雨森芳州)는 우호적인 조선 인식으로 매우 높은 평가를 받고 있다. 호슈의 저작 『교린제성(交隣提醒)』(1728)만 보더라도 확실히 이 책의 서명을 비롯하여 본문에는 '교린(交隣)'·'선린(善隣)'·'인교(隣交)'·'인호(隣好)' 등의 말이 산재한다. 그러나 한편으로 다음과 같은 인용문 역시 틀림없는 호슈의 발언이다.

> 진구 황후 대에 그 나라 셋으로 나뉘어 신라·고려(고구려)·백제라 칭했을 때 정벌로 큰 이익을 얻게 된 일, 국사에 보인다. 진공봉헌지의(進貢奉献之儀)를 실로 끊임없이 다하겠다고 했으나,……

> 진구 황후 삼한정벌을 시작으로 근대의 일에 이르기까지 쓰시마는 방비가 긴요함을 올린 일을 아실 것으로,……[31]

위의 『인교시말물어(隣交始末物語)』, 『동구해(同句解)』의 전체적인 취지는 쓰시마번의 입장에서 막부에 대해 재정적 원조를 호소하는 내용인데, 그 안에서 언급되는 조·일 관계 회복의 역사는 진구 황후의 삼한정

31 雨森芳州, 『芳州外交關係資料·書翰集』, 雨森芳州全集 3, 關西大學出版部, 1982, 270쪽; 279쪽.

벌에 기원을 두고 있다. 조선에 대해 비교적 우호적이었던 호슈의 언설조차 이러한 것을 보면, 진구 황후 전설은 특별히 부정적 조선관의 원류였다기보다 이미 근세 일본의 지식인들에게 어느 정도 공통적인 역사인식의 기반이었다고 할 수 있다.

조선통신사의 역사적 의의를 부정할 생각은 추호도 없다. 그러나 과연 교린외교의 시대가 상호대등을 전제로 한 이상적인 관계였는지에 대해서는 보다 신중할 필요가 있다. 이러한 낙관론에 따르자면 교린에서 정한(征韓)으로, 즉 근세에서 근대로의 이행은 단지 갑작스러운 시대의 불행으로밖에 설명할 수 없기 때문이다.[32] 일례로 조선통신사 개혁안을 주창했던 아라이 하쿠세키(新井白石)와, 후에 그 개혁안대로 결국 1811년에 쓰시마에서의 제한적 통신사 접대라고 하는 역지빙례(易地聘禮)를 실현시킨 나카이 지쿠잔(中井竹山)의 조선관을 들기로 한다. 이들은 개혁안 속에서 당시 통신사의 실태를 신랄하게 비판했기 때문에 통신사 및 조선에 대해 일방적으로 반감을 지녔던 노골적인 조선 멸시론자로 다루어지는 것이 보통이다.

---

32 일본인의 조선관에 대한 종래의 연구는 시대별 혹은 인물별로 일일이 열거할 수 없을 만큼 다양하지만, 사례를 단편적으로 열거하면서 망라하는 경향이 주류였다. 矢澤康祐, 「「江戸時代」における日本人の朝鮮觀について」, 『朝鮮史研究會論文集』 6, 1969; 금병동, 『일본인의 조선관: 일본인 57인의 시선, 그 빛과 그림자』, 최혜주 옮김, 논형, 2008 등. 그중 에도 시대에 널리 유포된 조선 경시관의 전통을 구체적으로 고찰한 연구로 池内敏, 『「唐人殺し」の世界: 近世民衆の朝鮮認識』, 臨川書店, 1999; 박찬기, 『조선통신사와 일본근세문학』, 보고사, 2001 등이 참고할 만하다. 한편 13세기 중세 일본(무로마치 시대 전반기)과 17세기 근세 일본이라는 특정 시기의 우호적인 교린관계만을 지나치게 강조하는 낙관론에 대해서는 기무라 나오야의 일련의 비판이 있다. 木村直也, 「幕末の日朝關係と征韓論」, 『歷史評論』 516, 1993; 木村直也, 「幕末における日朝關係の轉回」, 『歷史學研究』 651, 1993; 木村直也, 「幕末期の朝鮮進出論とその政策化」, 『歷史學研究』 679, 1995.

아라이 하쿠세키는 1711년에 오는 통신사를 맞이하기 위해 2년 반 이상의 준비기간에 걸쳐 방대한 유교경전과 선행 왕조의 관례를 연구했다. 그러한 그가 통신사가 귀국한 이듬해부터 갑자기 역지빙례를 제안하기 시작했기 때문에, 연구자들은 통신사 접대 과정에서 그의 조선관이 부정적으로 변화한 것으로 보았다.[33] 그러나 그의 개혁안 도처에는 '교린우호(隣交之好, 隣國のよしみの事, 隣好の事)'[34]라는 문구가 산재한다. 즉 그가 목표로 했던 양국관계야말로 바로 예에 기초한 선린관계였다는 점에 재고의 여지가 있다고 본다.

하쿠세키는 또한 양국관계의 기점을 진구 황후의 삼한정벌에 두는 역사인식을 가지고 있었는데, 이러한 입장은 기본적으로 변한 바가 없다.[35] 문제는 하쿠세키가 통신사를 비난하는 초점이 조선 측 대일외교의 태도에 있다는 점이다. 당시 하쿠세키가 쇼군 이에쓰구(家繼)에게 올린 건백서 『조선빙사후의(朝鮮聘使後議)』를 보면 다음과 같다.

> 조선 사람들은 항시 인국과의 교제는 예와 신을 가지고 해야 함을 말하고, 또 우리 조선은 예로부터 예의의 나라라는 식으로 말한다. 그러나 우리나라에 대해서는 인호를 이어 빙례를 수복하라 하면서, 그 나

---

33 아라이 하쿠세키에 대한 기본적인 연구사항은 宮崎道生, 『新井白石の研究 增補版』, 吉川弘文館, 1969(1958) 참조.

34 특히 『봉명교유조선사객(奉命敎諭朝鮮使客)』, 『조선국신서식사(朝鮮國信書の式の事)』 등에 다수 있다. 이하 하쿠세키의 저서 인용은 今泉定介·市島謙吉 編輯·校訂, 『新井白石全集』 4, 國書刊行會, 1977에 의한다.

35 "본조(本朝)의 국사를 생각하건대, 진구 황후가 삼한을 정벌하시고 그 나라에 일본부(日本府)를 두어 다스리셨을 때부터……"(『朝鮮國信書の式の事』, 671쪽), "옛날 삼한의 국가들이 우리나라에 속했던 일도 본조의 역대 국사에 보일 뿐 아니라, 이조(異朝)의 위·진·송·제·양·진·수의 대대의 역사에도 보인다"(『朝鮮聘使後議』, 683쪽) 등으로 알 수 있다.

라에서는 왜국의 정세를 정탐하는 사절로 삼고 있으며, 우리나라에 대해서는 국왕을 존칭하라 하면서, 그 나라에서는 하대하여 왜유(倭酉)라 한다. 이를 어찌 예와 신으로써 대한다 하고, 이를 어찌 예의의 나라라 하겠는가.[36]

이와 같은 하쿠세키의 개혁안에 당초 조선통신사 삼사(三使)는 강하게 반발했으나, 일본 측은 끝내 자신들의 요구를 관철시키는 데 성공했다. 그리고 삼사는 일본의 요구에 응했다 하여 귀국 후 조선 조정으로부터 처벌을 받았다. 실제로 당시 조선에서는 임진왜란을 계기로 일본을 더 이상 '인국'이 아니라 '왜적(倭賊)'이나 '왜놈(倭奴)'으로 야만시하는 인식이 팽배했다. 하쿠세키는 통신사 측의 무례함을 접한 이후, "조선은 영원히 교린을 맺을 법한 나라가 아니다"[37]라고 강경노선을 취하게 된다.

하쿠세키를 답습한 나카이 지쿠잔의 『초서위언(草茅危言)』(1791) 권4「조선에 대한 일(朝鮮ノ事)」을 보더라도 다음과 같이 하쿠세키와 거의 마찬가지 논리다.

진구 황후의 원정 이래 가라쿠니(韓國)가 복종하여 조공했다. 우리의 속국이나 다름없는 일이 역대로 끊이지 않았는데, 지금의 정세는 이와 다르다.…… 가령 지금은 속국은 아닐지라도 그렇게까지 천하의 재정을 기울여 응접할 일은 아니지 않은가.

36 『朝鮮聘使後議』, 684쪽.

37 『朝鮮聘使後議』, 683쪽.

가라비토(韓人)가 내조했을 때의 빙례는 교린의 예로서 불가결한 것이나, 오늘날에는 심히 양국을 궁핍하게 만드는 일이 되어버렸다. 고로 서로 생략하여 아무리 그 일을 없애버려도 교린의 예만 선다면 되는 것이므로,……[38]

역지빙례를 둘러싸고 하쿠세키와 지쿠잔 두 사람이 조선 멸시론자로 통하게 된 상황은 이렇게 해서 어느 정도 납득할 수 있다. 사실 지쿠잔은 진구 황후의 삼한정벌을 양국관계의 역사적 기원으로 보기는 하지만, 외교 상대국인 조선을 일본의 속국으로 단정하는 일 등은 없었다. 호혜적인 양국관계를 원했던 이들의 조선 인식이야말로 오히려 당대의 현실을 직시하고 그것을 여실히 반영한 결과가 아니었을까.

본래 중국의 화이(華夷) 개념에 따르면 중국에 대해서는 상하관계, 그리고 주변의 번국 간은 서로 수평적인 교린관계가 된다. 주변국끼리는 대등한 적국(敵國)으로서 적례(敵禮)를 주고받아야 하는 것이 원칙이다. 동아시아 국제질서를 둘러싼 이와 같은 통념이 일본 학계에서는 정설처럼 되어 있다.[39] 그러나 한편으로 한국 학계에서는 의견을 달리하여, 조선에서 중국에 대한 사대·조공과 여진족 및 일본에 대한 교린·진

---

38 瀧本誠一 編, 『日本經濟叢書』 16, 日本經濟叢書刊行會, 1915, 366쪽; 369쪽.

39 예를 들어 일본의 『국사대사전(國史大辭典)』(吉川弘文館, 1979-1997)에서 「교린정책(交隣政策)」을 찾아보면, "이씨조선 왕국이 주변 제국에 대해 취했던 친선관계를 기본으로 한 외교정책. 그 전제에는 중국에 대한 종속관계에 기초한 사대정책이 있다.…… 도요토미 히데요시의 조선 출병으로 인해 파탄을 가져왔지만 도쿠가와 정권은 수호를 수복해서,…… 19세기까지 계속되었다"(中村榮孝 집필)라고 정리되어 있다. 이는 조·일 외교의 실제를 중국의 화이질서의 연장선상에서 파악한 견해로서, 중국에 대한 종적인 상하관계를 횡적으로 확대한 대등관계로 교린을 정의한 것이다.

상은 동일한 것이었다고 본다. 즉 조선의 교린외교는 어디까지나 조선이 중심에 서는 상하관계로 해석하는 입장이다. 이에 민덕기는 한·일 양국 학회에서 교린의 내용과 대상을 분명히 하지 않은 채 논의를 진행해왔던 문제를 지적하면서 구체적인 '교린'의 용례 분석을 시도했다.[40] 여기서 그 결론만을 빌리자면 조선의 교린은 대등관계와 상하관계를 모두 포함할 수 있는 것으로서, 경우에 따라서는 양쪽 모두의 관계를 지향하는 개념으로서 보통명사가 되었다고 한다. 이는 근세의 조·일 관계를 중국의 대외질서만으로는 설명할 수 없는 한계에 대해 주의를 촉구하는 지적이기도 하다.

바로 여기서 노리나가의 조선 번국관에 대한 배경을 엿볼 수 있다. 요컨대 조선과 일본은 원칙적으로 화이질서를 표방했으나, 그렇다고 해서 실제의 양국관계가 선린우호였다고 보장되는 것은 아니다. 오히려 근세의 조·일 관계는 상호 경시의 시각으로 이해하는 편이 사실에 가깝지 않을까. 더욱이 가부키 등을 비롯한 다양한 대중문화 매체를 통해 일반인들의 인식에까지 조선 경시관이 상당히 퍼져 있던 시대다. 현실의 외교 정치적 입장과 텍스트 속의 대외인식을 동일선상에 놓고 논의할 수는 없지만, 적어도 모토오리 노리나가는 이와 같은 시대 속에서 사고했었다는 점을 간과해서는 안 된다.

이상으로 편협한 조선 번국관으로 비판받아온 노리나가의 사상을 문제시하기 전에 잠시 노리나가를 둘러싼 근세 일본의 조선 인식을 검토해보았다. 이제 본격적으로 『고사기전』의 '미야쓰코쿠니' 문제로 돌아가 논의를 심화시켜보자. 노리나가가 말하는 '미야쓰코쿠니'는 '신국(臣國)'이라는 뜻인데, 여기서 '신(臣)'자를 '야쓰코'라고 읽는 점에 주목

40 민덕기, 『前近代 동아시아 세계의 韓·日관계』, 경인문화사, 2007.

하여 고찰을 더하고자 한다.

5. 군신의 차별에 의한 황통의 존속

『고사기전』에 따르면 고대 문헌에 보이는 '군신(君臣)'이라는 표현은 모두 '기미·야쓰코(キミ·ヤツコ)'라고 읽어야 한다. 즉 노리나가는 '군(君)'자는 일본말로 '기미(キミ)'라고 하는데, 이에 대응하는 '신(臣)'자는 흔히 생각하는 '오미(オミ)'가 아니고 '야쓰코(ヤツコ)'라고 주장하는 것이다. '기미·오미(キミ·オミ)'가 아닌 '기미·야쓰코(キミ·ヤツコ)'가 그가 생각한 '올바른' 고어(古語)다. 후술하겠지만, 언뜻 보기에 그다지 큰 의미가 있을 것 같지도 않은 이 옛말을 찾아내기까지는 꽤 오랜 시간이 걸렸다. 그리고 어렵게 발견한 이 옛말이 그에게는 '가라쿠니(漢國)'의 군신질서와는 다른 일본의 군신관계를 설명할 수 있는 키워드가 된다. 다름 아닌 '황국(皇國)' 일본을 특징짓는 데 결정적인 황통(皇統)의 존속을 '기미·야쓰코'라는 말로써 풀어내는 것이다.

먼저 '기미'에 대해서 보자. 『고사기전』은 상고에 천황을 비롯하여 황자들은 모두 구분 없이 '오호키미(大君)' 혹은 '기미(君)'라 불렸다고 한다. 이는 『고사기』의 용례를 검토해보면 어느 정도 수긍이 간다. 『고사기』 중에 '오호키미'의 용례는 모두 노래에 보인다. 원래는 가나 표기(意富岐美·意富岐彌)로 되어 있고, 그 대상은 천황 및 황자나 왕자(御子·王子·王)들을 가리킨다. 또한 '오호키미'는 같은 장면에서 '기미'와 함께 섞여 쓰이는 경우도 있어서 두 호칭은 크게 다르지 않은 것으로 여겨진다.

문제는 '야쓰코'라는 훈이다. 『고사기』 중에 '신(臣)'자는 고유명사를 포함하면 100회 이상 있음에도 불구하고, 이 글자가 신하 일반의 의미로 사용되는 예는 극히 드물다. 대부분은 '——臣'과 같이 성(姓)에 쓰이며, 나머지는 '대신(大臣)' 10회,[41] 그리고 후술하는 '신련(臣連)'과 '신지가(臣之家)'라는 용례뿐이다.

안코 천황(安康天皇)을 살해한 왕자 마요와노 미코(目弱王)는 신하 쓰부라오호미(都夫良意富美)의 집으로 도망쳤는데, 그 집을 황자 하쓰세노 미코(大長谷王)가 포위하고 대치하는 장면이다. 쓰부라오호미는 하쓰세노 미코에게 항복할 수 없는 이유를 다음과 같이 말한다.

> 예로부터 지금까지 신련(臣連)이 왕궁에 숨는 일은 있어도 왕자가 신지가(臣之家)에 숨으셨다는 얘기는 들은 적이 없습니다. 이를 생각할 때 천노(賤奴) 오호미는 전력을 다해 싸워도 이길 수 없겠지만, 그래도 저를 믿고 수가(隨家)에 들어온 왕자를 죽어도 버릴 수는 없습니다.[42]

여기에 '신(臣)'자가 두 번 쓰였다. 밑줄 친 순서대로 '신련(臣連)'은 신하의 지위인 '오미·무라지'이고, '신지가(臣之家)'는 글자 그대로 '오미가이에(신하의 집)'로 볼 수 있다. 엄밀히 말하면 '오미(臣)'도 '무라지(連)'도 원래는 씨성제도(氏姓制度)에서 유래한 성의 일종이나, 여기서는 신하의 총칭으로 쓰이고 있다. 그렇다면 『고사기』 중에 적어도 이 두 용례는 '신(臣)'자가 신하 일반을 뜻하는 경우라 할 수 있겠다. 현재 대부분

---

41 '대신(大臣)'은 다케노우치노 스쿠네노 오호미(建内宿禰大臣) 3회, 소바카리(曾婆加理)에 관한 예가 4회, 오호마에오마에노 스쿠네노 오호미(大前小前宿禰大臣) 1회, 소가노 이나메노 스쿠네노 오호미(宗賀之稲目宿禰大臣) 2회 쓰였다. "대신의 지위", "대신이 되어"라는 등의 예로 보아 관제상의 '대신'임은 틀림없지만, 그 이상의 실체는 알 수 없다. 또한 쓰부라오호미(都夫良意富美)도 『일본서기』에서는 '대신'이라고 표현하지만(葛城円大臣), 『고사기』에서는 단지 가나 표기(意富美·意美)로 고유명사처럼 쓰고 있다.

42 『古事記』, 333쪽.

의 『고사기』 주석서들도 두 개의 '신(臣)'자를 그저 '오미'라고 읽고 이와 같이 해석한다.

그런데 『고사기전』에서는 전자 '신련(臣連)'의 '신(臣)'은 '오미'라고 읽고, 후자 '신지가(臣之家)'의 '신(臣)'은 '야쓰코'라고 읽는다. 대단히 부자연스러운 훈이라 하지 않을 수 없다. 『고사기전』의 주석은 다음과 같다.

> 신련(臣連). 신(臣)은 '오미'로서 대신(大身, 오호미)의 뜻이다. 여기서는 조정에 봉사하는 자를 한편으로 존대하는 호칭이다.【조정에 봉사하는 자에 대해 신(臣)자를 쓰지만, 군(君)에 대해 칭하는 신(臣)의 뜻은 아니다. 군신(君臣)이라고 할 때의 신(臣)은 '야쓰코'라 하며, 『서기』 등에서도 그렇게 읽는다.……】

> 신지가(臣之家). 이 신(臣)자는 위의 신련(臣連)과 같은 것이라면 '오미'라 읽어야 마땅하지만, 신련(臣連)을 줄여서 신(臣)만을 말함은 어째서인가.…… 기미·야쓰코(君臣)의 야쓰코(臣)인가.【어느 쪽이라 해도 뜻은 다르지 않다.】 일단 '야쓰코'라 읽는다.[43]

요컨대 『고사기전』은 조정 관직으로서의 '오미(臣)'와 군신관계에서 신하에 해당하는 '야쓰코(臣)'를 구분하고 있는 것이다. 그리고 신중한 태도로 '신지가(臣之家)'의 '신(臣)'자를 '야쓰코'라고 읽고 있다. "어느 쪽이라 해도 뜻은 다르지 않다"고 한 것은 노리나가가 『고사기』의 해당 장면 전체의 문맥을 어차피 '기미·야쓰코'의 이야기로 파악하고 있기 때문이다.

43 『本居宣長全集』, 12권, 243쪽; 245쪽.

이에 대해서는 앞에서 인용한 『고사기』 본문의 밑줄 부분 '천노(賤奴)'에 대한 『고사기전』의 주석을 같이 보면 더욱 분명해진다. 노리나가는 '천노(賤奴)' 두 글자는 그저 '야쓰코'라고 읽어야 한다고 말하며, 이것은 '기미·야쓰코(君臣)'의 '야쓰코(臣)'라고 풀이한다.[44] 그리고 '천노(賤奴)'와 더불어, 뒤에 이어지는 '수가(隨家)'에 대해서도 '수(隨)'자를 '천(賤)'자의 오자로 보고 '야쓰코노이에'라고 읽는다.[45] 그렇게 되면 앞의 '신지가(臣之家, 야쓰코노이에)'에 조응하는 표현이 되는 셈이다. 『고사기전』에 따른다면 이처럼 해당 장면은 전체적으로 '기미·야쓰코의 차별(君臣の差別)'[46]을 이야기하는 문맥으로 정리되는 것이다.[47]

그러나 '천노(賤奴)' 두 글자를 '야쓰코'라 읽고 신하의 뜻이라 풀이하는 『고사기전』의 견해에 대해 곧바로 납득하기란 결코 쉽지 않다. 단순히 생각하면 신하가 황자에 대해 자신을 낮춰 부른 표현 정도로 볼 수도 있는 부분이다. 여하튼 노리나가가 '노(奴)'자와 '신(臣)'자가 서로 통한다는 증거로 드는 것은 주로 다른 문헌들이지만,[48] 『고사기』 중에도 '천노(賤奴)'의 용례가 한 군데 더 있다. 『고사기전』에서도 언급하고 있

---

44 『本居宣長全集』, 12권, 245쪽.

45 『本居宣長全集』, 12권, 246쪽.

46 『本居宣長全集』, 12권, 244쪽.

47 엄밀하게는 마요와노 미코(目弱王)는 '기미(君)'가 아니라 '미코(王)'이므로 여기는 '기미·야쓰코'가 아닌 '미코·야쓰코'의 이야기다. 하지만 『고사기전』에서는 "마요와노 미코는 천황의 황자가 아니라 황자의 아들에 해당하지만 역시 기미의 서열에 들어가는 까닭에"(『本居宣長全集』, 12권, 244쪽)라고 부연한다. '기미·야쓰코'라는 도식에서 '미코'는 '기미'에 속하는 것이므로 노리나가로서는 전혀 문제가 되지 않는다.

48 『일본서기』 조메이 천황(舒明天皇) 조의 '천신(賤臣)'이라는 표현, 그리고 『속일본기(續日本紀)』 권25 제29조 준닌 천황(淳仁天皇) 8년 10월의 센묘(宣命)에 '왕(王)'자와 '노(奴)'자가 대응하는 문장(王乎奴止成止毋奴乎王止云止, 汝乃爲牟末爾末爾) 등이다.

는 진무 천황 조의 예가 그것이다. 해당 장면은 진무 천황의 동정(東征) 때 형 이쓰세노 미코토가 도미비코(登美毘古)라는 국신(國神)에게 부상을 입은 일에 대해 "천노의 손에 당했다"라고 말하는 부분이다. 『고사기전』에서는 '천노(賤奴)'를 역시 '야쓰코'라 읽으면서 다음과 같이 주석을 달고 있다.

> 천노(賤奴) 두 글자를 '야쓰코'라 읽어야 한다.…… 천노(賤奴)라는 한자는 빌린 글자일 뿐, 실은 기미·야쓰코(君臣)의 야쓰코(臣)이다.【양인(良人)에 대해 천(賤)이라고도 노(奴)라고도 함은 범인(凡人) 차원의 구분이다. 여기는 그게 아니라 천황에 대해 범인을 말하는 '야쓰코'이기 때문에 신(臣)을 뜻한다. 무릇 기미(君)에 대해서는 신(臣)을 모두 '야쓰코'라 하는 까닭에 『서기』 등에서도 군신(君臣)의 신(臣)은 다 '야쓰코'라 읽었다. 이것이 옛 뜻이다. 그런데 후세 사람들은 신(臣)을 단지 '오미'라고만 생각하고, '야쓰코'란 오직 비천한 자인 것처럼 생각하니 그릇된 것이다.……】 천황 쪽에서 보면 범인은 모두 신하인 까닭에 이처럼 말한다. 또한 안코 천황 조의 쓰부라오호미는 스스로를 '야쓰코(賤奴) 오호미'라 했다.…… 이는 황자에 대해 범인을 말하는 것이다.[49]

노리나가는 안코 천황 조의 '천노(賤奴)'도 진무 천황 조의 '천노(賤奴)'도 '기미·야쓰코'의 관계에 해당되기 때문에 '야쓰코'라는 훈을 택했다고 설명한다. 범인(凡人) 안에서는 양인(良人)에 대해 '천(賤)'이나 '노(奴)'를 세세히 구별하지만, 천황이나 황자에 대해서는 애초에 범인과

---

49 『本居宣長全集』, 10권, 341-342쪽.

엄격한 구별이 있으므로 모두 '야쓰코'일 뿐이라는 것이다.

'신(臣)'자의 용법 중에 겸칭으로서의 가능성에 대해 『고사기전』에서는 처음부터 상정하지 않는다. 신하 쪽에서 겸양 표현으로 '신'이라고 한다거나, 황자 또는 왕자들이 천황에 대해 스스로를 낮추어 '신'이라고 하는 것은 '황국'의 옛 뜻에는 맞지 않는 '가라쿠니'의 풍속이라고 일축한다.

> 무릇 상고에는 천황뿐만 아니라 황자와 왕자들에 이르기까지 황통의 후예를 천황과 똑같이 오호키미(大君)라고도 하고 미코(王)라고도 하여 범인의 종(種)과는 조금도 섞이지 않았다. 그 차별은 매우 엄격했다.【따라서 상고에는 황태자는 물론 황자나 왕자들이 황통의 후예를 신(臣)이라 부르는 일이 없었고, 스스로를 그리 부르는 일도 없었다. 그런데 후대에는 무엇이든 가라쿠니의 풍속을 사용한 탓에 황태자마저 천황에게 신(臣)이라 말씀드리는 것 같다.……】[50]

결국 노리나가가 말하는 '기미·야쓰코'의 차별이란 황통의 후예와 범인 사이에 명확한 획을 긋는 종(種)의 구분이었던 것이다. 노리나가에 따라 정리해보면, 한자의 '신(臣)'자나 '노(奴)'자가 뜻하는 신하든 노비든 간에 고대 일본어로는 양쪽 다 '야쓰코'다. 조정에 출사하는 귀인인 신하조차 '야쓰코'라 불렸던 것을 보면 이 말 자체가 특별히 비하의 뜻을 담고 있는 것은 아니다. 그렇다면 후대에 한자의 영향하에 황자가 '신(臣)'자를 겸양어로 쓰기도 하면서 사람들이 '야쓰코' 본래의 의미를 점차 모르게 된 것에 불과하다.

---

50 『本居宣長全集』, 10권, 342쪽.

따라서 노리나가가 보기에 중요한 것은 황통에 속하는 '기미'와 그렇지 않은 '야쓰코'의 구별이다. 적어도 '황국'의 상고 시대에는 그 본분의 구별이 엄격히 지켜졌음을 '기미·야쓰코'라는 말로써 짐작할 수 있다고 노리나가는 생각했다. 요컨대 『고사기전』에서의 '기미·야쓰코'라는 고어(古語)의 발견은 '황국'에는 '기미·야쓰코'의 차별이 엄존했다고 하는 고사(古事)의 진실성의 증명으로 이어진다. 그리고 다스리는 자와 다스림을 받는 자의 혈통이 처음부터 분명히 나뉘어져 있다는 사실은 중국과 달리 역사상 한 번도 왕조의 변화가 없었던 '황국'의 황통의 존속, 이른바 만세일계(萬世一系)를 설명 가능하게 하는 중요한 요소가 된다.

물론 이상과 같은 내용은 군주의 조건으로 종(種)이 아니라 어디까지나 덕(德)을 내세우는 유교적 정치이념에 정면으로 대립하는 것이다. 예를 들면 『구즈바나』에는 다음과 같은 대목이 있다.

> 가라쿠니는 덕에 의해 군주의 지위를 얻기 때문에 당연히 이를 진정 귀한 것이라 생각할 수도 있지만, 실은 그것은 악풍속이다. 황국은 신대로부터 일찍이 기미·야쓰코의 분별이 정해져 있어, 기미는 본래부터 실로 귀하고 그 귀함은 덕에 의한 것이 아니라 오로지 종에 의한 것이다. 아래쪽에 아무리 덕이 있는 자가 있다 해도 윗분과 바뀌는 일은 결코 없기 때문에 만대에 기미·야쓰코의 자리는 부동하고 엄연한 것이다.[51]

뿐만 아니라 『고사기전』의 총론에 해당하는 1권 「직비령」에 이르면 더욱 강도 높은 성인비판론, 유교무용론, 유교유해론 등이 전개된다.

51 『本居宣長全集』, 8권, 153쪽.

노리나가가 중국의 군신도덕론을 비판하며 일본 군신질서의 우위성을 주장하는 것은 그의 정치관이나 천황관의 특징으로 종종 거론되어왔다. 대표적인 것이 부레쓰 천황(武烈天皇)에 관한 논쟁이다. 『고사기전』에서는 부레쓰 천황의 폭군적인 행동을 신하들이 묵인하는 것에 대한 의문을 다음과 같이 문답의 형태를 빌려 제시한다.

> 답하기를, 좋든 나쁘든 간에 기미(君)를 야쓰코(臣)가 관여하지 않음은 고도(古道)의 뛰어난 점으로, 기미와 야쓰코의 법도는 영원히 없어지지 않을 이치다. 군주가 나쁘면 신하가 좌지우지함을 미덕으로 여기는 일은 외국의 이치로, 실은 역으로 거스르는 행동이기 때문에 혼란의 원인이 되는 것이다.【…… 군주의 악행은 그 생애가 끝나면 세인의 고통도 끝나므로 일시적인 것인 반면, 군신의 도가 어지럽혀짐은 후대에까지 그 폐해가 한이 없다.……】[52]

여기서 천황의 절대적 지위를 마치 신성불가침과 같은 것으로 논하고 있는데, 이것이 중국과 대비되는 '황국'의 군신론이다. 군주의 자리에 덕을 요구하는 중국의 '군신의 도'가 역성혁명을 되풀이하는 역사를 만들어온 반면, '기미·야쓰코의 차별'에 의한 '황국'의 황통은 절대적으로 영구불변하다. 때문에 유교가 무익하고 유해하다는 논리로까지 발전한다. 이러한 언설이 일본사상사 연구에서 노리나가의 정치사상을 논할 때마다 존황주의(尊皇主義)의 전형적 예로 언급되었다.[53]

---

52 『本居宣長全集』, 12권, 381-382쪽.

53 당시의 막부 정치에 대한 노리나가의 의견서로는 『다마쿠시게(玉くしげ)』(1786)와 『비본 다마쿠시게(秘本玉くしげ)』(1787)가 많이 언급되지만, 그와 더불어 『다마쿠시게』 성립 1년 전인 1785년경의 저작으로 추정되는 『신도(臣道)』에도 주목할 만

노리나가는 이상의 내용을 정사(正史)이자 제왕통기(帝王統記)라 불렸던 『일본서기』가 아닌, 정통의 역사 취급을 받지 못했던 『고사기』 연구를 통해 입증했다. 말하자면 성립 이래 『고사기』와 『일본서기』의 관계가 처음으로 뒤바뀐 셈이다. 중국의 사서 편찬 방식과 한문의 양식을 충실히 따른 『일본서기』보다, 이른바 일본식 변체한문(變體漢文)으로 표기된 『고사기』가 오히려 황통의 본질을 제대로 보여주는 결과가 되었다. 노리나가는 '군신(君臣)'이라는 한자 표기에 의존할 것 없다는 방침 하에, 오로지 '기미·야쓰코(キミ·ヤッコ)'라는 고어(古語)를 매개로 고사(古事)를 밝히는 데 성공했다.

덧붙이자면 노리나가가 『고사기』의 훈독을 위해 센묘(宣命)[54]의 어학적 연구를 하던 단계에, '군신(君臣)'을 일본말로 어떻게 읽을까 상당히 고민했던 흔적이 엿보인다. 노리나가의 주석서 『속기선명문목(續紀宣命問目)』을 보면 '군신(君臣)'의 훈에 대해 스승 마부치와 문답을 주고받았던 흥미로운 부분이 있다.[55] 다음과 같이 위쪽이 노리나가의 질문, 아래쪽이 마부치의 대답에 해당한다.

하다. 『신도』는 당시 입문한 지 얼마 안 된 오와리번(尾張藩)의 가신 요코이 지아키(橫井千秋)의 요청에 따라 집필한 것으로 알려진다. 『다마쿠시게』와 『신도』는 기본적으로 정치노선을 같이한다. 전자는 군주의 입장에서, 후자는 신하의 입장에서 각각 그 도리를 논한 것으로도 볼 수 있다.

54 천황이 직접 명령을 하달하는 조칙으로, 문장은 순수한 한문체이나 조사와 어미 등은 만요가나(萬葉假名)로 작게 쓰는 특수한 표기법을 취하고 있다. 일명 센묘체(宣命體)라 한다.

55 『속기선명문목(續紀宣命問目)』은 「속기선명사불심(續紀宣命辭不審)」(1762년 3월 15일 마부치의 답신)과 「속기선명의조(續紀宣命疑條)」(시기 불명)라는 제목이 붙은 2통의 왕복서간으로 되어 있다. 당초에 출판 예정은 없었던 것으로 보이나, 후에 『속기역조조사해(續紀歷朝詔詞解)』라는 센묘의 주석서로 통합되어 간행에 이른다. 모두 『本居宣長全集』 7권에 수록.

(노리나가) 군신(君臣). 한문에는 군신이라고 하여 항상 군과 신이 대응하는 표현으로 나오지만, 여기 고어에서는 그러한 예가 보이지 않는다. 신(臣)자를 '오미'라고 읽는 것은 그 사람을 높여 부르는 칭호라 생각되기에, 군(君)에 대한 신(臣)을 뜻할 때도 '오미'라고 읽는 것은 과연 그래도 되는지 불만스럽다.……

(마부치) 기미는 가미노미(上身), 오미는 오호미(大身)로서 그 오호미는 다미(下身) 중에 관위가 있는 자이기 때문일까 하는 설은 본래의 어원을 생각하면 맞는 말이다. 허나 자연스럽게 그러한 관인의 칭호가 된 지 오래이므로 '기미·오미'라고 이어서 불러도 될 법하다.[56]

노리나가는 이처럼 한자 숙어임이 너무나도 자명한 '군신(君臣)'을 비롯하여 '예악(禮樂)' 등의 단어를 어떻게 훈독해야 할지 망설였는데, 스승 마부치는 다소 무리가 있을지라도 기본적으로 화훈(和訓)으로 읽어야 한다고 조언한다. 결국 위의 인용문에서 보면 '군신(君臣)'에 대해 '기미·오미'로 훈독하는 방법이 당시 두 사람의 최선책이었다. 그러나 『고사기전』의 집필 단계에 이르러 노리나가는 '기미·오미'보다 적합한 고어로서 드디어 '기미·야쓰코'를 찾아낸 것이다.

이상에서 살펴본 『고사기전』 속의 '야쓰코' 관련 주석은 실은 다음에 인용하는 『고사기전』 7권까지 거슬러 올라가 함께 읽어야 한다. 『고사기』 상권에 아마테라스와 스사노오 두 신의 자손들이 각각 어떠어떠한 씨족의 시조가 된다고 하는 기사 중에 '국조(國造)'라는 표현이 있는데, 『고사기전』은 다음과 같이 주석을 달고 있다.

56 『本居宣長全集』, 7권, 11쪽.

국조(國造)는 어느 것이나 '구니노미야쓰코'라고 읽어야 한다. 그 이유는 먼저 고대에 조정에 봉사하는 자들을 모두 들면 오미(臣)·무라지(連)·도모노미야쓰코(伴造)·구니노미야쓰코(國造)로 열거할 수 있다.…… 두 '미야쓰코'는 같은 뜻으로 그 의미는 어신(御臣)이다.……【'야쓰코'라 하면 매우 비천한 자처럼 들리지만 본래는 그렇지 않다. 기미(君)에 대해 신(臣)을 뜻하는 말이다.…… 국조(國造)를 국궁사(國宮司)의 뜻으로 푸는 설은 대단히 잘못되었다.……】 그래서 천황의 어신(御臣)으로서 각 국(國)을 통치하는 자를 구니노미야쓰코(國御臣)라 하고, 각 부(部)를 관할하는 자를 도모노미야쓰코(伴御臣)라 하는 것이다.[57]

여기서 노리나가는 '국조(國造)'의 의미를 국궁사(國宮司)라고 설명해왔던 종래의 설에 반하여, '구니노미야쓰코(國造)'와 '도모노미야쓰코(伴造)' 모두 천황에 대한 어신(御臣)의 '미야쓰코'에서 나온 말이라고 해석한다. 바로 이 설이 일본 내에서의 신하 제도의 문제에 그치지 않고, 바다 건너에 있는 '서번(西蕃)'을 어신국(御臣國)의 의미로 보고 '미야쓰코쿠니'라는 훈을 주장하는 것과 일맥상통한다.

노리나가가 이 독특한 훈을 찾아낸 곳은 『일본서기』의 고훈에서였다. 『일본서기』에는 '신국(臣國)'이나 '신번(臣蕃)'이라는 표현이 나오는데, 이에 대한 고훈으로 '야쓰가레쿠니(ヤツガレクニ)' 혹은 '야쓰코가쿠니(ヤツコガクニ)' 등이 남아 있다. 그렇지만 이는 어디까지나 백제와 고구려 사신들의 발언 속에 등장하는, 즉 자국의 겸칭으로 사용된 말이었다. 노리나가는 고대 한반도를 천황의 '신하의 나라'라고 하는 입장에서

57 『本居宣長全集』, 9권, 336-337쪽.

이 고훈을 응용하여 '미야쓰코쿠니'라는 말을 보다 적합한 고어로 만들어낸 것이라 하겠다. 강조하건대 '미야쓰코쿠니'라는 말은 원래 있었던 것이 아니라, 『고사기전』이라는 『고사기』 주석 안에서 노리나가에 의해 만들어진 것이다. 그것은 고어의 발견이 아닌, '올바른' 고어의 창출이었다.

제4장

황국 이야기의 달성이 가져온 것

1. 『고사기』와 『일본서기』의 가치의 전도

노리나가 이전에 '군신의 도'라는 차원에서 『고사기』에 주목한 사람은 거의 없었다. 이 문제를 노리나가가 『일본서기』가 아닌 『고사기』를 선택한 문제와 관련하여 더 생각해보려 한다. 대조적으로 『일본서기』에 대한 주석은 전통적으로 계속 이루어졌다. 그것은 『일본서기』가 역사적으로 정사(正史)의 필두에 위치하는 것이었기 때문이다. 예를 들면 에도 시대 중기의 국학자 가와무라 히데네(河村秀根)는 『서기집해(書紀集解)』 서문에서 『일본서기』를 주석하는 목적에 대해 다음과 같은 입장을 표명했다.

> 『서기』에서 깊어져 즉 국체(國體)에 달했으며, 군신의 도를 밝힘으로써 황통이 유일하고 어지러운 신하와 미치광이가 분수에 넘치는 자리를 차지하는 뜻이 없음을 알았다.[1]

히데네가 『일본서기』를 중시하여 『서기집해』를 저술하게 된 배경으로 '군신도명(君臣道明)'이 있다는 점에 주의를 요한다. 히데네의 형인 가와무라 히데카이(河村秀穎)가 저술한 『고사기개제(古事記開題)』에도 다음과 같은 대목이 있다.

> 이 책(=『고사기』)은 제왕통기(帝王統紀)가 서지 않고 군신에 대해 잡다하게 기록했기 때문에 제왕의 국사(國史)라 하기 어렵다. 때문에 후에 『일본기』를 찬록하게 한 것이다.…… 상고 그대로의 문체는 『일본기』보다 오히려 『고사기』에 있다. 『일본기』는 제왕의 통기를 세우려 함에 따라 문체에 편자의 뜻을 담았다. 『고사기』는 제왕통기에 관계없이 그저 있는 그대로 기록했기 때문에 오히려 『일본기』보다 실록(實録)이다.[2]

히데카이는 '상고의 소박한 문체(上代質素ノ體)'가 남아 있는 『고사기』를 단순한 '실록(實録)'이라고 평가한다. 그에 대해 『일본서기』는 '제왕의 통기(統紀)', '제왕의 국사(國史)'에 상응하는 문체로 만들기 위해 윤색을 가했다고 이해한다.

한편 군신의 문제로 『일본서기』를 읽으려 했던 시도라 하면 스이카 신도의 설을 빼놓을 수 없다. 대표적인 예로 1725년경에 성립한 다마키 마사히데(玉木正英)의 『옥첨집(玉籤集)』을 살펴보자.

> 『고사기』는 개벽의 시초를 아메노 미나카누시노 미코토(天御中主尊)라

1 河村秀根·河村益根 編, 『書紀集解』, 臨川書店, 1969, 2권, 2-3쪽.

2 같은 책, 「附録」 所収 '河村氏家學拾説', 56-58쪽.

하고, 다음으로 다카미무스비노 미코토(高皇産靈尊)와 간무스비노 미코토(神皇産靈尊)라 하여 다섯 신을 세우고, 다음으로 구니노 도코타치노 미코토(國常立尊) 이하 칠대를 세웠다. 신하 계열을 앞에 두고 천자 계열을 뒤에 두었다. 그러므로 『구사기』와 『고사기』는 모두 제왕 정통의 귀감이 될 만한 서적이 아니라는 점이 명백하다.[3]

인용문에서 『구사기』나 『고사기』에 대한 언급은 『일본서기』와의 비교에 의해 이루어지고 있다. 『일본서기』만이 신들의 세계에서 군신의 상하관계를 '올바르게' 세우고 있다는 주장이다. 거기에는 구니노 도코타치노 미코토(國常立尊)를 '천자 계열', 아메노 미나카누시노 미코토(天御中主尊)를 '신하 계열'로 파악하는 인식이 전제되어 있다. 노리나가 이전에 『일본서기』 해석을 둘러싸고 신대권 서두에 등장하는 구니노 도코타치노 미코토를 군주로 간주하는 견해가 있었던 것이다.

노리나가는 이와 같은 해석을 모두 견강부회라고 배척한다. 그런 노리나가가 종래의 설을 강경하게 비판하는 한편으로, 신들 중에서 유일하게 군주로 인정하는 존재는 아마테라스 오호미카미뿐이다.

이자나키가 아마테라스에게 '너는 고천원을 다스리라'고 위임하는 장면에 쓰인 '고토요사시(事依)'라는 표현에 대해, 『고사기전』은 다음과 같은 주석을 단다.

【이보다 앞서 고천원에 이미 다섯 신께서 계시지만 아직 고천원을 다스리라는 말씀이 없었으므로 군주(君主, 기미)라고는 하기 어렵다. 군주는 오직 이 아마테라스 오호미카미께서 처음인 것인데, 세간에서

3 大日本文庫刊行會 編, 『垂加神道 上』, 大日本文庫神道篇, 春陽堂, 1935, 391-392쪽.

아메노 미나카누시노 가미 혹은 구니노 도코타치노 가미 등을 군주처럼 설하는 것은 옛 전설에 맞지 않다. 그렇다고 그 신들을 인신(人臣)의 신이라 칭하는 것도 틀렸다. 군주가 없는데 어찌 신하를 말하겠는가. 인간 세상의 뜻으로써 천지의 시작에 대해서도 군신의 구별을 풀이하려 함은 한의(漢意)에서 비롯된 잘못이다.……】[4]

여기서 아마테라스는 『고사기전』에 의해 처음으로 "천지에 한하는 대군주(大君主, 오호키미)"가 된다. 노리나가가 볼 때 '군신의 구별'이란 어디까지나 아마테라스가 군주가 되고 난 이후의 문제다. 때문에 그 시점보다 이전의 신들에 대해 '군신의 구별'을 운운하는 것은 신대에 '인간 세상의 뜻'을 적용한 자의적인 해석에 불과하다고 말한다.

아마테라스는 말할 것도 없이 『고사기』가 이야기하는 황통에서 불가결한 존재다. 그 존엄성은 아마테라스가 손주인 니니기 신에게 부여한 칙명을 통해 역대 천황에게 계승된다. 『고사기전』의 '호노 니니기노 미코토(番能邇邇藝命)'에 달려 있는 주석은 다음과 같다.

호노 니니기노 미코토, 그 이름의 뜻은 호(穗) 노(之) 니(丹) 니기(饒) 기(君)로, 벼이삭(稲穗)에서 유래한 이름이다.……【…… 니기(邇藝)를 그저 니기(饒)의 뜻으로 보아도 될 터이나,…… 여기에 기(藝)자를 쓴 것은 니기(饒)의 기(岐)가 사이에서 축약된 말로, 기(君)의 뜻이기 때문이리라.……】[5]

---

4 『本居宣長全集』, 9권, 291쪽.

5 『本居宣長全集』, 10권, 143-144쪽.

'니니기'라는 이름의 '니기'에 대해 '요(饒)'의 뜻으로 해석하면서도 동시에 한편으로는 '군(君)'의 뜻을 남겨두고 있는 것이다.

'군신의 구별'을 세운 것이 『일본서기』라는 종래 신도가의 독해에 대해, 노리나가는 『고사기』도 '제왕통기'로 읽을 수 있는 가능성을 제시한다. 아니 『일본서기』보다 오히려 『고사기』가 황통의 본모습을 설명하는 '군신의 구별'의 실체를 정확하게 전하고 있다고 생각한 것은 아닐까.

이 점과 관련하여 검토하고 싶은 것은 『모토오리 노리나가 수필』 제3권에 수록되어 있는 『이소노카미 만록(石上漫録)』의 아랫부분이다. 『이소노카미 만록』은 『고사기전』 이전 단계, 정확히는 1761-1768년경에 집필한 연구노트 같은 것이다.

> 미코토(命), 미코(御子), 오호키미(大君) 등의 명칭은…… 『일본기』는 문장을 꾸며 쓴 서책이기 때문에 군신의 차별을 세워 천자의 '미코토'에는 존(尊)자를 쓰고, 신하의 '미코토'에는 명(命)자를 썼다. 이는 원래부터 군신의 차별 없이 모두 '미코토'라 불러왔고, 글자는 명(命)자를 '미코토(御言)'라 읽는 훈을 빌려 군신에 모두 명(命)이라 붙인 것이다.【『고사기』에는 군신 모두 명(命)을 쓴다.】 그런데 『일본기』에는 군신을 구분하여 쓰는 것이다.…… 『고사기』에는 역대의 천자도 모두 '모 미코토(某命)'라고만 썼지, 군신의 차별이 없다. 이것이 고어다.[6]

여기서 다루고 있는 문제는 신이나 천황의 존칭으로 이름 뒤에 '——미코토(ミコト)'를 붙일 때의 '고어'에 대해서다. 『일본서기』 첫머리에 등장하는 '구니노 도코타치노 미코토(國常立尊)'라는 어구에는 "至

6 『本居宣長全集』, 13권, 133-135쪽.

貴를 尊이라 하고 自餘를 命이라 한다. 모두 미코토라고 읽는다. 이하 이에 준한다"[7]라는 분주(分注)가 달려 있다. 이와 같은 『일본서기』의 표기방법에 대해 노리나가는 그것이 '군신'을 구별하여 각각 '존(尊)'자와 '명(命)'자를 나눠 쓴 것이라고 풀이한다. 그에 비해 『고사기』의 경우는 '군신'을 구별하지 않고 '미코토'라는 말을 똑같이 '명(命)'자만을 빌려 표기한다. 노리나가가 보기에 『고사기』가 본래의 서식에 따른 것이고, 『일본서기』는 후대에 문장을 윤색할 때 표기를 바꾼 것이다. 이 설명에 '군신의 차별(君臣ノ差別)'이라는 용어가 쓰이고 있다는 점에 주의하고 싶다.

『고사기전』에서는 다음과 같이 설명한다. '이자나키노 미코토(伊邪那岐命)·이자나미노 미코토(伊邪那美命)'에 대한 주석에 '미코토(命)'에 대한 설명 부분이다. 아울러 『일본서기』 신대권에 대한 노리나가의 주석서로 1798년에 성립한 『신대기 계화산음(神代紀髻華山蔭, 진다이키 우즈노야마카게)』[8]에서 이에 대응하는 부분을 함께 인용한다.

> 대체로 '모 미코토(某命)'라고 이름 뒤에 '미코토'라는 말을 붙이는 것은 존칭이다.…… 명(命)자를 쓰는 것은 본디 '미코토(御言)'라 할 때 이 글자를 쓰는데, 말이 같다보니 존칭의 '미코토'에도 이 글자를 빌려 쓴 것이다.…… 『서기』에는 이 '미코토'를 존(尊)자와 명(命)자를 구

7 "至貴曰尊. 自餘曰命. 並訓美擧登也. 下皆效此." 『日本書紀』, 상권, 77쪽.

8 서명은 『만엽집』의 노래 "신전에 비쭈기나무 장식 세우고 술단지 차려놓고 바쳐 올리는 신관들의 머리장식 바라보니 그윽하도다(齋串立て 神酒据ゑ奉 祝部の 雲聚の 山蔭 見れば乏しも)"(13권, 3229번)에서 유래하지만, '髻華山蔭'이라는 표현 자체는 노리나가가 새로 만든 것이다. "내가 지금 윤색된 한문을 바로잡았으니, 이 안내서에 따라 신대권을 읽으면 우리나라의 신대가 한층 그윽하게 느껴질 것이다"라는 뜻을 담고 있다.

별하여 쓴다. '至貴曰尊, 自餘曰命, 並訓美擧登'이라고 주가 달려 있다. 이는 군(君)과 신(臣)의 칭호가 같음을 꺼려 일부러 구분하고자 문자를 바꿔 쓴 것이다. 찬자(撰者)가 한 일이다. 존(尊)은 글자의 뜻을 취하여 썼기 때문에 정자(正字)다. 명(命)은 예부터 써온 그대로이기 때문에 여전히 차자(借字)다.(『고사기전』)

'至貴曰尊……'은 상고에는 군주의 이름에도 신하의 이름에도 '미코토'라 할 때 하나같이 명(命)자를 차용해 썼다. 이 『서기』에는 군신의 칭호를 구분하기 위해 예부터 써온 명(命)자는 신하에 대해 쓰고, 군주에 대해서는 새로 존(尊)자를 쓴 것이다.(『신대기 계화산음』)[9]

『일본서기』의 분주에 대한 노리나가의 기본적 이해는 앞에서 인용한 『이소노카미 만록』 단계의 설과 거의 비슷하다. 다만 『고사기전』이나 『신대기 계화산음』에서는 그로 인해 『일본서기』가 '군신의 차별'을 세우고 있다고 주장하지는 않는다. 단순히 『고사기전』에서 강조한 '군신의 차별'과의 혼란을 피한 것일 수도 있다. 여하튼 노리나가에게 『일본서기』에 나타난 표기상의 '군신의 차별'은 어디까지나 군과 신의 호칭 차원에서의 구별이었다. 『고사기』에서 강조했던 '종(種)'으로서의 '군신의 차별'과 같은 근본적인 문제는 아니었던 셈이다.

다시 말해, 노리나가에 의하면 『일본서기』의 분주는 황족 안에서 존칭의 '차별'로 기능하는 것이다. 황족은 어차피 '기미·야쓰코'의 '기미'에 해당한다. 『일본서기』에서 '至貴曰尊……'이라는 분주는 기본적으로 '존(尊)'자를 황태자 혹은 그에 준하는 황자에 한정하여, 즉 황자 가

9 『本居宣長全集』, 9권, 158쪽; 6권, 520쪽.

운데 황위 계승자를 나타내는 역할을 한다. 신대에서도 예를 들면 스사노오가 아마테라스에게 결백을 증명하는 장면에서 탄생한 다섯 명의 남신은 아메노 오시호미미노 미코토(天忍穗耳尊), 아메노 호히노 미코토(天穗日命), 아마쓰 히코네노 미코토(天津彦根命), 이쿠쓰 히코네노 미코토(活津彦根命), 구마노 구스비노 미코토(熊野櫲樟日命)라고 했다. 이 가운데 천손 니니기노 미코토(瓊瓊杵尊)의 부친에 해당하는 아메노 오시호미미노 미코토의 이름에만 '존(尊)'자를, 그 밖의 다른 신들 이름에는 '명(命)'자를 쓰고 있다. 또한 니니기노 미코토의 세 아들은 호스세리노 미코토(火闌降命), 히코 호호데미노 미코토(彦火火出見尊), 호아카리노 미코토(火明命)라고 했다. 이 가운데 초대 천황 진무의 조부에 해당하는 히코 호호데미노 미코토의 이름에만 역시 '존(尊)'자를 쓰고 있다.

'존(尊)'과 '명(命)'의 구별이 이와 같아서 『일본서기』에서는 황통의 본질에 직결되는 '기미·야쓰코'의 관계는 그다지 부각되지 않는다. 『일본서기』가 의도한 바는 아니나 본질을 흐리게 하는 셈이다. 이렇게 보면 일견 '제왕본기'로서 정연하지 않은 『고사기』의 서술방식이 오히려 '고사'라는 실체로서의 황통을 올바르게 보여준다고 할 수 있다. 여기서 『고사기전』에 의해 『고사기』와 『일본서기』의 가치가 역전된 것이다.

2. 이상적인 「천황기」와 「황통보」의 완성

노리나가의 입장에서 『고사기』에 근거한 황통의 중시를 단적으로 보여주는 것이 『고사기전』 2권의 「대어대지계계어세어세지어자등(大御代之繼繼御世御世之御子等)」이라는 이름의 계보다. 『고사기전』 2권은 『고사기』 서문에 대한 주석과 이 계보도만으로 이루어져 있다. 『고사기』 본문에 대한 주석이 시작되기 직전에 신통(神統)·황통(皇統)의 계보를 둔 것이다. 그중 정통의 계승을 나타내는 것은 ○표시까지 할 만큼 치밀하게 정리되어 있다.

이것은 역대 천황의 이름을 단순히 나열한 계보가 아니다. 먼저 천황의 일본식 이름을 기록하고 거기에 "후의 시호는 ――천황"이라고 주기하는 것은 물론, 황자들의 이름을 모두 기록하고 그 오른쪽 옆에 후비(后妃)의 이름을 주기했다. 그리고 천황의 향년(享年)과 능(陵)에 대해서도 주기했다. 『고사기』 전체를 간결하게 요약한 것으로, 어떤 의미에서는 등장인물 관계도의 역할도 한다.

애당초 『고사기』를 조망해보면 기본적으로 각 천황대의 기술은 다음과 같은 형식으로 통일되어 있다.

> ――命, 坐――宮, 治天下也.
>
> 此天皇, 娶――, 生御子, ――, 次――, ……【幾柱.】又, 娶――, 生御子, ――, 次――, ……【幾柱.】……
>
> 此天皇之御子等, 并――柱 / 王.【男王幾, 女王幾.】故 / 此之中, ――命者, 治天下也. 次, ――者【――之祖.】……
>
> 天皇御年, ――歲. 御陵, 在――也.

전체 의미를 간단히 확인하면, 우선 '――미코토(命)'라는 이름으로 불리는 존재가 '궁(宮)'을 조영하고 '천하를 다스렸다(治天下)'는 기록이 첫머리를 장식한다. 거기서부터 '이 천황(此天皇)'의 이야기로 하나의 「천황기(天皇記)」가 구성된다. '천황'으로서 '후(后)'를 구하고 또한 '어자(御子)'들을 거느리는데, 그들 중 누가 천하를 다스렸는지, 즉 다음 세대 천황이 되는 자(者)를 확인한다. 나머지 황자와 황녀에 관해서도 씨족의 시조가 되었다는 주(注)를 비롯하여 특기할 만한 사정 등을 설명하는 기사가 달려 있다. 그리고 나서 '이 천황의 치세에……'라고 하여 통상 이야기(物語, 모노가타리)가 배치되는 경우가 대부분이다. 그 마지막에 천황의 붕어와 함께 '어년(御年)'과 '어릉(御陵)'을 기록하면, 이것으로 하나의 「천황기」가 완성된다. 이른바 결사팔대(缺史八代)와 같이 이야기에 해당하는 기사가 전혀 없이 계보만 전해지는 천황의 경우에도 천황의 이름, 궁, 후비, 황자, 향년, 능은 원칙적으로 빠뜨리지 않는다. 즉 위의 공통 요소는 『고사기』에서 「황통보(皇統譜)」를 구성하는 데 필요한 최소한의 정보이며, 이 정형화된 틀을 바탕으로 거기에 일화들이 더해져 있다고 볼 수 있다.

『고사기전』은 『고사기』를 읽을 때 철저하게 이 구성에 맞추어 단락 나누기를 한다. 노리나가에 의한 『고사기』 본문의 단락 나누기는 전후 기사의 문맥 이해에 따라 매우 의식적으로 이루어져 있는데,[10] 특히 이 정형 문구에 대해서는 단 한 줄의 기사라도 반드시 단락을 나눈다. 그리고 황자의 수가 맞지 않거나 기사가 누락되어 있는 경우에는 다른 여러 문헌에 비추어 정합하고 보충한다. 『고사기』에 향년이나 능에 관한 기사 자체가 없는 경우에도 그것을 텍스트의 오류라 판단하고, 일일이 천황의 나이를 계산하거나 능의 소재지와 현 상태 등을 조사하여 채워 넣는다. 그렇게 해서 『고사기전』에 의해 각각의 「천황기」가 완결된 형태로 나타난다.

여기서 계속 「천황기」라고 했지만, '천황'이라는 칭호에 대해서도 조금 주의할 필요가 있다. 사실 『고사기전』 진무 천황 조의 주석 첫 부분에는 다음과 같이 '——천황'이라는 표현을 쓰지 말라는 당부가 있기 때문이다.

10 『고사기전』의 의도적인 단락 나누기에 대해서는 神野志隆光, 『『古事記傳』を讀む』 1, 講談社, 2010에서 시사를 얻었다.

이 천황은 후대의 한풍시호에 따르면 진무 천황이라 한다. 대체로 역대의 한풍시호에 대해서는 『서기사기(書紀私記)』에 '師說神武等謚名者, 淡海御船奉勅撰也'라고 한다. 실로 그러하다.

【……대체로 옛 천황의 치세(御代)를 상고에는 아후미노 오호쓰노 미야니 아메노시타 시로시메시시 스메라미코토(近江大津宮御宇天皇) 혹은 아스카노 기요미하라노 미카도(飛鳥淨御原朝) 등이라 말했다. 그런데 후세 사람들은 그저 후대의 한풍시호만을 알고 도리어 원래의 진짜 이름을 모른다. 옛 서적을 보면서도 어느 천황의 치세를 가리키는지 분별하지 못하는 사람이 많다.……】[11]

『고사기전』은 원칙적으로 '진무(神武)', '스이제이(綏靖)' 등의 한자 두 글자의 한풍시호(漢風謚號) 대신에 '——미야니 아메노시타 시로시메시시 스메라미코토(宮御宇天皇)' 등의 화풍시호(和風謚號)를 쓴다. 그와 더불어 『고사기전』 각 권의 제목도 3권부터 17권까지는 '神代——卷', 『고사기』 중권 이하 주석에 해당하는 18권부터는 '——宮卷'이라고 되어 있다.

『일본서기』 전 30권은 신대 상·하권에 이어 권3 이하가 역대 천황의 기사에 해당하는데, 각 천황 조 첫머리에는 '간야마토 이와레비코노 스메라미코토·진무 덴노(神日本磐餘彦天皇·神武天皇)'의 형태로 표제어가 제시되어 있다. 두 종류의 시호를 모두 병기하는 방침이다. 그에 비해 『고사기』는 상·중·하권 외에는 어떤 구분도 없이 오로지 한자의 나열만으로 텍스트가 이루어져 있다. 이 같은 상황에서 『고사기전』은 『고사

11 『本居宣長全集』, 10권, 318쪽; 319쪽.

기』를 완전한 형태의 「천황기」로 재구성했다. 그리고 천황의 칭호도 바로잡아 '——天皇之卷'이 아닌 '——宮卷'으로 나타냈다. 노리나가의 판단에 따르면 그것이 본래 있어야 할 「천황기」였다.

『고사기전』 2권의 계보를 다시 보면, 거기에는 천황의 이름, 궁, 후비, 황자, 향년, 능이라는 「천황기」의 구성요소가 모두 갖추어져 있다. 즉 이것은 황통의 기원 이야기로 『고사기』를 읽는 데 자각적이었던 노리나가가 본래의 이상적 형태로 창출한 「황통보(皇統譜)」로 이해할 수 있다.

이리하여 『고사기전』에 의해 비로소 '황국'에 본래 있어야 할 「황통보」와 「천황기」가 완성된 것이다. 새삼 강조하건대, 노리나가 이전에 『고사기』라는 텍스트가 이런 식으로 읽힌 적은 한 번도 없었다.

덧붙이자면, 노리나가의 『고사기』 중심주의는 자주 오해를 받지만 단순하게 『일본서기』를 버리고 『고사기』만을 취한 것은 아니다. 흔히 '포기폄기(褒記貶紀)'라고 하듯, 노리나가가 『고사기』를 추앙하고 『일본서기』를 폄하한 것은 더욱 아니다. 『고사기전』은 『고사기』 해석에 『일본서기』의 다른 전승이나 일서 등에 전하는 내용을 매우 적극적으로 이용한다. 그것은 『고사기』도 『일본서기』도 '사건(事)' 자체는 동일할 터, 기록에 쓰인 '말(言)'이 다를 뿐이라는, 말하자면 하나의 '고대'에 대한 지향에 기반을 두고 있다. 예를 들어 노리나가의 『신대정어(神代正語, 가미요노 마사코토)』는 『고사기』를 중심으로 『일본서기』 등 각종 옛 서적의 전승을 취사선택하여 그가 본디 바람직하다고 여기는 '고전(古傳)'을 새로 만든 것이다. 내용에 따라 장을 나누어 한자와 가나가 섞인 문장으로 훈독하고, 각 장마다 요약문을 붙인 형태로 되어 있다. 그 범위가 신대의 기사에 한정되기는 하지만, 하나의 '고대'에 대한 지향점은 충분히 확인할 수 있다.

종래의 연구에서는 노리나가가 황국주의라는 사상을 기반으로 항상 '황국'이라는 용어를 즐겨 썼다고 강조되는 경향이 있다. 그렇지만 실제 조사해보면 『고사기전』을 집필해가는 과정에서 '어국'에서 '황국'으로 바뀌었다는 것을 알 수 있다. '어국'이나 '황국'이나 사실 노리나가의 훈으로는 똑같이 '미쿠니'이기는 하지만, '황(皇)'이라는 글자를 의식적으로 선택했다는 점은 충분히 의미심장하다.

『고사기전』에서는 예를 들면 『위지왜국전(魏志倭國傳)』의 서명을 『위지황국전(魏志皇國傳)』이라 바꾸고, 마쓰시타 겐린의 저서 『전왕묘릉기(前王廟陵記)』를 『전황묘릉기(前皇廟陵記)』라고 표기를 바꿔 인용할 정도로 철저하게 일관된 모습을 보인다. 이러한 것들은 일례에 불과하다. '황'자가 붙는 '황신(皇神, 스메카미)', '황손명(皇孫命, 스메미마노 미코토)', '황궁(皇宮, 오호미야)', '황경(皇京, 미야코)' 등도 원래 『고사기』에는 없지만 『고사기전』이 자주 사용하는 용어들이다. 앞의 천손강림 기사를 해석할 때도 노리나가는 '황어손명(皇御孫命, 스메미마노 미코토)'이 조영했다고 하는 다카치호궁을 '황대궁(皇大宮, 스메라오호미야)'이라 불렀음을 떠올려볼 수 있다.

이 가운데 '황어손명(皇御孫命)'이라는 용어는 천손 니니기 신을 비롯하여 이후의 역대 천황을 지칭하는 것이라고 풀이한다.

> 황어손명(皇御孫命, 스메미마노 미코토)이란 이분(=니니기노 미코토)을 시작으로 훗날 대대로 천황을 가리키는 칭호이기도 하다.【『서기』에 쓰인 황손(皇孫)이라는 말이 이것이다. 『속일본기(續日本紀)』 권15에 미마노 미코토(美麻乃彌己止)라는 말이 있다. 훈은 이에 의거한다. 손자를 마(麻)라고만 부르는 것은 이해하기 어려우나 아직 잘 모르겠다. 또한 『서기』에 천손(天孫)이라는 말도 있지만 옛말은 아니다. 이것은 천신지어자(天神之御子)를 예의 한문풍에 따라 생략해서 쓴 것이다. 아마쓰카미노 미코(阿麻都加微能美古)라 훈독해야 한다. 아메미마(阿米美麻)라

는 훈은 잘못되었다.】[12]

노리나가도 지적하듯이 '황손(皇孫)'이나 '천손(天孫)'은 모두 『일본서기』에 나오는 표현이다. 위의 인용에 따르면, '천손'은 『고사기』의 '천신지어자(天神之御子, 아마쓰카미노 미코)'를 한자어 식으로 생략한 것일 뿐 '옛말'이 아니다. 반면 '황손'은 '황어손명'과 상통하는 표현이라고 한다. 사실 '황어손명'도 『고사기』 속 표현이 아니라 『축사(祝詞)』에서 가져온 것이지만, 여하튼 『고사기전』은 시종일관 '황(어)손명'이라는 말을 사용한다.

참고로 노리나가의 연구노트인 『다마카쓰마』 7권에도 「황손·천손이라는 칭호」라는 항목이 있다.

> 니니기노 미코토부터 시작하여 역대 천황을 스메미마노 미코토(皇御孫命)라고도, 아마쓰카미노 미코(天神御子)라고도 부른다. 『서기』 신대권에 황손 혹은 천손이라고 쓰여 있는 것은 모두 옛말이 아니다. 황손이란 황어손명이라는 칭호를 예의 한문풍으로 만든 것이다. 다른 옛 서적에도 모두 황어손명이라고 보인다. 『속일본기』의 노래 중에 스메(皇)를 생략하고 미마노 미코토(御孫命)라 읽은 예도 있지만, 미코토(命)를 생략하고 칭한 예는 보이지 않는다.…… 황손은 스메미야, 천손은 아메미야라고 훈독해왔으나, 글자에 구애받지 말고 황손을 스메미마노 미코토, 천손을 아마쓰카미노 미코토라고 칭하여 상고의 진실한 이름을 널리 알리고 싶은 바람이다. 아메미야라는 말은 특히 졸렬하고 근거 없는 훈이 아닌가.[13]

12 『本居宣長全集』, 10권, 144쪽.

이 단계에서 노리나가는 '천손'도 '황손'도 '옛말'이 아니라고 하며 분명히 양쪽 다 부정적으로 파악하는 입장에 있었다. 그것은 '——미코토'라는 존칭과 얽혀 있는 문제이기도 하다. 예를 들어 '천황(天皇)'을 훈독하여 '스메라미코토'라고 할 때도 '——미코토'라는 말이 포함되어 있다. 앞에 나왔던 『이소노카미 만록』에서는 '——미코토'에 대해 고찰하는 가운데 다음과 같이 '스메라미코토'에 대해서도 간단히 언급한 바 있다.

> 천황(天皇)을 스메라미코토라 하는 것은 아마도 옛말이 아니다. 훗날 천황이라는 한자가 나온 뒤에 만들어진 명칭일 것이다. 『고사기』에는 역대의 천자에도 모두 모 미코토(某命)라고만 쓰며 군신의 차별이 없다. 이것이 옛말이다. 후대에 문자가 전래되어 다른 나라의 서책을 본 뒤에 군신의 차별을 이루어 천자를 스베라미코토(統尊)라고 부르면서, 천황이라는 글자를 그렇게 훈독하고 황(皇)자를 스베라키라고 읽은 것이리라.[14]

이 단계에서 이미 노리나가는 '——미코토'만이 '고어'이고 '스메라미코토'는 '고어'가 아니다, 즉 천황(天皇)이라는 한자에 따라 후대에 붙인 훈에 불과하다고 추정하고 있다. 실제로 「직비령」만 보더라도 노리나가는 '스메라미코토(天皇命)', '스메라기(天皇)', '오호키미(天皇·大皇)' 등 다양한 표기를 병용한다.

한 가지 주의하고 싶은 것은 인용문 말미에 보이는 '스베라미코토'

13 『本居宣長全集』, 1권, 207-208쪽.

14 『本居宣長全集』, 13권, 135쪽.

의 '스베라키'를 '통(統)'의 의미로 보는 설이다. 이것은 나중에 노리나가가 철회한 설에 속한다. '스메(皇)'가 '스브루(統)'의 '스베'에서 유래한다고 한 것은 마부치였다. 1792년의 노리나가가 저술한 『대불사후석(大祓詞後釋)』에는 『축사(祝詞)』의 "皇親神漏岐神漏美乃命以底"라는 구절에 대해 다음과 같이 설명하는 대목이 있다.

> 『고(考)』(=마부치의 『축사고(祝詞考)』)에 이르길, 이 미코토(命)는 미코토노리(みことのり, 천황의 말씀)를 말한다. 기년제사(祈年祭詞)에 대한 고찰에 이르길, 스메(皇)는 스베(統)라고 하여 하늘을 다스리는 것(統知坐)을 스메라오호미카미(皇大御神), 나라를 다스리는 것(統知坐)을 스메라오호키미(皇大君)라고 한다. 존칭이다.……
>
> 『후석(後釋)』(=노리나가의 『대불사후석(大祓詞後釋)』)에 이르길, 황(皇)은 스메라가(須賣良賀)라고 훈독해야 한다.…… 스메(須賣)라는 칭호는 신을 높여 부를 때 어느 신이라도 스메카미(皇神)라고 하는 것을 생각하면 원래는 그저 존칭일 터이다. 그런데 모두가 스브루(統る, 다스리다)의 뜻으로 이해하여 스승님도 나라를 다스리는 것에 근거하여 말씀하셨다. 하지만 잘 생각해보니 통치한다는 뜻은 아니고 그저 존칭으로, 말의 뜻은 따로 있을 것이다.[15]

노리나가는 '스메'라는 말이 동사 '스브루(다스리다)'에서 왔다는 마부치의 설에 동조했다가, 후에 단순한 존칭설로 생각이 바뀌었음을 확인할 수 있다. '스메'의 뜻을 '통(統)'이라고 보는 기존의 설을 왜 바꾸게 되었는지 그 이유는 분명치 않지만, 노리나가의 입장에서 천황은 직접

15 『本居宣長全集』, 7권, 100-101쪽.

나라를 통치하는 존재가 아니라는 점도 관계가 있을지 모른다. 여하튼 1792년이라면 노리나가가 『고사기전』 32권의 초고 작성과 정서에 전력을 기울였던 시기였다. 위의 설이 전환된 배경으로는 역시 『고사기』 주해 과정에서 새롭게 획득한 성과가 있었다고 생각할 수 있다. 가령 『고사기전』 26권 중 야마토타케노 미코토(倭建命)의 증손에 해당하는 '스메이로 오호나카쓰히코노 미코(須賣伊呂大中日子王)'의 이름에는 다음과 같은 주석이 달려 있다.

> 스메(須賣)는 존칭으로 스메카미(皇神) 등의 스메(皇)와 같다.【황(皇)자를 적용하는 것은 천황을 말하는 데 따른 것이다. 그러나 스메(須賣)라는 말이 본디 황(皇)자의 의미는 아니다. 이 왕자의 이름에도 쓰였다는 것을 통해 알아야 한다. 그저 높여 부르는 말이다. 천황을 스메라미코토(須賣良美許登)라 하는 것도 원래는 공경하여 높여 부르는 명칭일 것이다.】[16]

천황의 혈통과 무관한 이 인물의 이름에 '스메'라는 말이 붙어 있다는 사실이 '스메'가 곧 '황(皇)'자의 뜻은 아니라는 하나의 근거로 쓰이고 있다.

노리나가는 '스메라미코토(天皇)'의 '스메(皇)'와 마찬가지로 '미쿠니(皇國)'의 '미(皇)'에 대해서도 그저 존칭이라고만 설명한다. '황(皇)'자를 '미(ミ)'라고 읽는 것에 대해서는 『일본서기』에 다카미무스비 신의 이름 가운데 '미'를 '황(皇)'자로 표기한 경우가 있다. 같은 이름을 『고사기』는 '어(御)'자로 표기한다. 노리나가는 『이소노카미 만록』에서 "나카

16 『本居宣長全集』, 11권, 166-167쪽.

토미노 하라에고토바(中臣祓詞)에 나오는 황친(皇親)을 스메무쓰(スメムツ)라고 훈독하는 것은 고어가 아니다. 친(親)을 무쓰(ムツ)라고 하는 예는 없다. 미오야(ミオヤ)라고 훈독해야 한다. 황(皇)을 미(ミ)라고 훈독하는 예는 신대기(神代紀)에서 다카미무스비노 미코토(高皇産靈尊)【皇産靈, 이를 미무스비라고 한다.】"[17]라고 하여 '황친(皇親)'을 '스메무쓰' 대신 '미오야'로 읽어야 한다는 주장에 이 사례를 근거로 들기도 했다.

그렇지만 '어국'도 '황국'도 똑같은 '미쿠니'이고 '미'는 존칭일 뿐이라면, 노리나가는 어째서 '어국'을 '황국'으로 굳이 바꿀 필요가 있었을까. '미쿠니'라는 두 가지 이름을 완전히 동일한 개념으로 파악해도 되는 것일까.

3. 황국의 도는 문장의 도

'황국(皇國)'이라는 말은 천황을 정점으로 하는 국가를 나타내고, 그 표상은 만국의 우위에 서는 자국 아이덴티티의 주장으로 직결된다. 한편 노리나가의 스승이었던 가모노 마부치는 '황조(皇朝)'라는 말을 많이 사용했는데, 노리나가의 경우 '황조'는 그다지 쓰지 않았다. 보다 정확하게 말하면 마부치는 '황조'와 '황국'을 거의 동의어로 쓰는 반면, 노리나가는 '황조'를 조정의 일에 국한하여 사용하는 경향이 있다. 『고사기전』에는 '황조'를 '미쿠니'라고 읽으면서 '황국'과 같은 의미로 쓰는 예도 없는 것은 아니지만, 대개는 '(스메라)미카도'라는 훈이 붙어 있으며 "황조의 대정(大政)"처럼 직접적으로 정치에 관한 일이라든지 외국사절의

17 『本居宣長全集』, 13권, 131쪽.

파견 등의 장면에 쓰인다. 수적으로도 '황국'에 비하면 '황조'는 상당히 적은 편이다. 여기서 『고사기전』 중의 '황국' 관련 용례수를 정리해보면 다음과 같다.

	1권 / 그중 「직비령」	2권 이하	합계
皇(大御)國	35회 / 12회	145회	180회
(大)御國	24회 / 13회	54회	78회
皇朝	1회 / 없음	41회	42회
我國·吾國·吾朝	없음	7회	7회

'황대어국(皇大御國, 스메라오호미쿠니)'과 '황어국(皇御國, 스메라미쿠니)'은 모두 '황국(皇國)'의 용례수에 넣었다. 『고사기전』 전체에서 '황대어국'이라는 표현은 3회뿐이다. 앞에서 언급한 1권 「직비령」의 첫머리를 장식한 예 이외에는 "황대어국의 학문", "황대어국의 예법"이라는 예가 있다.[18] '황어국'은 2회, 하나는 "황어국의 학문", 또 하나는 '수수(水穗, 미즈호)'의 주석에 쓰인 "황어국은 만물도 만사도 이국보다 뛰어난 중에 벼는 특히 지금에 이르기까지 만국에 뛰어나게 좋은데 이는 신대부터의 깊은 뜻이 있다"는 예다.[19] '황'자에 '대'자와 '어'자가 덧붙어 존칭이 나열된 이러한 강조 표현은 무엇보다 '황국'의 학문에 관계된 표현에 쓰인다는 점이 주의를 끈다. 마찬가지로 '어국'에 '대'자를 붙인 '대어국(大御國, 오호미쿠니)'의 예도 "대어국의 학문"이라는 형태로 가장 많이 쓰인다.[20]

18 『本居宣長全集』, 9권, 7쪽; 12권, 227쪽.
19 『本居宣長全集』, 10권, 11쪽; 42쪽.
20 『本居宣長全集』, 9권, 15쪽; 32쪽; 52쪽 등.

또한 여기에서는 「직비령」을 포함하는 1권의 용례수와 2권 이후의 수를 구분해보았다. '황국'은 180회 나오므로 『고사기전』 총 44권으로 환산하면 권당 평균 4회 정도라는 계산인데, 실제로는 1권에 35회(약 20%)가 밀집해 있다. '어국'의 경우는 78회 중 24회(약 30%)가 1권에 있다. 게다가 그중 절반 이상은 1권 말미의 「직비령」에 있는 용례다. '황국' 대 '가라쿠니'라는 뚜렷한 사상적 언설 속에서 어찌 보면 당연한 결과이며, 1권의 총론으로서의 성격을 재확인할 수 있다.

『고사기전』 1권은 이 책의 관심에서 본다면 '황국'과 '가라쿠니'의 용어로 가득 차 있는 권이기도 하다. 먼저 「고서적에 대한 총론」 항목에서는 『고사기』가 『일본서기』와는 대조적으로 소홀히 다루어져왔던 사정, 즉 『고사기전』의 직접적인 서술 동기를 밝히고 있다.

> 『서기』가 성립한 이래 세인들이 대체로 그 책만을 중히 사용하여 이 『고사기』는 이름조차 모르는 경우도 많다. 그 까닭은 어째서인가 하니, 중국 서적의 학문이 성행하면서 무엇이든 그 나라풍을 사람들이 선망하고 좋아하기 때문이다. 그래서 『서기』가 중국의 국사라는 서책의 모습과 비슷함을 기뻐하는 반면, 이 『고사기』의 소박함을 보면 정사(正史)의 체제가 아니라고 하며 취하지 않았던 것이다.[21]

여기서부터 앞에서 다루었던 '언어=사실=의미'라는 『고사기전』의 방법론이 제시된다. 노리나가는 '옛말'이 중심으로 쓰여 있는 『고사기』의 문체가 '상고의 진실(古の實·古の正實·上代の實·上代の正實)'을 전해준다고 몇 번이나 되풀이하며 강조한다. 그리고 나서 다음과 같이 총론을 마

21 『本居宣長全集』, 9권, 4쪽.

무리한다.

> 이 『고사기』가 귀중하다는 것을 세인들이 처음 안 것은 배움의 도에는 신대에 비할 데 없다고 한 스승님의 공적이다. 노리나가 또한 이 덕분에 그 뜻을 처음 깨달았으며, 세월이 지남에 따라 더욱더 중국 서적이 오염되었음을 알았다. 상고의 청정한 진실함을 익히 알게 되었기 때문에, 이 『고사기』를 있는 그대로의 최상의 역사서로 정하고 『서기』를 이에 버금가는 서물로 삼는다. 적어도 황대어국(皇大御國, 스메라오호미쿠니)의 학문을 지향하는 자들은 이 뜻을 절대로 잘못 이해하지 말지어다.[22]

앞에서 언급한 '황대어국의 학문'이란 이렇듯 한문풍의 사고방식을 제거하고 고대의 진실을 밝히는 것임을 재차 확인할 수 있다.

다음으로 「『서기』에 대해」 항목에서는 국호 '일본'을 전면에 내건 『일본서기』라는 서명의 문제점에 대해 지적한다. 그와 비교하여 「『고사기』의 서명에 대해」 항목에서 '일본'을 표방하지 않는 『고사기』라는 서명이 얼마나 '은혜로운' 것인지 주장한다.

1권 말미의 「직비령」도 문제의 근저에 있는 것은 '한문' 대 '고어'라는 명백한 대립구도다. 여기서 노리나가가 마부치에게 배웠다고 하는 '한의(漢意)' 비판은 주로 '황국'의 학문을 위해 고안된 방법론이다. 즉 노리나가가 버려야 한다고 주장하는 '한의(漢意)'는 어디까지나 한문풍의 사고방식을 뜻하는 '가라부미고코로(からぶみごゝろ·漢籍意·漢籍心)'라는 점에 주의를 요한다.

---

22 『本居宣長全集』, 9권, 7쪽.

흔히 '가라고코로(漢意)'를 '야마토고코로(大和心)' 내지 '야마토다마시히(大和魂)'와 대치시켜 논하는 도식은 사실 노리나가로부터 유래하는 사상이 아니다. 『고사기전』에 유일하게 보이는 '미쿠니다마시히(皇國魂)'라는 말도 다음과 같이 쓰였을 뿐이다.

> 옛 서적은 모두 한문으로 옮겨 썼기 때문에 그 나라에 대해서도 대강은 알아야 한다. 문자에 대해 알기 위해서는 중국 서적도 틈이 나면 익혀야 한다. 황국혼(皇國魂, 미쿠니다마시히)이 정립되어 있어 흔들리지 않는 이상 폐해는 없을 것이다.[23]

위의 인용에서 보더라도 '한의'의 대척점에 있는 것으로 여겨지는 '황국혼'은 역시 중국 서적을 읽을 때의 마음가짐을 뜻하는 것이다. 이것을 이른바 고대 '일본정신'의 정수라거나 '민족혼' 같은 것과 동일시하는 통설적 이해는 노리나가부터 근대의 일본주의까지 여러 번의 굴곡을 거쳐야 한다.[24] 「직비령」에 현저하게 드러나는 '한의' 배척사상도 실제로는 현실의 중국에 대한 대항의식이나 적대의식 이전에 먼저 글쓰기 차원의 문제였다는 점을 주지할 필요가 있다.

노리나가의 '한의' 비판의 핵심이 한문 중심의 사고방식과 글쓰기에 있다는 점을 다른 측면에서 확인해보자. 노리나가와 마찬가지로 마부치의 문하생이면서도 노리나가에 대해 항상 비판적 입장을 견지했던 인물로 무라타 하루미(村田春海)가 있다. 당대 가인(歌人)으로도 저명

---

23 『本居宣長全集』, 9권, 59쪽.

24 노리나가가 사용한 '야마토고코로(大和心)'를 곧바로 '일본정신'과 등가로 보기에는 무리가 있다. 이와 관련해서는 졸고, 「일본정신으로서의 벚꽃 표상의 성립: 시키시마 노래와 시원의 벚꽃」, 『동아시아의 문화표상 Ⅱ』, 민속원, 2017 참조.

했던 하루미의 저술 중에 『시문적비(時文摘紕)』(1795)가 있는데, 그 서두에 전개되는 국호 논의가 특히 이 책의 문제의식에서 흥미를 끈다. "황화(皇華)·화하(華夏)·중화(中華)·중국(中國)·중하(中夏)·중토(中土) 등이라 함은 상고에는 우리나라만을 가리켜 말하는 것"이라는 주장을 비롯하여, 그 외에도 '대부상국(大扶桑國)'이나 '일동·대동(日東·大東)'을 쓰는 폐해 등 국호를 둘러싼 다양한 문제에 대해 거론하고 있다. 예를 들면 하루미는 소라이 학파를 대표하는 유학자로 한시에 능했던 핫토리 난카쿠(服部南郭)의 설화집 『대동세어(大東世語)』(1750)에 대해, 그 서명을 『황조세어(皇朝世語)』라고 했어야 바람직하다는 주장을 편다.

> 핫토리 겐쿄(服部元喬)가 지은 저술에 『대동세어(大東世語)』라는 제목을 붙인 것도 잘못이다. 조선의 서적에 『동국통감(東國通鑑)』·『동의보감(東醫寶鑑)』 등의 이름이 붙은 것이 있다. 조선은 한토(漢土)에 복속되어 있는 나라이므로 한토에 대해 동(東)이라 한 것이다. 우리나라는 우리를 중국(中國)이라 칭해야 마땅하니 한토에 대해 동국(東國)이라 해서는 안 된다. 다만 문장 안에서 한토와 나란히 말해야 하는 경우에 그 나라를 서토(西土) 등이라 하고 우리를 대동(大東) 등이라 함은 폐해가 없을 터이다. 단독으로 칭할 때 동(東)이라 함은 있을 수 없는 일이다. 이 『대동세어』도 한토에 있는 『세어』라는 책을 의식하여 말하는 이름이기는 하나, 역시 『황조세어(皇朝世語)』라 해야 한다.[25]

위의 인용에서 보는 한, 하루미는 노리나가와 기본적으로 같은 문제의식을 공유하고 있었다고 할 수 있다. 그리고 이러한 자국의 명칭에

---

25 『日本國粹全書』 5, 日本國粹全書刊行會, 1917, 10-11쪽.

대한 논의를 하루미가 다름 아닌 '문장의 도'로 파악하고 있다는 점에 주목하고 싶다.

> 무릇 한토의 문자로 우리나라의 일을 기록하는 데 조심할 것이 있다. 문자와 어구의 법은 조금도 한토의 문장과 다름이 없도록 본떠야 한다. 단 그 사실(事實)은 한토의 모습을 억지로 따라 해서는 안 된다. 설령 한토에 없는 일이라도 그것을 꺼려서도 안 된다. 그런 까닭에 제도와 명칭은 고쳐 써서는 안 되는 것이다.

> 대저 근래의 문장은 참망(僭妄)·허탄(虛誕)·불경(不敬)·난속(亂俗)의 네 가지를 벗어나는 일이 없다.⋯⋯ 모두 문자의 대체(大體)를 잃었으니, 이것이 천 년 후에 전해진다 해도 사실이 전부 어그러지기 때문에 문장의 쓰임을 이루기 어렵다.[26]

하루미는 지금 세상의 문장이 옛 제도에 어긋나 '국체(國體)'를 잃었다고 하면서 '고금의 통언(古今の通言)', '화한의 통례(和漢の通例)', '황조의 법도(皇朝の制)', '황조의 전고(皇朝の典故)'에 따라 올바른 '문장의 법도(文章の法)' 내지 '문장의 도(文章の道)'를 제시한다. 본래 '경국지대업(經國之大業)'이라 해야 할 문장의 쓰임이 '사실'과 괴리되어 있다는 한탄에서 나온 문제제기인 셈이다.

그러면서 하루미는 『고사기』와 『일본서기』에서 '도'를 찾으려는 노리나가의 방법에 대해 다음과 같이 혹평을 가한다. 1803년에 하루미가 노리나가의 제자인 이즈미 마쿠니(和泉眞國)에게 보낸 서간이 마쿠니 저

26 같은 책, 16쪽; 28-29쪽.

술의 『명도서(明道書)』(1804)에 수록되어 있다.

> 노리나가의 무리들이 『고사기』·『일본기』 신대의 일에 대해 억지로 '도를 설하는 것'이라 함은 심히 견강부회의 설이라 여겨집니다. 이 두 서책에 쓰여 있는 신대의 사적 가운데 대체 어디에 군신·부자·부부·형제·붕우의 도를 설하고 있단 말입니까. 또한 대체 어디에 선정을 베풀고 나라를 다스리는 데 귀감이 될 만한 일이 있습니까. 수년간 전혀 없었으니 도를 설하는 서책이 아니라는 것은 분명합니다.[27]

하루미의 비판은 더 이상의 설명이 필요 없을 정도로 명쾌하다. 그럼에도 불구하고 노리나가의 '도'에 대한 논의가 당대를 넘어 19세기까지 계속 파문을 일으켰다는 사실을 짐작케 한다. 후술하겠지만, 실제로 「직비령」은 막부 말기라는 대외 위기의 시대에 돌입하여 다시 주목받으며 상당히 중요한 사상서로 존재감을 드러냈다. 이때 그것은 문장론보다는 정치사상과 직결된 문제로 받아들여진 것이다. 노리나가의 '황국'과 이후의 '황국' 언설이 유사하면서도 다른 성질의 문제로 보이는 결정적 이유는 이 점에 기인하는 듯하다.

---

27 芳賀登·松本三之介 校注, 『國學運動の思想』, 日本思想大系 51, 岩波書店, 1971, 154쪽.

4. 고도(古道)와 가도(歌道)의 관계

1) 마부치의 가도론

「직비령」은 '이 편은 도(道)라는 것에 대한 논'이라고 부제가 달려 있듯이 전체가 '도'에 대한 논의다. 본디 일본에는 "도가 존재하기에 도라는 말이 없고 도라는 말이 없지만 도가 있었던 것이다"(58쪽)라는 노리나가의 주장은 역설적인 만큼 매우 강렬한 것이었다. 반대로 "가라쿠니(漢國)에는 도라는 말은 있지만 도가 없기 때문에 원래 질서가 없는 것이다. 그리하여 대를 거듭하는 동안 점점 혼란에 혼란을 더해 결국에는 변방의 나라에 나라를 완전히 빼겨버렸다"(68쪽)라고 말한다. 이처럼 중국이 잃어버린 이름뿐인 '도'와 일본에 남아 있는 '참된 도'를 대조적으로 논하는 것은 노리나가 사상의 핵심으로 이야기된다.

그런데 「직비령」에 나타난 고도론(古道論)의 발단이 된 것은 사실 가도론(歌道論)이다. 논의의 시작은 노리나가가 국학적 사고를 확립하는 데 직접적으로 사사한 스승 가모노 마부치에서 비롯되었다. 마부치는 「국의(國意)」, 「가의(歌意)」, 「문의(文意)」, 「어의(語意)」, 「서의(書意)」의 '오의(五意)'에 관한 고찰서로 국학의 체계를 간명하게 나타냈다. 그 가운데 다음의 『국의고(國意考)』는 1765년에 성립하여 1806년에 간행되었다. 원래는 『국의(國意, 구니노 고코로)』라고 불렸던 것으로 추정된다.

> 혹자가 이 나라의 상고에는 인의예지(仁義禮智)라는 것이 없었던지라 그 화어(和語)도 없다면서 실로 격이 낮다고 한 것은 미숙한 설이다. 먼저 중국(唐國)에서는 이 다섯 가지(—仁義禮智信의 五常)를 세우고 그에 반하는 것을 나쁘다고 했다. 대저 이 다섯 가지는 저절로 있었던 것으로 마치 사계와 같다. 천하의 어디인들 그런 마음이 없겠는가.…… 그것을 사람이 따로 인의예지 등이라 이름 붙였기 때문에 이

해의 폭이 좁은 법이다. 그저 그러한 이름도 없이 천지의 뜻 그대로이기 때문에 좋은 것이다. 그리하여 이 나라는 오래도록 다스리는 법을 몰랐던 것이 아니겠는가. 눈앞에 자신이 익숙한 것만을 보고 좁게 생각한 자에 대해서는 거론할 가치도 없으나, 분별을 하지 못하는 초학들을 위해 말하는 바다.[28]

이 인용문에 보이는 '혹자'의 설이란 소라이의 제자인 다자이 슌다이(太宰春臺)의 『변도서(辨道書)』(1735)라고 추정할 수 있다. 예를 들면 『변도서』의 다음과 같은 대목이 마부치를 자극하여 반발심을 불러일으켰을 것이다.

일본에는 원래 도라는 것이 없었습니다. 근래 신도를 설하는 자가 우리나라의 도라 하여 고묘(高妙)한 듯이 떠들어댑니다만, 모두 후대에 지어낸 빈말이고 망령된 설입니다. 일본에 도라는 것이 없었던 증거는 인의(仁義), 예악(禮樂), 효제(孝悌)라는 글자에 화훈(和訓)이 없기 때문입니다. 무릇 일본에 원래부터 있었던 것에는 반드시 화훈이 있습니다. 화훈이 없는 것은 일본에 원래 그것이 없었기 때문입니다.[29]

슌다이는 동성(同姓) 간의 혼인 관습에서 단적으로 나타나듯이 고대 일본에는 '예(禮)'가 존재하지 않았고, 성인의 도를 배우고 나서 일본에서도 비로소 '예'를 알게 되었다고 말했다. 그 근거로 '예'와 관련되는 한자에 화훈(和訓)이 없다는 점을 들었다. 또한 여기서 슌다이가 비판하

28 『賀茂眞淵全集』, 19권, 16쪽.

29 鷲尾順敬 編, 『日本思想闘争史料』 3, 名著刊行會, 1969, 24쪽.

고 있는 '신도'란 당시 유교와 결합되어 있던 스이카 신도 등의 유가신도를 말한다. 이러한 신랄한 신도 비판에 대해 후에 노리나가는 적극적으로 슌다이를 평하기도 했다.

이에 대해 마부치는 일본에 문자가 전해진 시점부터 일본인이 본래의 순수한 '어국(御國)'의 정신을 잃은 것이라고 말한다. '중국(唐國)'에서 전래된 문물의 악영향이 모든 문제의 발단이라고 보는 것이다. 마부치는 유학이 유입되기 전의 옛 일본의 도는 자연발생적인 것으로, 중국과 같이 억지로 가르치는 말이나 엄격한 제도 없이 "천지 그대로 원만하고 평온하게 자연히 다스리신 도"였다고 설명한다.

> 중국(唐國)은 마음이 나쁜 나라이기에 깊은 가르침이 있어도 겉으로만 좋아 보일 뿐 결국 크게 나쁜 일을 벌여 세상을 어지럽혔다. 우리나라는 본디부터 사람들의 마음이 정직한 나라로 작은 가르침으로도 잘 지켜왔으며, 또한 천지 그대로 행하는 까닭에 가르치지 않아도 좋았던 것이다. 그런데 중국의 도가 들어와 사람들의 마음이 나빠진 탓에 중국과 비슷한 정도의 가르침은 말하게 되었으나, 그 가르침은 아침에 들으면 저녁에 잊히는 것이다. 우리나라의 옛 모습은 그렇지 않았다. 그저 천지의 뜻에 따라 천황은 일월이요, 신하는 성신이요, 신하는 성신으로서 일월을 지키니, 지금 별이 해와 달을 지키는 것과 다를 바 없었다. 그러므로 하늘의 해와 달과 별이 상고로부터 이어져왔듯이, 이 일월의 천황도 성신의 신하과 함께 예로부터 변함없이 이어져 세상을 평온하게 다스렸다. 그러나 천한 자가 나와 천황이 쇠락해지심에 따라 대대로 이어져온 신하도 쇠락했다. 이 뜻을 잘 헤아려 신대권을 말해야 할 것이다.[30]

마부치는 그러한 상고의 세계로 향하는 수단으로써 '옛 노래'를 강조한다. 한자 전래 이전의 '정(情)'을 회복시키는 방법은 '옛 노래'를 통해 상고의 마음과 말을 이해하여 '황어국(皇御國, 스베라미쿠니)'의 고도(古道)를 궁구하는 길밖에 없다는 것이다. "상고의 노래로 상고의 마음과 말을 알고, 그것을 헤아려 상고의 세상 모습을 알아야 한다. 상고의 모습을 알고 나면 거슬러 올라가 신대에 대해서도 생각해야 한다."[31] 이처럼 마부치에게 노래는 신대와 현대에 단절된 도를 연결해주는 수단이다.

그렇지만 단순히 '노래'가 아니라 '옛 노래'라고 범위를 한정하는 것에 주의할 필요가 있다. 마부치의 가론(歌論)은 1764년에 성립하여 1800년에 간행된 『가의고(歌意考)』를 거쳐, 가도(歌道)를 중심으로 한 고학 입문서인 『니히마나비(邇飛麻那微)』(1800)에 보다 상세한 논의가 전개된다.

> 그러면 상고의 일을 알기 위해 지금 그 곡조의 모습을 보건대, 야마토국(大和國)은 장부(丈夫, 마스라오)의 나라로 상고에는 여자도 모두 장부처럼 읊었다. 고로 『만엽집』의 노래는 무릇 장부의 모습이다. 야마시로국(山背國)은 아녀자(手弱女, 다오야메)의 나라로 장부도 아녀자처럼 읊었다. 고로 『고금화가집(古今和歌集)』의 노래는 하나같이 아녀자의 모습이다.[32]

마부치는 '장부풍(마스라오부리)'의 『만엽집』과 '아녀자풍(다오야메부리)'의 『고금화가집(古今和歌集)』을 대조적으로 논하면서 후대의 가풍(歌風)을 비판하고 있다. 그리고 그 변천은 그대로 일본의 '국풍(國風)'의 변

30 『賀茂眞淵全集』, 19권, 15쪽.
31 『賀茂眞淵全集』, 19권, 14쪽.
32 『賀茂眞淵全集』, 19권, 200쪽.

천으로 설명된다.

> 본디 상고 시대에 야마토국에 궁을 조영했을 때는 밖으로는 위엄 있는 무위를 드러내고 안으로는 관용과 화합을 이루어 천하를 다스리셨다. 그리하여 영화로움이 날로 더했고, 백성도 오로지 위를 높이 떠받들며 자연히 정직하게 이어져왔다. 그런데 야마시로국으로 옮기면서 훌륭한 위광도 점차 쇠하고 쇠하여 백성도 그에 따라 아첨하여 마음이 사악해졌다. 어찌된 까닭인가. 장부의 도를 취하지 않고 아녀자의 모습을 좋게 여기는 국풍이 되었고, 게다가 당풍(唐風)이 행해지면서 백성을 두려워하지 않고 사악한 마음이 생겼기 때문이다.[33]

요약하자면, 야마토국에서 야마시로국으로 천궁(遷宮)함에 따라, 즉 794년 간무 천황(桓武天皇)이 헤이조쿄(平城京)에서 헤이안쿄(平安京)로 천도함에 따라 중국의 풍속이 유입되었고, 이에 본래의 '정직한(直き)' 인심이 사악해졌다는 것이다.

마부치가 말하는 일본의 고도는 구체성이 결여된 매우 추상적인 내용일 뿐 아니라, 고도의 존재를 강조하면 할수록 그가 사는 당대 일본에는 이미 그 도가 끊어진 것으로 보이는 논리에 빠진다. 어디까지나 고대를 이상화하고 현대를 쇠락한 시대로 간주한 채로 논의가 전개되는 것이다. 물론 그 책임을 아무리 중국풍의 유입으로 돌린다 해도, 마부치의 유학 비판은 필연적으로 자국의 역사를 하강사관(下降史觀)으로 인식하는 방향으로 귀결된다.

소라이의 고문사학을 그대로 전수받은 듯, 마부치의 경우는 동경의

33 『賀茂眞淵全集』, 19권, 200-201쪽.

대상이 고대 중국에서 고스란히 고대 일본으로 대체되었다. 타국인 중국이 아니라 역사적으로도 지리적으로도 연속성을 갖는 일본으로 그 시선이 바뀌기는 했으나, 고대는 고대이고 현대는 현대인 채로 단절되어 있다.[34] 그래서 현대를 바라보는 마부치는 "어쩌다 좋은 군주가 나오기를 기다려 만대를 말할 뿐"이다. 극히 소극적인 자세라 하지 않을 수 없다. 즉 유학에 대항하여 일본의 고도를 주장하려는 마부치의 논리는 현대를 포함하는 자국의 역사 전체를 긍정하는 경지에 도달하지는 못한 것이다.[35]

그 돌파구를 제시한 것이 노리나가 국학이라고 할 수 있다. 유교와 불교의 악영향으로 인해 본래의 모습을 잃은 노리나가의 현대에 고대는 어떤 의미를 지니는가. 마부치와의 차이를 중심으로 생각해보자. 노리나가 학문에서 상고주의와 중고주의의 혼재라는 문제도 이와 관련된다. 즉 고도는 『고사기』와 『일본서기』에 기록된 신대의 사적을 기준으로 하면서, 가도는 중고 시대의 『겐지 모노가타리(源氏物語)』에 그려진 풍아한 궁정 세계를 중심에 놓은 것이다. 또한 마부치처럼 만엽풍의 '고풍'이 아닌, 『고금화가집』 이하 『신고금화가집(新古今和歌集)』으로 이어지는 '후세풍'의 노래를 중시한 것이다. 『우히야마부미(宇比山踏)』에 의하면 고풍과 후세풍의 노래에 대해 설명하면서 후세풍의 노래도 읊어야 한다고 부연하는 부분이 사실상 전체 텍스트의 절반 가까이를 차지할 정도

34 樋口達郎, 『國學の「日本」: その自國意識と自國語意識』, 北樹出版, 2015.

35 종종 마부치의 사상이 노장사상과 유사하다는 지적도 그 자신이 유학을 비판하고 고대를 찬양하는 자세에 대해 노자의 언설을 방증으로 삼았기 때문이다. 『국의고』에는 "노자라는 사람은 천지 그대로인 것이 바로 천하의 도에 부합하는 것이라고 한다. 그것을 보면 그 나라도 다만 상고에는 도가 정직했다. 우리나라도 그저 정직했다는 것은 앞에서 말한 노래의 마음과 같다"라고 했다. 『賀茂眞淵全集』, 19권, 14쪽.

다. 후일 '고체근조(古體近調)'라 하여 노리나가 가도론에 대한 비판의 초점이 되는 문제이기도 하다.

2) 노리나가의 고도론

노리나가의 고도론이 응축되어 있는 「직비령」에서 '신의 도', '천황이 천하를 다스리는 도'에 이어지는 것은 다음과 같이 '인정(人情)'에 대한 것이다.

> 이른바 인의(仁義)·예양(禮讓)·효제(孝悌)·충신(忠信)과 같은 것들이 모든 사람들에게 반드시 그러해야만 하는 것이라면, 필요한 범위 안에 있는 것은 배우지 않아도 자연스레 잘 알아서 행하게 될 것이다.…… 제도의 엄격함은 오히려 나라의 수치가 아닌가. 무슨 일에 관해서 법이 엄격한 것은 이를 범하는 자가 많기 때문이다. 그런데 그 제도를 제정했다지만 참된 도가 아니고 인정(人情)에 부합하지 않기 때문에 이를 따르는 사람도 매우 드물다.(74-75쪽)

'성인의 도'는 엄격하게 정비되어 있고 그것을 억지로 가르치는 데 반해, '황국의 도'는 가르침이 없어도 저절로 인지상정에 따르는 것이라 '참된 도'라고 한다. 협의의 정치사상을 포함하여 풍속 전반을 폭넓게 문제 삼는 것이다.

여기서 노리나가가 마쓰자카(松阪) 귀경 직후인 1757-1773년경에 쓴 『순암수필(蕣庵随筆)』을 보자. '인정'에 공감하는 일본과 '인정'에 맞지 않더라도 선악 시비를 가리는 중국을 비교 분석하는 서술은 이미 이때부터 확인된다.

> 당토(唐土)는 모노노아와레(物ノアハレ)와 같이 인정(人情)에 공감을 느

> 끼지 않고 정(情)에 부합하지 않아도 선악을 엄히 판단하고 논의한다. 우리나라(吾邦)는 인정을 함양하여 모노노아와레를 느끼게 하고 무슨 일이든 인약(仁弱)하고 유화(柔和)하여 모진 데가 없다. 그래서 당토의 서적과 시문은 모두 엄격하고 논의를 세우는 반면, 우리나라의 소시(草子)와 와카(和歌) 등은 모노노아와레를 느끼도록(=인정에 깊이 공감하도록) 한다. 만사가 모나지 않아 선악 시비가 엄격한 일이 없다. 이는 양쪽 다 그 나라의 풍속이다.[36]

다만 노리나가는 이때만 해도 중국과 일본 양쪽 다 '그 나라의 풍속'이라고 하면서, 중국보다 '인정'을 중시하는 것이 일본의 풍속이라고 이해했다. 「직비령」이나 『다마쿠시게』의 논의처럼 아직 '인정'을 기준으로 일본의 '참된 도'를 주장하지는 않았던 것이다.

'모노노아와레' 개념은 노리나가의 처녀작으로 추정되는, 즉 교토 유학 시기인 1752-1757년경에 구상된 『아시와케노 오부네(排蘆小船)』부터 확인할 수 있다. 그리고 가론서(歌論書) 『이소노카미 사사메고토(石上私淑言)』에 이르면 노리나가의 초기 사상이 어느 정도 정리된 형태로 나타난다. 『이소노카미 사사메고토』는 상·하 두 권으로 구성되어 있는데, '화가(和歌, 와카)'의 본령에 대해 문답체로 이어지는 형식을 취한다. 상권의 시작은 '노래(歌, 우타)'란 무엇인가라는 주제에서 출발한다. 하권에서는 '和歌'라는 한자를 '야마토우타(ヤマトウタ)'라고 할 때의 '야마토'는 무슨 말인가라는 주제로 옮겨간다. '야마토'에 대한 논의가 계속되면서 본래 설정했던 가론(歌論)과는 점점 거리가 멀어지는 양상을 보이다 결국 책은 미완으로 끝난다.

36 『本居宣長全集』, 13권, 608쪽.

노리나가에 따르면 노래의 본질은 '모노노아와레'를 아는 것이다. 이 설은 문학의 독립적 가치를 도덕상의 규범에서 해방시켰다는 점에서 획기적이라고 평가된다. 단 '모노노아와레'설을 문학론으로만 한정해서는 하권의 전개양상을 이해하기 어렵다. 여기에는 노래의 쓰임에 대한 논의도 나온다. 노래는 사람들의 마음을 세세히 살펴야 하는 위정자에게도 도움이 된다고 하며, "세상 사람들이 각기 신분에 맞게 자신의 일인 양 생각하여 이해가 깊어지니, 직접 그러한 일을 겪지 않아도 그 심정을 헤아리는 것이 노래다. 다른 사람의 마음과 깊이 공감하면 세상을 위해서도 다른 사람을 위해서도 나쁜 일은 자연히 하지 않는 법이다. 이것이 모노노아와레를 알게 하는 노래의 효용이다"[37]라고 설명한다.

노리나가에 의하면, '어국(御國)'의 노래에는 유불교의 전래로 인해 잃어버린 상고의 '어국의 마음(御國の心ばへ)'이 남아 있다. 따라서 노래를 계속해서 읊음으로써 사람으로서의 본래 모습인 실정(實情)을 유지할 수 있다고 말한다. 그것은 모모카와 다카히토의 지적대로 자기확증의 영위에 불가결한 윤리적 실천에 다름 아니다.[38] 그런 의미에서 『이소노카미 사사메고토』의 '가도(歌道)'는 『고사기잡고』나 「직비령」 등의 '신도(神道)'와 통한다. 즉 노래는 신대의 사실상의 연장으로 가치가 매겨지는 것이다.

『우히야마부미』의 마지막에는 노래를 읊는 것이 고대의 도를 아는 것과 어떻게 연결되는지에 대해 다음과 같이 설명한다.

---

37 『모노노아와레: 일본적 미학 이론의 탄생』, 김병숙 외 옮김, 모시는사람들, 2016, 301쪽. 노리나가의 저작 중 『이소노카미 사사메고토』의 인용은 필자도 공동역자로 참여한 이 책에 따랐다.

38 百川敬仁, 『内なる宣長』, 東京大學出版會, 1987.

무릇 사람은 풍아(風雅)의 정취를 몰라서는 안 된다. 이를 모르는 사람은 모노노아와레(=깊이 공감하는 것)를 모르며 감정이 없는 것이다. 풍아의 정취는 노래를 짓고 이야기를 잘 읽음으로써 얻을 수 있고, 이를 통해 옛사람의 풍아한 정취를 이해할 수 있다. 옛 시대의 풍아한 모습을 잘 아는 것은 고대의 도(道)를 알기 위한 과정이다. 그런데 세상 학자들의 태도를 관찰해보면, 위에서 말한 것처럼 도의 연구를 주목적으로 하는 이들은 그저 이국풍의 논의와 논리에만 빠져 노래를 읊는 것 따위는 그저 헛된 행위로 본다. 가집(歌集) 등은 펼쳐볼 가치도 없다고 생각하며 고대인의 풍아한 정취를 전혀 이해하지 못한다. 그런 이유로 그들이 지향하는 고대의 도 또한 알지 못한다. 그들이 알고 있다고 말하는 것은 이름만 신도(神道)이지, 알맹이는 외국 사상에 불과하므로 진정한 의미에서 도를 연구하는 태도나 입장이 아니다. 또한 노래를 읊고 문장을 지어 고대를 사모하는 이들은 그저 풍류에만 정신이 팔려 도를 배우는 것은 잊기 쉽다. 그들은 도를 전혀 마음에 두지 않는다. 고대를 사모하고 옛 의복이나 도구류 등을 좋아하며 옛 서책을 즐겨 읽는다지만, 그것들은 그저 풍류를 위한 유희거리일 뿐이다.

본디 인간은 누구나 인도(人道)를 모르면 안 된다. 어떤 방면의 것이라도 학문을 하여 서책을 읽을 정도가 되는 사람은 도에 마음을 두지 않으면 안 되며, 신의 존귀함을 모른 채 등한시해서도 안 된다. 고대를 사모하고 존숭한다면 반드시 그 근본인 도에 제일 먼저 깊이 마음을 써서 밝혀 알아야 한다. 그런데도 이런 중요한 일을 제쳐두고 지엽적인 것에 구애되는 것은 실제로 고대를 좋아하는 태도가 아니다. 그래서는 노래를 읊는 것도 진실로 허황된 영위가 된다. 나의 가르침에 따라 학문을 하려 하는 자는 이 점을 분명히 새겨 결코 도를 등한시하지 않도록 하라.(254-255쪽)

가도와 고도의 관계에 대해서는 고찰이 더 필요하지만,[39] 노리나가의 도가(道歌)에 해당하는 것으로 『옥모백수(玉鉾百首)』(1787)가 있다는 점을 생각해볼 수 있다.[40] 도가의 존재를 통해 노리나가의 사상이 가도에서 고도로의 이행 내지 전환이 아니었다는 점을 보강할 수 있다.

『옥모백수』는 신화에 등장하는 신들을 비롯하여 고도를 읊은 노래 100수, 그리고 역사적 사건을 읊은 「아마리우타(阿麻理歌)」(=餘歌) 32수로 구성되어 있다. 고도론을 짧은 노래를 통해 효과적으로 전하기 위한 목적으로 읊은 것이다. 이 「아마리우타」의 마지막 3수는 도쿠가와 이에야스의 위광을 찬양하는 노래다. 도쿠가와 치세는 천황과 결코 모순되지 않는다. 쇼군은 천황의 통치를 위임받은 것이라는, 즉 대정위임론(大政委任論)이 노리나가의 지론이었다. 따라서 도쿠가와 정권 체제의 기틀을 마련한 동조궁(東照宮) 이에야스가 신(神)으로 모셔야 할 존재임은 노리나가의 입장에서 지극히 당연한 것이었다.

다시 말해 노리나가의 목적은 이른바 '왕정복고'나 '폐불훼석' 등과 같이 고대로 회귀하기 위한 개혁을 촉구하는 것이 아니었다. 기존 신도와 같이 유불교의 지식을 매개로 고대 문헌에서 직접 '교의'를 찾으려는 데 있는 것도 아니었다.

39 노리나가의 규범주의에 대한 반발에도 불구하고 '모노노아와레'를 아는 것은 기성 질서와 권위에 동조하여 결과적으로는 세간의 도덕과 합치된다. 후에 일부 국학자들은 '모노노아와레'를 아는 것을 오륜오상의 도덕에 의한 인성 교화와 동일시하여 국학의 변질을 초래하기도 했다. 와타나베 히로시가 말하는 '도덕국학화'의 방향으로, '국학에 의한 비정치적 정치화'라는 문제다. 渡邊浩, 「「道」と「雅び」一·二: 宣長學と「歌學」派國學の政治思想史的研究」, 『國家學會雜誌』 87, 9·10-11·12, 1974.

40 '옥모(玉鉾, 다마보코)'란 옥 장식이 된 창으로, '도(道, 미치)'를 수식하는 마쿠라고토바(枕詞)다. 옛날에는 길을 갈 때 창을 지팡이 삼아 걸었기 때문이라고 한다. '옥모백수'는 곧 '도를 읊은 노래 백수'의 뜻이다.

『우히야마부미』에서 강조하듯, 도는 아랫사람이 제멋대로 행하는 것이 아니기 때문이다. "아랫사람은 좋든 싫든 그때그때 윗사람이 정하는 대로 따르고 행하는 것이 곧 고대 도의 뜻이다."(220-221쪽) 특히 "학자는 그저 도를 탐구하고 명백히 하는 것만을 책무로 삼아야 한다.…… 설령 오백 년이나 천 년이 지난 후에라도 때가 이르러 위정자가 이것을 행하여 천하에 널리 베푸는 세상을 기다려야 한다."(221쪽) 고도에서 벗어난 세간의 풍속과 제도를 자각하면서도 그저 순응하고 추종하는 것이 고도에 부합되는 것이고, 그것을 급진적으로 바꾸려는 노력은 도리어 고도에 반하는 것이라고 노리나가는 말한다.[41]

노리나가가 드물게 현실의 막번 정치에 대한 의견을 개진한 것으로 『비본 다마쿠시게(秘本玉くしげ)』가 있다. 『다마쿠시게』라는 서명을 지니는 책은 사실 『비본 다마쿠시게』와 『다마쿠시게 별권(玉くしげ別卷)』 두 종류가 있다. 두 권 모두 당시 기슈번(紀州藩)의 번주인 도쿠가와 하루사다(德川治貞)에게 헌상된 것이다. 『다마쿠시게』라고만 하면 『다마쿠시게 별권』을 가리킨다.[42] 여하튼 『다마쿠시게』는 노리나가가 정치론을 전개

41 노리나가가 세간의 관습을 의식하여 불교식 장례에 따르도록 하고 실제로는 다른 곳에 묻어달라고 지시한 유언장도 같은 맥락에서 이해할 수 있다. 이에 대해서는 졸고, 「두 개의 무덤, 하나의 시신」, 한림대학교 생사학연구소 편, 『죽음 의례와 문화적 기억』, 모시는사람들, 2015 참조.

42 『다마쿠시게 별권』은 1786년, 『비본 다마쿠시게』는 1787년에 성립했다. 정책 제안서의 별권으로서 먼저 정책의 본바탕이 되는 원리에 대해 따로 정리한 것이다. '다마쿠시게'란 화장도구 등을 넣어두는 보석함을 말하는데, 자신의 주장이 귀한 보석이라는 뜻을 함의한다. 이 서명은 책을 헌상하면서 읊은 노래 "분수에 맞지 않는 미천한 아랫사람의 글이오나 보석함 한 번 열어 그 속의 심정 헤아려주시기를"에서 유래한다. 노리나가는 『다마쿠시게 별권』을 『다마쿠시게』라는 이름으로 1790년에 간행했다. 『비본 다마쿠시게』의 경우는 노리나가 생전에 출판을 엄중히 금한 책이었으나, 노리나가 사후 1851년에 간행된다.

하면서 도의 근본에 대해 설파한 책이지만, 극히 원론적인 차원에 그칠 뿐이다. 거기에서 이야기되는 도는 『고사기전』의 성과를 반영한 것이며, 대체로 「직비령」의 요약과 반복에 가깝다.

『다마쿠시게』의 첫머리는 "참된 도는 하늘과 땅 사이 전 세계에 통용되는 것으로 모든 나라에 하나뿐이다. 그런데 참된 도는 오직 황국에만 올바르게 전해지고, 외국에서는 상고부터 전래가 끊어졌다"(85쪽)라고 시작된다. 도의 보편적 성격을 전제하고 난 뒤에 이어지는 것은 '황신(皇神)의 도'와 '이국(異國)의 도'의 비교다.

> 문화(文華)가 일찍 열렸다고 해서 당토(唐土)가 낫다고 생각하는 것도 잘못이다. 일찍 문화가 열린 듯 보이는 것은 만사가 빨리 변화했다는 뜻이다. 이는 그 나라의 풍속이 나쁘고 경박하기 때문이다.…… 반면 황국은 풍속이 정직하고 중후하여 무슨 일이든 오직 옛날의 선례를 지켰으며, 사사로운 지식을 가지고 경솔하게 고치는 일이 없었다. 그래서 대를 거듭함에 따라 세상의 모습이 빨리 변하는 일도 자연히 없었던 것이다. 이 중후한 풍의(風儀)는 지금도 여전히 남아 있다.(98쪽)

여기에서 뚜렷하게 대비되는 것은 일본의 정직하고 중후한 풍속과 중국의 나쁜 풍속이다. 노리나가가 생각한 정치 문제의 근본은 '국속(國俗)'의 문제나 다름없었다. 단 선례를 지키는 것을 최우선시하여, '요즘 세간의 풍조'를 계속 문제라고 하면서도 그것을 바꿔야 한다고는 하지 않는다.

구체적인 국정운영 방식을 제안하는 『비본 다마쿠시게』에서도 그의 보수적 성향을 볼 수 있다. 오히려 그는 중국의 도조차 이용하라고 한다.

> 우리나라도 중고 시대 이후에는 대부분 중국풍의 정치를 행했으며 세간의 풍습이나 인심도 모두 중국풍이 되어버린 세상이므로, 지금은 지엽 말단의 일에는 중국의 도를 섞어서 행하지 않으면 안 될 것이 많다. 따라서 영주는 말할 것도 없고 정무를 집행하는 사람들도 충분히 한학을 연구하여 사안에 따라서 중국 도의 좋은 점을 채용해야 한다.(128-129쪽)

사사로이 도를 행하지 않아야 한다는 그의 주장은 위정자의 경우에도 똑같이 적용되는 것이다.

> 설령 이익이 있다 해도 갑자기 새로운 일을 시행하려 한다면 사람들이 순순하게 따르지 않을 것이며, 오히려 일을 해치는 사태가 벌어질 수 있다. 대저 사람이란 오랫동안 익숙해져 있는 일은 다소 불편해도 그 일에 안주하기 마련이다. 이익이 된다 해도 새로운 일은 번거롭게 생각하는 것이 세간의 관습이므로, 지금까지 계속 시행해온 일은 다소 불편한 점이 있어도 대부분 그대로 놔두는 편이 좋으며, 대체로 새로운 일은 성급하게 벌이지 않는 게 좋다.(168쪽)

그러므로 "대체로 큰 문제가 없는 한 새로운 정책을 내기보다는 예전 방식대로 따르는 것이 최상이다."(169쪽) 이를 흔히 말하는 복고사상이라고 하기는 어렵다. 노리나가에게 고대는 단순한 동경의 대상이나 이상향이 아니다. 고대는 역사적 과거의 실재인 동시에 전면적으로 현대와 중첩된다. 즉 고대는 현대에 살며, 현대는 현대인 채로 고대가 되는 것이다.

이러한 역사인식과 학문적 달성이 본격적인 정치사상으로서 얼마나 시사적이었는지는 불투명하다. 현실 정치에서 노리나가는 이때 잠시 약간의 접점을 가졌을 뿐이다. 노리나가를 초빙하여 번정 개혁을 도모하고자 했던 오와리번(尾張藩)의 가신 요코이 지아키(横井千秋)의 노력에도 불구하고, 계획은 좌절되어 노리나가는 오와리번 대신에 기슈번에 서책을 바친 것이었다. 그리고 1792년 기슈번에 임관했을 때 그의 공식적 대우는 의사 자격으로 오인부지(五人扶持)에 불과했다.[43] 막부 말기에서 유신기에 이르는 전환기 사상에 국학이 끼친 영향력을 성급히 말하기는 조심스러운 까닭이다.

43 다른 국학자들도 사정은 크게 다르지 않았다. 마부치는 한때 정식으로 출사하기도 했지만, 그것은 자신이 만엽풍 노래를 읊는 가인이기도 했던 도쿠가와 무네타케(德川宗武)의 특별한 후원에 의한 것이었다. 또한 아쓰타네는 오와리번 에도 영지에 출사했으나 본지로의 출사는 끝내 실현되지 않았고, 후에 미토번의 임관을 청원하기도 했으나 막부의 명으로 결국 에도를 떠나지 않을 수 없었다.

제2부

모토오리 노리나가 이후의 황국

제5장

제국 담론의 교차

1. 황국의 유행과 확산

18세기 말 모토오리 노리나가는 『고사기전』을 완성하는 과정에서 '황국'이라는 용어를 자각적으로 사용하기 시작했다. 정확히는 간세이(寬政) 연간, 즉 1789-1801년에 '황국' 내지 '황조'라는 말이 보급되었다고 선행 연구에서도 지적한 바 있다.[1] 하지만 노리나가도 처음부터 '황국'을 썼던 것이 아니라 이 시기에 본격적으로 의식하기 시작한 것으로 보인다.

'황국'은 노리나가가 독창적으로 만든 조어(造語)는 아니다. 노리나가 이전의 국학자들을 비롯하여 18세기 말 근세 일본에서 이 용어의 보급과 함께 이른바 '황국 의식'이 형성되었음을 전체적으로 조망할 필요가 있다.[2]

1 渡邊浩, 「「泰平」と「皇國」」, 『東アジアの王權と思想』, 東京大學出版會, 1997(1987), 148-153쪽.

2 野口武彦, 「本居宣長の古道論と治道論」, 『宣長選集』 解說, 筑摩書房, 1986, 19쪽.

노리나가 이전에도 국학자 가다노 아즈마마로(荷田春滿)는 일찍이 『창학교계(創學校啓)』에서 '황국지학교(皇國之學校)', '황국지학(皇國之學)' 등의 말을 썼다. 그리고 노리나가의 스승이었던 가모노 마부치는 '황조(皇朝)'에 '스메라미카도(スメラミカド)'라고 훈을 달아 자주 사용했다. 또는 '황어국(皇御國)'이라 쓰고 '스메라미(スメラミ)'나 '스메라미쿠니(スメラミクニ)'라고 훈을 달기도 했다. 마부치는 '황조'와 '황국'을 거의 동의어로 썼지만, 노리나가의 경우 '황조'는 그다지 쓰지 않았다. 노리나가는 보다 엄밀하게 '황조(미카도)'라는 말은 조정의 일에 국한하여, 직접적으로 정치에 관한 일이라든지 외국사절의 파견 등에만 제한적으로 사용했다.

전통적인 중국의 화이사상에 대한 반발이라는 의미에서는 일본이야말로 '중화(中華)'·'중조(中朝)'·'중국(中國)'이라고 칭해야 한다는 주장이 종종 있었다. 다시 말해 선택지가 '황국'만 있었던 것은 아니다. 사실 국명에 쓰이는 '황(皇)'자는 '대(大)'자와 마찬가지로 미칭(美稱)이라고 할 수 있다. 오규 소라이는 '대화(大和, 야마토)'와 같은 뜻으로 '황화(皇和)'가 있어도 좋겠다고 했는데, 노리나가는 일찍이 이 설에 깊이 공명하기도 했다.

국명에 쓰는 '황(皇)'자가 '대(大)'자와 상통하는 글자라는 것은 소라이로부터 유래하는 설이다. 노리나가가 교토 유학 시절에 남긴 초록 『와카노우라(和歌の浦)』에 보면, 1715년에 간행된 소라이의 『역문전제초편(譯文筌蹄初編)』 권1 가운데 '화(和)'자에 대한 설명 후반부가 인용되어 있다.

> 소라이 씨의 『역문전제(譯文筌蹄)』 권1에 이르길, 화(和) 또는 일본(日本)을 화국(和國)이라 하는 것은 원래 오노코로시마(磤馭盧嶋)라 하는 것이 일본의 본래 이름이었기 때문이다.…… 스스로를 오노코섬(丈夫

嶋)이라 칭하는 것을 중국인들이 문자로 옮겨 오노코(倭奴國)라 했다. 당음(唐音)으로 오노코인데, 그것을 약칭하여 왜(倭)라 했다. 그 후 일본에서 이를 아름다운 이름으로 고쳐 화(和)라 했다. 왜(倭, 와)와 화(和, 와)는 음이 같기 때문이다. 대화(大和)라 함은 대송(大宋), 대당(大唐)의 대(大)와 같이 존칭이다. 원래는 일본의 총칭이다. 야마토(山迹)국은 그 당시 도읍이었기 때문에 대화(大和, 야마토)라 쓰는 것에 어려움이 없었다. 그 후 도읍을 헤이안성(平安城)으로 옮겼으나 여전히 대화(大和)라 한 것은 배우지 못한 것에 불과하다. 따라서 야마토국이라는 말은 야마토(山迹)에서 나온 것이고, 대화(大和)라는 글자는 오노코로시마(磤馭盧嶋)에서 나온 것으로 각각 별개다. 신도가들은 이를 모르고 오노코로시마를 아와지시마(淡路嶋)라고 한다. 한편 황송(皇宋), 황원(皇元), 황명(皇明)과 같은 예에 따라 우리나라를 황화(皇和)라 할 만한데, 예로부터 이 명칭을 들은 바 없다. 근년에 소라이 씨가 자신의 글에 처음으로 이 말을 썼다.[3]

소라이는 국명에 '대(大)'자와 동일한 의미를 갖는 '황(皇)'자를 써서 일본의 미칭(美稱)으로 '황화(皇和)'라는 말이 있어도 좋겠다고 제안했다.[4] 그리고 노리나가는 마쓰자카 귀경 직후에 집필한 『순암수필』에서 다음과 같이 국명에 '대(大)'자를 붙이는 법에 대해 고찰하면서 소라이가 사용하기 시작한 '황화'라는 말을 높이 평가한다.[5]

---

3 『本居宣長全集』, 14권, 616쪽.

4 소라이의 시문 등에 '황화(皇和)'라는 용어가 쓰인 사실에 대해서는 岡井慎吾, 「漢字の訓解と校勘の學」, 福島甲子三 編, 『近世日本の儒學』, 岩波書店, 1939; 吉川幸次郎, 「民族主義者としての徂徠」, 『仁齋·徂徠·宣長』, 岩波書店, 1975 등의 지적이 있다.

5 노리나가가 채택한 것은 '황화(皇和)'만으로, 소라이가 그 설의 기반으로 하고 있는 오노코로시마(磤馭盧嶋) 관련설에 대해서는 부정한다. 『고사기전』에는 "이 섬(=오

대(大)자는 그 나라에서 자신의 국명에 쓰는 것인데, 어찌하여 우리나라에서 다른 나라에 대해 대(大)자를 쓴단 말인가.…… 황명(皇明)이라고 할 때의 황(皇)자도 같은 뜻이다. 고래로 야마토를 대화(大和)라 쓰는 것도 대당(大唐)·대명(大明)의 대(大)자의 뜻이다. 이에 따라 근년 들어 유자(儒者)가 우리나라를 황화(皇和)라 쓰기 시작했다. 실로 그 뜻이 이치에 부합한다. 이처럼 글자를 쓰는 일에 주의를 기울이는 것도 최근 유자가 발명한 것이다. 유자는 이렇게 발명한 것을 주의 깊게 논하는데, 세상의 신도가 중 우매한 자가 대당(大唐)·화인(華人)·화음(華音) 등을 학식 있는 듯 설하니 어리석지 않은가. 이런 일들 때문에 항상 유자나 불자의 웃음거리가 되는 것이다.[6]

위의 내용은 당시 신도가들을 향한 비판이었음을 알 수 있다. 이 인용문의 전후에는 '지금의 상리(常理)'를 가지고 '신대의 묘리'를 설하려 하는 신도가들의 신화 해석 태도에 대한 비판이 계속되며, '우리나라의 신도'는 '자연 영묘의 신도'라는 점이 반복해서 강조된다.

우리나라의 신도는 아직 중국의 문자가 전래되기 이전의 마음이 되어 보아야 한다.…… 옛 신도가들은 석가의 가르침에 미혹되었고 근래의 신도가들은 유자에 빠져 그 가르침을 선망하여,……

무릇 천하의 치란성쇠 모두 하나같이 아마테라스 신의 뜻에 따르는 것이다. 따라서 천하의 대법, 조정의 의식을 비롯하여 각 지방의 풍

노코로시마)을 우리나라의 본명으로 대장부섬(丈夫嶋)이라는 뜻이라고 하는 설은 옛말을 모르는 자의 잘못이다"(『本居宣長全集』, 9권, 164쪽)라는 대목이 있다.

6 『本居宣長全集』, 13권, 602쪽.

속, 누가 정하려 하지 않아도 자연히 정해진 제도, 혹은 그 국법 등에 이르기까지 전부 다 아마테라스 신의 뜻에 의해 정해진 것이다.…… 이를 자연 영묘의 신도라 한다.[7]

중국에서 역성혁명이 일어날 때마다 천하의 법이 바뀌었던 데 비해, 일본의 천하 대법은 '자연스러운 기세'에 의해 정해진 것이라고 주장한다. 여기서는 아직 '황국의 도'라는 말이 전면에 들어나 있지는 않지만, 내용상 후의 「직비령」에 보이는 '도'에 대한 논의와 상당히 가깝다.[8]

극단적으로 말한다면, 이러한 담론은 '황국'이 아니더라도 주장할 수 있었던 셈이다. 더구나 '황국'이 단순히 중국에 대한 대항의식의 발로라면, 선택지는 '황국' 이외에도 많이 있었다. 이미 노리나가 이전에 전통적인 중국의 화이사상에 대한 반발로, 일본이야말로 '중국(中國)'·'중조(中朝)'·'중화(中華)'라 불러야 한다는 주장들이 종종 전개된 바 있다.[9] 앞에서 '황화'에 대해 다루고 있는 인용문은 다음과 같이 시작하는 문장이었다.

유자는 중국을 중국이라 하고, 불자는 천축의 마하타국을 중국이라

---

7 『本居宣長全集』, 13권, 599쪽; 603쪽.

8 노리나가의 '자연의 도'가 '신의 도'로 이행되는 점과 관련해서는 山下久夫, 『本居宣長と「自然」』, 沖積舍, 1988 참조.

9 야마가 소코(山鹿素行)의 『謫居童問』(1668) 및 『中朝事實』(1669)의 「中國章」, 「皇統章」, 「禮儀章」 등이 대표적이다. 모두 『山鹿素行 上』, 日本教育思想大系, 日本圖書センター, 1979에 수록되어 있다. 또한 야마자키 안사이(山崎闇齋) 문하에서는 아사미 게이사이(淺見絅齋)와 사토 나오카타(佐藤直方)가 '중국' 논쟁을 벌인 것으로 유명하다. 게이사이의 『中國辨』(1701), 나오가타의 「中國論集」(1706)이 西順藏 他 校注, 『山崎闇齋學派』, 日本思想大系 31, 岩波書店, 1980에 부록으로 실려 있다.

> 한다. 그러나 이는 모두 자신이 존중하는 바에 편중되어 있는 말로 공평한 말이 아니다. 이러한 예에 따라 말한다면, 중국과 천축은 신의 후예가 아니고 아마테라스 신이 천손을 강림하게 한 나라도 아니므로 모두 밖에 있는 나라다. 오직 일본만이 신의 울타리 안에 있는 나라(中國)다. 우리나라 사람들이 신어국(神御國)을 제쳐두고 신이 없는 나라를 중국이라 하는 것은 크게 어긋나는 것이다.[10]

유자와 불자가 각각의 입장에서 '중국'이라는 말을 쓴다면 신의 울타리 안에 있는 일본이야말로 '중국'이 될 터, 따라서 국명의 '대(大)'자나 '황(皇)'자는 그 나라에서 붙이는 것이라는 지적으로 이어진다. 일본이 곧 '중국'이라는 논의를 이 단계의 노리나가는 '신국(神國)'과 관련 지어 설명했다.

그러나 노리나가가 '신국'이라는 말을 선택하는 일은 없었다. 「직비령」에 의하면, "황국의 신은 지금 실제로 천하를 다스리고 있는 천황의 조상이므로 예의 공리(空理)와는 부류가 전혀 다르다. 저 중국 서적에 나오는 신도는 아무리 헤아려도 알 수 없는 신비의 도라는 의미이고, 황국의 신의 도는 천황의 조상신에서 시작되어 유지되고 있는 도이므로 그 의미가 전혀 다르지 않은가"(70쪽)라고 하여 '신의 도(神の道)', '신의 나라(神の國)'에 대해 상세히 설명하면서도 그것을 숙어로 쓰는 '신도(神道)', '신국(神國)'과는 구별한다. '신국'이라는 명칭이 신라왕의 발언에서 비롯된 것임을 노리나가는 잘 알고 있었기 때문일까.[11] 그저 "신국이

10 『本居宣長全集』, 13권, 601-602쪽.

11 '신국(神國)'의 초출은 『일본서기』 진구 황후 섭정전기에 나오는 신라왕의 발언 가운데 "동쪽에 신국 일본이 있고 성왕(聖王)이 있어 천황(天皇)이라 한다"라는 구절이다. 이 기사를 바탕으로 『일본삼대실록(日本三代實録)』 세이와 천황(清和天皇)

라고 한인(韓人)들이 말한 것도 수긍할 만하다"(53쪽)라고 할 뿐이다. '황국의 도'는 곧 '신의 도'이고 '황국'은 틀림없이 '신의 나라'이기는 하나, '신국'이라는 명칭은 지금 현재의 자국 표상으로는 부적절하다고 판단한 듯하다.

최종적으로 노리나가가 선택한 것은 '중국'도 '신국'도 아닌 '황국'이었다. 그것은 소라이가 '대화'에서 '황화'를 발전적으로 찾아냈듯이, '어국'을 매개로 한 '황국'의 발견이었다. 일본을 '중국'으로 보는 '신국'의 논리는 이제 '황국'으로 대치되었다고 생각할 수 있다.

'황국'은 단순히 국명에 대한 일반적 미칭이라고 하기는 어렵다. 중국에서도 '황조'라는 말은 쓰지만, 그것은 전 왕조에 대해 당대의 왕조를 높여 부르는 말이다. 하지만 '황국'이라고 할 때는 천황 이외의 왕조는 전제되지 않고, 일본 외의 '황국'은 있을 수 없다. 결국 '황국'은 존칭이라기보다 오로지 외국에 대해 자국을 과시하는 유례없는 자기규정이자 세계관의 상징으로 기능하는 것이다.

요컨대 '황국'이라는 말은 천황을 정점으로 하는 국가를 나타내고, 그 표상은 만국의 우위에 서는 자국 아이덴티티의 주장으로 직결된다. '황국'이 사용될 때 중국은 더 이상 '중국'이나 '중화'일 수 없고, '가라(漢·漢土·唐·唐土)' 또는 '서토(西土)' 등으로 불릴 따름이다. '황국'의 쓰임이 정착됨에 따라 대외적 구별의식이 강해지는 경향이 보이는 것은 당

조간(貞觀) 11년(=869) 12월 신라 해적이 침략했을 때 이세 신궁(伊勢神宮)과 이와시미즈 하치만궁(石清水八幡宮)에 올린 고문(告文)에는 '신명지국(神明之國)' 및 '신국'이라는 표현이 빈출한다. 에도 시대 중기의 국학자 다다 요시토시(多田義俊)의 『난레이시(南嶺子)』에 "신국이라는 것은 『일본서기』 이래 『문덕실록(文德實録)』까지의 오부(五部) 국사에는 보이지 않고 『삼대실록』에 이르러 처음으로 나온다"라는 지적이 있고, 노리나가도 이를 수필에 발췌한 바 있다(『本居宣長全集』, 13권, 120쪽).

연하다고 하겠다. 예컨대 노리나가가 일본외교사를 정리하여 1796년에 간행한 『어융개언』에는 다음과 같이 내외의 구별을 역설하는 언설이 현저하다.

> 그 나라에 대해서는 한(漢)이나 당(唐)이라 하지 않고, 오히려 어국(御國)에 대해 일본(日本)이나 본조(本朝)라 하여 구별하는 것은 모두 잘못되었다.…… 이 내외의 분별이 없어서는 안 되리라. 황국(皇國)은 안이고 모로코시(唐土)는 밖이므로 그 나라에 대해 말할 때는 구분하여 당이라거나 한이라는 식으로 불러야 마땅하다. 황국에 대해서는 일본·본조(本朝)·본방(本邦)·오국(吾國) 등으로 불러서는 안 된다. 그런데 세상 사람들은 어찌 거꾸로 황국을 밖으로, 모로코시를 안으로 하는 호칭을 쓴단 말인가.[12]

중국 대신 자국 '일본(日本)'에 대해 왕조명을 사용하는 것에 대한 비판이다. 더구나 '일본'이라는 국명은 스스로 칭한 이름이 아니라 중국 측에 의해 붙여진 이름이라는 점에서 부정된다. 아울러 노리나가도 이전에는 '본조(本朝)'·'본방(本邦)'·'오국(吾國)' 등의 말을 사용했으나, 이러한 용어들도 모두 쓰지 말아야 한다고 할 정도로 '황국'을 강조하는 입장이 더욱 분명해진다.

주의할 점은 마부치나 노리나가와 같은 국학자들에게 대외적 위기의식은 사실상 거의 없었다는 사실이다. 서양의 천문 지리학적 지식에 대한 노리나가의 높은 관심과 평가는 어디까지나 중국을 부정하기 위한 방법으로만 사용했다. 오히려 국학 사제가 노무가와 막부 체제하에서

12 『本居宣長全集』, 8권, 67쪽.

지속된 '태평' 의식의 소산이며,[13] 그러한 현실이 '황국'의 우월성에 대한 틀림없는 확신과 자기만족으로 이어질 수 있었다.

그런데 이렇게 발견된 '황국'은 주지하다시피 이후 근대 일본에 이르기까지 오랜 기간 계속해서 사용된다. 바로 이 점이 '황국' 중심주의 사상의 대표로 모토오리 노리나가의 이미지를 고정시킨 요인 중의 하나라고 여겨진다. 여기서는 노리나가를 시작으로 보급 확산된 '황국'이라는 자국 의식과 더불어, 한편으로 비슷한 시기에 새로이 등장한 '제국(帝國)'이라는 말에 주목해보고자 한다. 즉 도쿠가와 막부 말기부터 근대국가 성립기까지의 19세기 일본에서 급변하는 국제정세에 주변국을 의식하며 성립한 자국 표상 개념에 대한 것이다.

2. 국학과 난학의 공명

노리나가 이후 '황국'이라는 말이 널리 퍼졌던 데에는 확실히 노리나가의 영향력을 인정할 수 있을 듯하다. 노리나가의 저서 중에서도 특히 앞에서 인용한 『다마쿠시게』나 『어융개언』 등의 영향이 컸던 것으로 보인다. 예컨대 노리나가의 제자의 제자에 해당하는 나카지마 히로타리(中島廣足)는 『가시조노 문집(橿園文集)』(1839)에 수록된 수필 「동자문답(童子問答)」에 다음과 같이 쓰고 있다.

> 『다마쿠시게』라는 책에 자세히 기록되어 있는데 실로 그 첫마디에 놀라지 않을 수 없다. 그 후에 계속해서 황조를 떠받들고 내외를 구별하

13 渡邊浩, 앞의 책, 153쪽.

게 되어 저술에도 '어국'을 '황국'이라 쓰는 유학자가 생겼음은 황국학(皇國學)이 완전히 열린 것이다.……

그런데 이 고학(古學)이 열린 증거는 근년에 유학자들도 우리나라를 '황조'라 쓰게 된 것인데, 요즘 들어서는 난학자들도 '황국'이라 쓰는 이가 생겼다.[14]

히로타리는 노리나가의 저서 『다마쿠시게』로 인해 유학자와 난학자까지도 '황국'이나 '황조'라는 용어를 쓰게 되었다고 지적한다. 그리고 그와 같은 상황을 '황국학'의 융성이라고 보고 있다.

당시 서양학을 소개하고 연구하는 입장에 있었던 난학자들이 일본을 세계의 중심에 두는 국학자들의 용어를 공유했었다는 사실은 상당히 눈길을 끈다.[15]

대표적인 난학자 미즈쿠리 쇼고(箕作省吾)도 세계를 논할 때 다음과 같이 '황국'으로부터 시작한다. 1845년에 간행된 쇼고의 『곤여도식(坤輿圖識)』 권1 아세아지목록(亞細亞誌目錄)은 '황국(皇國)', '중국(漢土, 가라)', '대 타타르(大韃而靼)', '지나 타타르(支那韃靼)【조선·만주·몽고……】'라고 되어 있다.[16] 또한 여기서는 독립국과 부속국을 구분하여, 독립국 옆에 부속국들을 작은 글씨로 나열한다. '황국'의 속국으로 '【에조(野作)·하치조(八丈)·류큐(琉球)·오쿠에조(奥蝦夷)·사할린(薩哈連)】'이 있다고 표기하는 것이다. 세계 각국을 의식적으로 '독립'된 나라와 '부속'된 나라로 구분짓는 기술방식이다. 쇼고가 동시대 서양의 주권국 개념을 의식

14 中島廣足, 『中島廣足全集』 2(道義篇), 大岡山書店, 1933, 313쪽; 362쪽.

15 渡邊浩, 『增補新裝版 東アジアの王權と思想』, 東京大學出版會, 2016(1997).

16 箕作省吾, 『坤輿圖識』, 東京大學総合圖書館藏版本, 1845.

하고 있었는지의 여부는 알 수 없으나, 서양에 의한 세계 지배 추세를 깊이 의식하면서 일본이 그것을 피해 '독립'을 유지하는 것을 긴요한 과제로 보고 있었음은 분명하다.[17]

물론 국학자들의 경우에 '황국'의 사용이 매우 현저했음은 두말할 나위가 없다. 그중에서도 노리나가 학통의 계승자임을 자처했던 히라타 아쓰타네는 노리나가가 지향했던 '황국' 사상을 극단적인 형태로 계승했다. 아쓰타네는 '황국'에 대해 다음과 같이 말한다. 1808년경에 성립한 『강본 이부키오로시(講本氣吹颸)』 상권 첫머리에 해당하는 부분이다.

> 이는 처음 듣는 이들을 위해 서문에 말해두고 싶소. '미쿠니(みくに)'라 함은 다름 아닌 '어국(御國)'을 말하는 것이오. 즉 우리 이 나라 말이오. 그런데 어째서 '온쿠니(おんくに)'라 하느냐. 그건 바로 천황(天皇), 즉 긴리사마(禁裡樣)의 나라이시기 때문에 높여서 그리 부르는 게요. 참말이오. 또 세상 사람들이 흔히 말하길 '일본'에서 이러쿵저러쿵, 혹은 '일본인'이 이러저러했다는 둥 하는데, 그리 말해서는 아니 되는 것이오.…… 내가 '미쿠니'라 하면 이 '황국(皇國)'에 대한 것이오.[18]

아쓰타네는 자신이 말하는 '미쿠니'란 천황의 나라를 뜻하는 '황국'이라는 점에 주의할 것을 당부하며, '일본' 및 '일본인'이라는 명칭을 사용하지 말 것을 강조한다. 또한 "어국은 신국이므로 신의 도는 즉 천하의 도"[19]라 하여 '황국'과 '신국'이 곧장 결합하는 모습을 보인다. 나아가

---

17 미타니 히로시, 「'아시아' 개념의 수용과 변용: 지리학에서 지정학으로」, 와타나베 히로시·박충석 편, 『한국·일본·'서양'』, 아연출판부, 2008.

18 平田篤胤, 『新修平田篤胤全集』, 名著出版, 1976-1981, 15권, 115-116쪽. 이하 『新修平田篤胤全集』, 쪽수만 표시한다.

아쓰타네는 『영혼의 기둥(靈能眞柱, 다마노미하시라)』(1812)에서 "황대어국은 만국의 조국이며 천황은 만국의 군주다. 나의 스승(=노리나가)은 만국에 한 사람뿐인 학문의 대가임을 깨달아야 할지어다"[20]라고 말한다. 이후 아쓰타네의 강의에는 '황국'과 더불어 만국의 '본국(本國)'·'원국(元國)'·'조국(祖國)' 등의 표현이 자주 쓰인다. 1824년에 간행된 『고도대의(古道大意)』에는 "어국은 신들의 본국이 되기 때문에 신국이라 칭하는 것은 실로 우주의 공론"[21]이라고 할 만큼 '신국'이라는 표현도 다수 보인다.

이와 같은 아쓰타네의 언설에서 '황국'과 대치되는 외국은 항상 '이적(夷狄)'·'번국(蕃國)'·'외번(外蕃, 에비스쿠니)' 등의 오랑캐나라를 뜻하는 명칭으로 일컬어진다. 또한 '황국'의 천황이 만국의 군주로 숭앙되는 반면, 외국의 왕들은 '추장(酋長, 가시라)'이나 '국추(國酋, 고키시)'와 같은 명칭으로 폄하된다. 아쓰타네의 시대가 되면 대외정세가 급박해지고 실제로 외국(특히 러시아)이 '황국'의 위협적 존재로서 부각되기 시작했다고 볼 수 있다.

사실 앞에서 나카지마 히로타리가 이해한 '황국의 도'는 위기의 시대에 국민 통합을 위한 '술수'였다.[22] 노리나가처럼 『고사기』의 기술을 그대로 사실로 믿고, 하늘에 빛나는 태양이 곧 아마테라스 신이라고 믿는 것은 도쿠가와 시대 사람들에게도 그리 용이한 일은 아니었다.

한편 국학자들은 주자학적인 보편적 '도리'에 대한 진지한 신념도

19 『新修平田篤胤全集』, 15권, 129쪽.
20 『新修平田篤胤全集』, 7권, 100쪽.
21 『新修平田篤胤全集』, 8권, 8-29쪽.
22 와타나베 히로시, 「'교(敎)'와 음모: 국체(國體)의 한 기원」, 와타나베 히로시·박충석 편, 『한국·일본·'서양'』, 아연출판부, 2008.

갖고 있지 않다. 그 때문에 '황국의 도'를 긍정할 때 국학자는 특히 노골적인 솔직함으로 '사실'에 집착하는 것이다. 히로타리에 의하면 "모든 도의 본뜻은 그 나라의 인민을 회유해서 이끄는 방법"으로 정교한 통치 수단에 다름 아니다. 나아가 "모든 도의 본뜻은 천하 사민의 마음을 정직하게 하고, 다만 오로지 나를 갈고 닦아 큰일이 있을 때 나를 위해 죽음을 영광으로 알도록 함이다"라고 단언한다. "위급할 때 성심에서 우러나 목숨을 버리고 황국을 위해 충성을 바치고 천하를 위해 죽게" 하는 방법이 히로타리에게는 '황국의 도'였다.

> 천축은 천축, 네덜란드는 네덜란드, 러시아는 러시아, 그 외 만국 모두 각각의 도가 있어 나라가 유지되는 것이다.…… 서양의 제국은 궁리학(窮理學) 외에 각 국민을 이끄는 도가 따로 있는데, 그것이 즉 국민의 마음을 일치시키는 술…… 서양국이라 해도 인민이 모두 궁리학을 하는 것은 아니다. 하민은 어디라도 마찬가지로 학문 없는 우민일 뿐이다. 그 우민이 즉 나라의 근본으로 천하를 채운 존재이므로 그 민심을 동요하지 않도록 일치시키는 것을 교법이라 하는 것이다.[23]

히로타리는 서양의 기독교를 어디까지나 인민을 '속이는' 술수로 이해하고 일본도 이와 마찬가지로 교법을 만들어야 한다고 주장한다. 특히 당시의 민심이 불교에 현혹되어 있다는 사정에 비추어 호소하는 것이다.

이와 관련하여 아쓰타네를 잇는 후기 국학자들 사이에서 '황국' 의식은 특히 교도(教道)의 방법으로 전개되었다는 지적을 더 생각해볼 만

23 中島廣足, 앞의 책, 364-365쪽.

하다. 첫째로 학교제도를 통해 황국학의 교육 효과를 기대하는 교도의 방법, 둘째로 전국 각지의 신사라는 지역 네트워크를 이용하여 종교적 교도를 행하는 방법, 셋째로 구체적인 산업과 가업 직분에 주목한 일상생활 실천면에서의 교도의 방법 등이다.[24]

'황국'적 세계관과 표리일체를 이루는 배외사상이 이윽고 본격적인 양이론으로 등장하게 된 것은 아쓰타네의 후계자들에 의해서였다. 예를 들어 에도 후기의 경세가로 병학과 농학을 중심으로 절대주의 국가를 구상했던 사토 노부히로(佐藤信淵)는 『혼동비책(混同秘策)』(1823)을 저술하여 "세계를 혼동하여 만국을 통일하는 일"을 구체적으로 계획했다.

> 황대어국은 대지에 최초로 이루어진 나라로 세계만국의 근본이다. 고로 제대로 그 근본을 다스릴 때는 전 세계를 빠짐없이 군현으로 하고 만국의 군주가 모두 신하로서 복종하도록 해야 한다. 감히 신대의 고전을 가져와 생각건대, '푸른 바다를 다스려라' 함은 황조신 이자나키가 스사노오에게 위임한 바이다. 그러므로 즉 세계만국의 창생을 다스림은 최초에 황국의 주인이 된 자의 임무임을 알아야 한다.[25]

위의 인용은 『혼동비책』의 첫 구절이다. 서구 여러 나라들에 의한 아시아 진출에 대해 위기감을 느끼고 근린 지역으로 영토를 확장할 것을 주장한 노부히로는 자신이 세운 침략 계획의 근거를 8세기 문헌인 『일본서기』에 두고 있다. 여기서도 자국을 나타내는 용어는 어김없이

---

24 佐藤孝敏, 「國學における「皇國」意識の展開と日常生活論」, 源了圓·玉懸博之 編, 『國家と宗教: 日本思想史論集』, 思文閣出版, 1992.

25 尾藤正英·島崎隆夫 校注, 『安藤昌益·佐藤信淵』, 日本思想大系 45, 岩波書店, 1977, 426쪽.

'황국'이며, 첫머리를 장식하는 표현은 '황대어국'이다.

노부히로와 마찬가지로 아쓰타네의 제자였던 오쿠니 다카마사(大國隆正)는 1818년의 나가사키 부임을 계기로 존황양이(尊皇攘夷)의 뜻을 굳혔다고 회고한다. 『존황양이이설변(尊皇攘夷異說辨)』(1862)에 의하면, 다카마사가 생각한 존황양이의 방법은 먼저 '황국학'의 기초를 다지고 오랑캐를 물리치는 '어융(馭戎)'의 기술을 배후에서 만든다는 것이었다.

> 황국은 세계 제일의 나라로 우리 천황은 오로지 황국의 천황으로 계실 뿐만 아니라 세계만국의 총왕(總王)으로 계신 것이다. 이는 신대의 오묘한 이치로서 천만년 후에 그 효험이 나타났다. 오랑캐들(外夷)은 조공을 올리며 하나같이 신하로서 복종해야 할 나라들이다.[26]

다카마사는 원래 '황국'은 군주의 위치에 있는 나라이고, 중국을 비롯한 외국은 모두 신하의 위치에 있는 나라라고 했다. 그는 메이지 유신과의 관련성으로 인해 존황주의자 내지 반막부파로 종종 오해를 받는다. 그러나 그는 명백하게 대정위임론(大政委任論)에 근거한 막부 긍정론자였다.[27] 그는 개국론과 양이론이 대립하는 최전선에서 개국통상을 실질적으로 용인하는 형태로 막부의 개국정책에 따랐고, 동시에 '대제작(大帝爵)의 국체(國體)'를 전제로 한 대양이론(大攘夷論)을 표명했다. 즉 무력을 사용한 소양이론(小攘夷論)이 아니라 정리(正理)로써 상대국을 따르게 한다는 것이 대양이론이다. 대개 양이론자들의 명분은 천황의 명을 받들어 양이를 결행한다는 것이었는데, 사실상 그들에게 존황양이는 존

---

26 野村傳四郎 校訂, 『大國隆正全集』, 有光社, 1937, 2권, 197-198쪽. 이하 『大國隆正全集』, 권수, 쪽수만 표시한다.

27 玉懸博之, 『日本近世思想史研究』, ぺりかん社, 2008.

황을 위한 양이라기보다 양이를 위한 존황의 측면이 강했다.[28]

일본이 '대제작의 국체'를 갖춘 세계만국의 '총본국(總本國)'이고 천황이 사해만국의 '총제(總帝)'라는 다카마사의 주장은 『본학거요(本學擧要)』(1855) 및 그 부록인 『어융문답(馭戎問答)』에서부터 계속 반복되는 설이다.

> 서양에서 지금 제작(帝爵)·왕작(王爵)·후작(侯爵)이라고 나라의 위계를 세우고 있는데, 우리 일본이야말로 일등 제작으로 꼽혀야 마땅하다. 지나·러시아·독일·튀르크, 이들은 같은 제작국이면서 국왕이 고대와 다르고 또한 중고 시대부터 세워진 나라들이다. 우리 일본국의 황통처럼 국왕이 변함없는 나라가 아니다. 이에 따라 생각하건대, 우리 일본국은 홀로 출중하여 귀한 나라임에 틀림없다. 이제껏 그랬던 것처럼 쇄국(鎖國) 상태로 있으려 한다면 어떻게든 그럴 수야 있겠지만, 지금은 지구상의 모습이 고대와는 다르므로 일본국도 상고 그대로는 있기 어려울 것이다.(『본학거요』)

> 지금 서양에서는 각 나라의 위계를 세워 제국(帝國)·왕국(王國)·후국(侯國)이라고 한다. 우리 일본국을 그 제국 안에 꼽을 수 있는 근거를 내가 생각하건대, 우선 그 위계를 정하는 방법이 천지의 사실에 맞지 않는다. 다른 제작국에 태고로부터 제왕이 바뀌지 않은 나라가 있다면 몰라도, 어찌 우리 일본국을 빼놓고 대제작국(大帝爵國)을 정할 수 있겠는가.(『어융문답』)[29]

28 坂田吉雄, 『明治維新史』, 未來社, 1960.

29 『大國隆正全集』, 1권, 17쪽; 90쪽.

천황 만국총제설은 세계에서 유일하게 일본만이 역성혁명 없이 군주의 혈통적 연속성을 유지해왔다는 사실에 근거를 둔다. 다음에 인용하는 『직비령보주(直毘靈補註)』(1855)에 의하면, 그 서명에서도 짐작되듯 다카마사는 이러한 사고방식이 기본적으로 노리나가의 사상에서 유래하는 것이라고 말한다.

> 우리 일본국은 왕위(寶祚)가 무궁하다는 신칙(神勅)이 거짓이 아니라서 만대를 두고 바뀌지 않은 천황이시기 때문에 온 나라가 우러러 받드는 것이 만국에 비할 데 없다. 또한 지금은 다이쇼군(大將軍) 가문에서 정권을 잡고 계신다. 이것은 저절로 외국과는 다른 국체(國體)를 이루는 것이다. 서양에서 제작국(帝爵國) 여섯 나라를 가렸다. 일본국은 그 하나로, 저절로 대제작의 국체를 갖추었다.…… 근래 들어 외국 선박이 종종 접근해오는 것도 신의 뜻에 틀림없다고 생각한다. 그러니 앞으로 일본국 사람들 모두가 옛 전승과 옛말을 고구하여 다른 말을 쓰는 사람들에게 우리 국체를 알게 하고 천조대신(天照大神, 아마테라스)의 신도(神道), 그 정수는 우리 일본국에 있음을 알려야 한다. 모토오리 옹이 이 책(=「직비령」)의 서두에 온갖 나라에 이 대어신(大御神)의 대어덕(大御德)이 미치지 않는 나라가 없다고 한 말이 영원히 통하리라는 것을 누구나 생각해야 할 것이다.[30]

여기에는 막부 말기의 시국을 반영한 언설이 눈에 띄는데, 다카마사는 예를 들어 이국선의 왕래에 대해 언급하며 그것을 '신의(神意)'라고 단정한다. 무엇보다 노리나가의 저작 중에 「직비령」을 읽어야 하는 필

30 『大國隆正全集』, 2권, 192-193쪽.

연성은 외국와의 접촉에 의해 일본을 아는 것이 중요해졌고, 외국인에게 일본의 옛 전설과 옛말을 전해 신도의 본질을 알려야 하기 때문이라고 말한다.

또한 1856년에 간행된 다카마사의 『인박자(燐駁者)』라는 저술이 있는데, 그 서문을 쓴 스즈키 시게타네(鈴木重胤)에 의하면 이 책은 어느 유학자의 『박본거옹서(駁本居翁書)』에 대해 다카마사가 노리나가를 옹호할 목적에서 지은 것이라고 한다. 다만 외국 문화가 들어오기 이전의 순수한 일본 신도로 돌아가야 한다는 다카마사의 주장은 노리나가의 '한의' 배척사상이 아니라 기독교에 대항하기 위한 논리에 기초한 것이다. 기독교에 바탕을 둔 서구 정치사상을 의식하여 신도에 입각한 제정일치의 주장이 이후 메이지 초기의 종교행정에 영향력을 행사하게 된다.

여기서 주목하고 싶은 것은 이상과 같은 다카마사의 사고가 '황국'과 더불어 '제국' 개념에 기반을 두고 있다는 점이다. 즉 '황국'이라는 말이 보급되고 정착해가는 19세기 일본 사회에 한편으로는 '제국' 일본이라는 담론이 대두하는 것이다.

3. 황국만이 제국이다

19세기 초 일본에서 '제국'론의 발단이 된 것은 독일인 의사 엥겔베르트 캠퍼(Engelbert Kaempfer)의 저서 『일본지(日本誌)』를 난학자 시즈키 다다오(志筑忠雄)가 『쇄국론(鎖國論)』이라고 번역 소개한 책에 의해서였다.[31]

31 『일본지』는 유럽 각국어로 번역되어 전파되는 과정에서 18세기 서양의 일본관을 결정지었을 뿐 아니라, 서양 측에 일본을 '제국'으로 소개하는 데도 기여했다. 독일어 원제에는 없는 '제국'이 영어판과 불어판에 붙은 것은 캠퍼가 일본의 지배자에 대

1801년 간행된 이 책에서는 아직 '제국'은 아니지만 '제호(帝號)'를 칭하는 나라로서 일본·중국·튀르크·러시아·인도·독일을 들고 있다.

> 무릇 천하에는 화란(和蘭, 네덜란드) 등이 인정하여 케이젤【제호(帝號)】이라 칭하는 여섯 나라가 있다. 우리나라의 천황과 쇼군, 지나의 황제, 튀르크의 술탄【화란에서는 코르틴헤일이라 칭하는 대군(大君)과 같다】, 러시아의 차르【화란에서는 코르트테호르스트라 칭하는 대왕(大王)과 같다】, 힌두스탄의 무굴【화란에서도 대무굴이라 부른다】, 게르마니아의 케이젤【화란어의 제호가 바로 이것이다】이다. 이 중 지나, 무굴, 튀르크 삼국의 황제는 말갈인의 후예다. 게르마니아, 러시아의 두 황제는 로마인의 후예다.[32]

이와 같은 논의가 이 책의 또 하나의 중요한 키워드인 '쇄국'이라는 담론과 더불어 막부 말기에 널리 퍼진다. 캠퍼는 일본의 경우 대외교섭이 불필요할 만큼 물산이 풍부하기 때문에 세계에서도 예외적으로 쇄국이 가능한 나라라고 보았다. 막부의 외교정책을 근본적으로 옹호하는 입장이다. 이 책에서 말하는 쇄국론은 한마디로 쇄국긍정론이었다.

그런데 흥미로운 것은 시즈키 다다오의 『쇄국론』 전체에 '황국'이라는 용어가 빈번하게 사용된다는 점이다. 범례를 비롯하여 특히 끝부분의 주석에 집중적으로 보이며, 궐자(闕字)의 원칙도 지키고 있다. 당시

해 성직자적 황제(천황)와 세속적 황제(쇼군)로 설명한 것을 반영한 결과였다. 도쿠가와 막부가 1854년에 맺은 일미화친조약 전문에 '제국일본(the Empire of Japan)'이라는 문구가 보이듯, 메이지 헌법 이전의 서양과의 외교관계에서 일본은 이미 '제국'으로 칭해졌다.

32 井上操 編, 『少年必讀日本文庫 第五編』, 博文館, 1891-1892, 50쪽.

난학과 국학이 의외로 맞닿아 있음을 보여주는 단적인 예다.

국학 쪽에서 보더라도 시즈키와 동시대의 국학자 히라타 아쓰타네는 그의 여러 저서에 『쇄국론』을 적극적으로 인용했다. 일본의 우월성을 주장하는 근거로 서양인 캠퍼의 견해를 끌어오는 것이다. 그리고 아쓰타네의 영향을 받은 국학자 구로사와 오키나마로(黑澤翁滿)는 외압이 점점 현실로 다가오는 막부 말기에 시즈키의 『쇄국론』을 『이인공포전(異人恐怖傳)』(1850)이라는 이름으로 제목을 바꾸어 다시 출판하기도 했다. 서양인도 일본의 국풍을 극찬하며 두려워할 존재라고 생각한다는 것을 전면에 내세운 서명이다.

선행 연구에 의하면 '제국'이라는 말 자체의 출현은 구쓰키 마사쓰나(朽木昌綱)의 『태서여지도설(泰西輿地圖說)』(1789)에서 네덜란드어 '케이젤레이크(keijzerrijk)'의 번역어로 한자어 '帝國'을 쓴 것에서 비롯되었다고 알려져 있다.[33] 일부 난학자들을 중심으로 공유되었던 이 말이 19세기 일본에 널리 보급된 것은 영어 '엠파이어(empire)'의 번역어로 그대로 대체되어 사전류에 소개되기 시작하면서였다고 추정된다.[34] 애초에 한자어 '帝'와 '國'은 서로 충돌하는 개념임에도 불구하고, 아울러 영어

---

33 '제국'이 서양 기원의 일본발 역어라는 일본학계의 통설을 비판하며 그 개념의 기원을 동양에서 찾으려는 시도가 있다. 이삼성, 『제국』, 소화, 2014 참조. 이에 따르면 『일본서기』 긴메이 천황 13년 조에 백제 성왕이 보낸 외교문서의 형태로 일본을 '제국'이라 칭한 예가 보이나, 이것이 이어져 19세기 일본의 자기표상 개념으로 기능했다고는 생각하기 어렵다.

34 난화사전 『역전(譯鍵)』(1810)에서 'Keizerdom'(현대어로는 'Kerzerreijk') 항목에 제시된 것은 '王民, 帝國, 國威'다. 번역어로서 '제국'을 확인할 수는 있지만, 나머지 어휘가 어떻게 기재되었는지는 분명치 않다. 하지만 그 후 영화사전 『영화대역수진사서(英和對譯袖珍辭書)』(1862)에는 'empire' 항목에 확실히 '제국'이 등장한다. 이는 영어 'empire'에 대응하는 난어 'Keizerdom'의 번역어로 기재되었을 가능성이 높다.

'엠파이어'는 라틴어 '임페리움(imperium)'에서 유래한 말로 황제를 필요로 하지 않는 개념임에도 불구하고, '제국'은 단지 '제왕의 나라'로 이해되었다.[35] 나가사키에 있던 시즈키도 이러한 자장 안에 있었다.

시즈키에 이어 난학자 야마무라 사이스케(山村才助)가 『정정증보 채람이언(訂正增補采覽異言)』(1802)에서 일본을 '만고불역 신령전통의 제국'이라 칭한 것은 유명하다. 또한 사이스케는 편역서 『대서요록(大西要錄)』(1803)에서 세계의 '제국'과 '왕국'의 일람표를 제시하기도 했다. 사이스케는 당시 난학 연구의 중심이었던 오쓰키 겐타쿠(大槻玄澤)의 난학숙(蘭學塾) 시란도(芝蘭堂)에서 『태서여지도설』을 읽었을 가능성이 높다.[36]

한편 『정정증보 채람이언』은 당시의 세계지리 지식을 집대성하여, 1713년에 쓰여진 아라이 하쿠세키의 세계지리서 『채람이언』을 대폭 증보한 것이다. 하쿠세키는 이탈리아인 선교사 조반니 시도티를 심문한 경험에서 유럽에서 중국을 '지나(支那)'라고 부른다는 것을 알았다. 하지만 서양의 시선을 통해 중국을 상대화하고자 하는 의식에서 '중화'나 '중국' 대신 '지나'라는 번역어를 상용하게 된 것은 19세기 전후의 난학자들에 의해서였다.[37]

난학자 마에노 료타쿠(前野良澤)는 서양 학술에 대해 논한 『관려비언(管蠡秘言)』(1777)에서 "지나는 당우(唐虞) 이래로 여러 차례 나라가 계속 바뀌어 예로부터 일정한 국명이 없다. '지나'라 함은 유럽 및 인도 등 서방의 여러 나라에서 칭하는 것으로, 즉 우리나라에서 '모로코시'라 부

35 山本有造, 『帝國の研究: 原理·類型·關係』, 名古屋大學出版會, 2003.

36 吉村忠典, 『古代ローマ帝國の研究』, 岩波書店, 2003, 제3장 「「帝國」という概念について」, 99쪽.

37 가쓰라지마 노부히로, 『동아시아 자타인식의 사상사』, 김정근 외 옮김, 논형, 2009, 166쪽.

르는 것과 같다. 고금의 통칭이다. 따라서 나도 이 명칭으로 부르겠다"[38] 라고 했다. 오쓰키 겐타쿠도 『난학계제(蘭學階梯)』(1783)에서 중국이 스스로를 "오만하게 칭하는 이름" 대신에 "서양에서 지금의 청나라 땅에 대해 고금을 통칭하여 붙인 이름"인 '지나'를 사용하겠다고 밝힌다.[39] '지나'라는 표현에 특별히 비하의 의미가 담긴 것은 아니나, 일부러 '중화'를 피하기 위한 명칭임은 알 수 있다. 앞에서 언급한 국학자 오쿠니 다카마사도 일관되게 중국을 '지나'라고 칭하고 있다. 중화사상 비판이라는 측면에서는 난학과 국학은 상당히 공명하고 있었고, '황국', '제국', 그리고 '지나'라는 표현이 막부 말기의 일본 사회에 널리 퍼져나갔다.

이상과 같은 맥락에서 막부 말기에 국학적 세계관을 재구축한 다케오 마사타네(竹尾正胤)는 『대제국론(大帝國論)』(1863)에서 오직 '대황국'만이 유일하게 전 세계에 통용되는 '대제작국(大帝爵國)'이라고 규정한다. 반면 '지나'를 비롯한 독일·튀르크·러시아·프랑스는 멋대로 사칭한 '거짓 제국(僞帝國)'이라고 한다.

마사타네는 고대 이래의 세계 제국의 반란과 찬탈에 의한 흥망성쇠를 상세히 묘사한다. 그리고는 주종관계에 의해 맺어진 군신은 어디까지나 사적인 군신이고 혈통에 의해 이루어진 군신이 진정한 군신이므로, 군신의 구별이 분명한 '황국'이야말로 세계 제국 중에서도 유일한 '참된 제국(眞帝國)'이라고 말한다. 나아가 이 '제국'의 '천황'은 단지 일본국의 천황이 아니라, 지구상의 '대군주'이자 '총제'라는 주장으로까지 발전한다. 마사타네는 "신하의 무리가 그 군주의 자리를 폐위하는 것은 비속한 오랑캐의 풍습이다. 천조의 상고에는 그러한 예가 없다"[40]라 하

38 沼田次郎 他 校注, 『洋學 上』, 日本思想大系 64, 岩波書店, 1976, 142쪽.

39 같은 책, 327쪽.

40 芳賀登·松本三之介 校注, 『國學運動の思想』, 日本思想大系 51, 岩波書店, 1971,

여 새로운 '이적(夷狄)' 관념을 창출함으로써 일본'제국'의 관념적 우월성을 이론화하려 했다. 즉 유교적 화이 관념의 국학적 변용이라 하겠다.

마사타네는 일반적으로 히라타 아쓰타네의 학통을 잇는 것으로 여겨지나, 적어도 '제국' 개념의 수용 면에서는 아쓰타네와 뚜렷한 영향관계를 찾기 어렵다. 『쇄국론』이나 『정정증보 채람이언』과 같은 난학서의 영향과 더불어, 보다 직접적으로는 오쿠니 다카마사의 영향으로 추정된다. 마사타네의 제국론은 다카마사의 천황총제설에서 한 발 더 나아가, 일본 이외의 '제국' 자체를 인정하지 않는 천황유제설이라 할 수 있다. 한편 『대제국론』의 초고본은 『천조대제국론고(天朝大帝國論稿)』(1861)라는 서명이었는데, 이를 통해 마사타네의 제국론과 후기 미토학(水戸學), 특히 『신론(新論)』(1825)의 영향관계가 지적되기도 한다.[41]

『대제국론』과 후기 미토학의 밀접한 관계는 '천조(天朝)'라는 용어의 사용에서도 짐작할 수 있다. 후기 미토학의 주요 인물들, 즉 후지타 유코쿠(藤田幽谷), 아이자와 세이시사이(會澤正志齋), 후지타 도코(藤田東湖)는 모두 '천조' 혹은 '신주(神州)'라는 말을 즐겨 썼다. 그중에서도 아이자와 세이시사이는 유학에 기초한 '국체' 개념을 제창하여 근대 일본 '국체'론의 기원으로 알려져 있다. 세이시사이는 『신론』에서 '신주'를 '황국', '대황국'이라고 불렀다.

세이시사이는 노리나가를 많이 의식했던 듯하다. 1858년에 노리나가의 「직비령」에 대한 평론 『독직비령(讀直毘靈)』에 이어, 이듬해인 1859년

491쪽.

41 마쓰우라 미쓰노부는 『대제국론』의 초고본 『천조대제국론고(天朝大帝國論稿)』(1861)의 검토를 통해 이러한 마사타네의 제국론이 후기 미토학, 특히 『신론』의 영향이라고 추정한다. 松浦光修, 「『大帝國論』の一考察」, 『明治聖德記念學會紀要』 12(復刊), 1994, 31-33쪽.

에는 노리나가와 가쿠메이의 논쟁서 『구즈바나』에 대한 평론 『독갈화(讀葛花)』를 저술했다. 그는 말하자면 노리나가 생전의 「직비령」 논쟁을 다시 불러일으키는 형태로 그것을 문제 삼았던 것이다.

> 천조(天朝)가 만국에 뛰어나 존귀함을 논한 것은 탁견으로 속유배(俗儒輩)가 미치지 못한다. 그러나 황통이 올바르게 계시는 것도 실은 천조(天祖)께서 전수하신 때부터 군신부자의 대륜(大倫)이 분명했기 때문이라는 점을 논하지 않은 것은 유감이라 할 만하다.(『독직비령』)

> 군신부자의 도를 바로잡아 인륜을 밝히는 것은 황국(皇國)도 한토(漢土)도 같은 뜻이다. 군신의 도가 올바른 것은 한토도 황국만큼은 아니나 다른 만국에 비하면 뛰어나다.…… 비난하는 자는 한토에 치우쳐 있고, 모토오리는 황국에 치우쳐 있다.(『독갈화』)[42]

세이시사이는 노리나가에 대해 일본의 우월성을 증명한 점에서 높이 평가하면서도 '인륜의 가르침과 경세의 도', '성인의 도', '치도(治道)'에 어두웠다고 비판한다. 비판의 요점은 노리나가가 '황국'에 경도되어 '사견(私見)'을 피력했다는 것이다.

> 천지의 도리라는 것은 『고사기』 등에 없는데도 스즈노야(鈴屋)의 옹(=모토오리 노리나가)은 대체 어떤 지혜가 있어 자신의 견해로 이것을 헤아려 안 것인가. 『고사기전』이 음·훈·말을 정밀하고 자세하게 논한 것은 옹의 장점이지만 번거롭게 뜻을 나타내는 것을 그 나라 풍이라

42 關儀一郎 編, 『日本儒林叢書』 4, 鳳出版, 1971, 4쪽; 6쪽.

한다면, 이것도 그 나라 풍을 배워 장황하게 뜻을 풀이한 것이 아닌가.(『독직비령』)[43]

뿐만 아니라 '일가의 말', '모토오리 일가의 설', '모토오리의 도', '모토오리가 만든 도' 등의 표현이 여기저기에 보인다.

이처럼 세이시사이는 노리나가 비판을 토대로 자신의 설을 구축해갔다고 볼 수 있다. 하지만 이윽고 노리나가의 사상과 미토학의 사상은 그 공통점만이 강조된다. 예를 들어 막부 말기의 지사로 메이지 유신의 정신적 지주가 되는 요시다 쇼인(吉田松陰)은 1859년 10월 20일 이리에 스기조(入江杉蔵)에게 보낸 서간에 "모토오리의 학문과 미토의 학문이 매우 달라도 존양(尊攘) 두 글자는 같다"라고 했다.[44] 존황양이(尊皇攘夷)라는 대의명분 앞에서 각각의 사상적 기반이 되는 이념이나 실체의 차이는 더 이상 문제되지 않았다. 원리적으로는 상반되는 국학과 미토학은 실제로 가까워지고 있었으며, 그리하여 메이지 유신의 왕정복고를 뒷받침하는 좌우의 바퀴로 기능할 수 있었던 것이다.

근대 일본의 국가체제는 직접적으로는 후기 미토학이 주창했던 '국체(國體)' 개념에 입각하여 건설되었다. 그것은 존황양이의 입장에서 천황을 정점으로 세운 주자학적 명분론이었다. '국체'론은 교육칙어나 국사교육 등을 통해 '일본 국민'에게 널리 알려졌다. 여기서 그 경위를 자세히 살펴볼 여유는 없으나, '국체'와 '황국'은 매우 긴밀하게 결합된 형태로 전개되었다는 점은 강조해도 좋을 것이다. 어떤 의미에서는 '황국'이라는 표현의 확산 속에서 천황 중심의 정치의식의 성장이 이루어졌다

43 같은 책, 13쪽.

44 山口縣教育會 編,『吉田松陰全集』6, 岩波書店, 1935, 413쪽.

고도 하겠다.

막부 말기 '번'(='국')을 초월하여 '일본(국)'이라는 일체적 이미지가 일반에도 서서히 침투해갈 때, 실제로 '일본국' 대신 '황국'이라는 말을 사용함으로써 국가 개혁을 추구하는 사람들이 나타났다. 천황을 새로운 정치체제의 중심에 두려 한 공가와 존황파 무사들, 그리고 쇼군의 권한을 지키기보다 통일국가를 존속하는 유일한 수단으로 존황을 생각한 막부의 개명파들도 이 무렵 빈번하게 '황국'이라는 말을 사용했다. 막부 측이 여태껏 공식적으로 사용했던 '일본국'이 쇼군을 정치체제의 중심에 놓는 일본을 의미한 것이라면, 에도 시대 초기에는 가치중립적이었던 이 국호가 막부 말기에는 구체제의 온존과 결합된 이미지를 환기하기도 한 것이다.[45] 그러한 이들에게 '황국'은 하나의 편리한 수단이었음에 틀림없다.

1889년 일본은 독일제국을 따라 제국헌법을 제정하고 대일본제국을 정식 국호로 선포했다. '황제'에 상응하는 존재로 천황을 두고 스스로 '제국'임을 선언한 것이다. 당시 유럽 열강은 자칭이든 타칭이든 일본어 '제국'에 해당하는 이름으로 불렸고, '제국'은 순연히 긍정적 이미지를 가지고 있었다.[46] 조선왕조가 '대한제국'을 선포한 사실만 보더라도 시대 분위기를 충분히 짐작할 만하다. 이러한 가운데 메이지 유신으로 탄생한 신생 '일본왕국'에서는 '황제'와 '제국'이라는 호칭을 택함으로써 신정부 관료들이 근대 세계에 뒤처져 있다는 열등감을 극복하고 자의식을 고취시킬 수 있었다.[47]

---

45 前野みち子,「國號に見る「日本」の自己意識」,『言語文化硏究叢書』5, 名古屋大學大學院國際言語文化硏究科, 2006, 38-40쪽.

46 山本有造, 앞의 책, 41쪽.

47 前野みち子, 앞의 논문, 52-53쪽.

물론 가케이 가쓰히코가 『대일본제국헌법 근본의』에서 풀이하듯이, 근대 국가의 총체로서의 '황국체(皇國體)'와 실제의 '정체(政體)'와는 구분된다.[48] 그러나 이 해설서의 구성은 제1장 「서론」, 제2장 「황국」, 제3장 「천황」, 제4장 「황족 및 신민」으로 되어 있다. 또한 「헌법 제1조 내지 제4조의 뜻」에는 "황(皇)과 국(國)은 다르지 않음"에 대해 "천황과 국가는 원래 이원적으로 서로 대립하는 존재가 아니라 신대부터 하나였다"라고 주석을 달고 있다. '오직 신의 뜻 그대로'라는 '유신(惟神, 간나가라)'의 '황국정신'을 중핵으로 하는 헌법 해석은 대일본제국 헌법이 통사적으로도 공시적으로도 보편성을 갖는다는 것을 보여주려 했다고 하겠다. 이쯤 되면 근대 일본에서 노리나가가 높은 평가를 받게 되는 사정이 엿보인다.

『국체의 본의(國體の本義)』가 1937년 5월 문부성에 의해 출판되었을 때 『고사기』와 『일본서기』의 저본(底本)으로 사용한 것은 노리나가의 『정정고훈고사기(訂正古訓古事記)』, 그리고 에도 시대의 주석을 집성한 이이다 다케사토(飯田武郷)의 『일본서기통석(日本書紀通釋)』이었다. 『국체의 본의』 「제1 대일본국체」에 이어지는 「제2 국사에서 국체의 현현」에는 국학에 대해 다음과 같이 기술되어 있다.

> 국학은 문헌에 의한 고사고문(古史古文) 연구에서 출발하여 복고주의 입장을 견지하며 고도(古道)·유신(惟神)의 대도(大道)를 역설함으로써 국민정신을 일으키는 데 기여한 바가 지대했다. 모토오리 노리나가의 『고사기전』 같은 것을 그 제일로 들어야 하겠으나, 히라타 아쓰타네 등도 유신의 대도를 설하여 국학에서의 연구 성과를 실천에 옮겼다.

48 筧克彦, 『大日本帝國憲法の根本義』, 皇學會, 1936.

> 도쿠가와 말기에는 신도가·유학자·국학자 등의 학통이 지사들 사이에서 뒤섞이고 존황사상은 양이설과 합쳐져 근황지사를 일어나게 했다. 참으로 국학은 우리 국체를 명징(明徵)하고 이것을 선양하는 데 힘써 메이지 유신의 원동력이 된 것이다.[49]

초고는 도쿄제국대학 문학부 국문학과 교수를 지낸 히사마쓰 센이치(久松潜一)가 중심이 되어 정리한 것으로 알려진다. 국가를 앞세워 '국체'를 선양했을 때, 노리나가와 『고사기전』은 그러한 '국체'를 밝힌 대표적 존재로 부각되었다. 노리나가의 계승자로 아쓰타네의 이름만 보이는 것도 '메이지 유신의 원동력'이 된 사상 조류라는 관심 때문으로 여겨진다.

메이지 초기의 공식 외교문서에는 '일본국'·'일본제국'·'대일본국' 등의 국호 표기가 병용되었으나, 점차 '일본국'으로 통일되어갔다. 또한 국가원수에 대해서는 1872년 청과의 수호조약 체결 시 청이 '천황'이라는 표현에 난색을 표하여 이후 '황제'로 표기되었다. 단 이러한 호칭의 변경은 일본어와 한문으로 쓰인 문서의 경우에 해당하며, 다른 외국어 문서에서는 종래의 'Japan'과 'emperor'가 계속 사용되었다.

그러던 중 국체명징(國體明徵) 운동을 계기로, 1935년에서 이듬해인 1936년에 걸쳐 메이지 정부는 국호와 국가원수의 호칭을 '대일본제국'과 '천황'으로 통일할 것을 공표한다. 그때까지의 '일본국'과 '황제' 칭호를 공식적으로 정정한 것이다. 그런데 '대일본제국'과 '천황'이 대외적으로 정착되어 갈 무렵, 국내에서는 '제국' 대신 '황국'이라는 표기가 성행하여 대체 '제국'이냐 '황국'이냐 어느 쪽이 바람직한가 하는 논의가

---

49 文部省 編, 『國體の本義』, 内閣印刷局, 1937, 78쪽.

거세게 일었다. 이는 1934년 3월 제정체제로 이행한 '만주제국'을 의식한 것이었다. 즉 일본은 다른 '제국'과는 차별을 두어야 한다는 주장이었다. 하지만 실질적으로는 '제국'이라는 표기가 서서히 증가하여 법령을 비롯한 공식문서에는 대일본제국 헌법의 제정대로 '제국'을 사용하는 것이 우위를 점하게 되었다. '황국'은 어찌 되었는가. '황국신민'이라는 말이 단적으로 보여주듯이, 유일무이의 '국체'를 지닌 '대일본제국'을 과시하는 호칭으로서 '황국'이 새로이 파급된 것은 식민지 조선과 타이완에서였다.[50]

요컨대 19세기 일본에서 '황국'과 '제국'은 존황양이의 기치 아래 모순 없이 병존하고 있었다. 더욱이 그 후로도 오랫동안 '황국'은 사라지지 않고 '제국'과 나란히 혹은 교대로 사용되면서 '일본국'의 성립과 확대에 적잖이 기여했다. 근대 국가 일본을 건설할 당시 대부분의 국학자들은 정치 현장에서 소외되었음에도 불구하고 '황국'이라는 용어만큼은 천황 친정의 새로운 일본국을 대변하는 것으로 재발견되었다.

19세기 초중반에 널리 쓰인 '황국'이라는 자국 표상 개념은 당시 새롭게 유입되어 유행하기 시작한 신생 용어 '제국'과 서로 맞물려 있다. 이 점은 분명히 확인할 수 있었으나, 당시 '제국'이라는 개념은 무엇보다 국가론의 차원에서 전개된 측면이 있는 만큼 정치학적인 분석이 더 요구된다. 즉 이때의 일본'제국'은 '황제가 지배하는 나라'라는 뜻의 '케

50 1937년 10월 조선총독부는 '황국신민 서사(皇國臣民ノ誓詞)'를 발포하고 이에 기초한 황민화 정책을 개시한다. 다시 말해 '황국'은 조선과 타이완 등의 '외지'를 포함한 국민통합 이데올로기로서의 역할을 부여받은 것이다. 그러나 '황국'만으로는 그 명칭이 미치는 범위가 여전히 '대일본제국'의 내부에만 머물렀기 때문에 외부로의 무한 팽창을 정당화하는 힘이 결여되어 있었다. 전쟁의 확대와 더불어 '황국'을 전제로 하고 '국체'의 확장을 설명할 수 있도록 도입된 것이 다름 아닌 『일본서기』 진무 천황 조에 유래하는 '팔굉일우(八紘一宇)'라는 이념이었다.

이젤레이크'와 '식민지를 거느린 광역적 지배국가'의 '엠파이어'로 이미 혼용되고 있었기 때문이다. 예를 들면 '만주제국'은 전자의 의미에 가깝고, '대일본제국'은 후자의 의미에 가깝다. 이 두 가지 용법은 국가론의 차원에서 구별되어야 할 개념이지만, 1930년대 일본에서 '만주제국'의 성립을 둘러싸고 일본은 '제국'이냐 '황국'이냐는 논의가 일었던 때에도 사실상 혼용되었다.

근대 일본에서의 '황국'이라는 용어의 유행을 노리나가가 발견했던 '황국'과 동일선상에 두고 논할 수는 없을 터이다. 무엇보다 근세 일본의 '황국'은 실제 세계의 판도에 근거한 자국 개념이라기보다 이념적 공간에서의 세계질서로 인식된 것이라 하겠다. '황국'이 근대적인 국가론에 편입됨에 따라 이미 노리나가가 고집했던 '(스메라)미쿠니'가 아니라 통상적인 '고코쿠(クワウコク)'로 음독되었다는 사실에도 주의하고 싶다. 그 전환점에 서서 과연 무엇이 단절되고 연속되었는가를 더 살펴야 할 것이다. 분명한 것은 '황국' 일본에 모토오리 노리나가의 이름이 부활했을 때는 그 배외사상의 측면만이 확대 해석되어 황국주의의 전형으로 자리매김했다는 점이다.

제6장

노리나가 연구와 일본사상사학

1. 일본문헌학의 선구가 된 노리나가

이 장에서는 노리나가의 황국주의를 재고하는 방법의 일환으로 근대 일본에서의 대표적인 노리나가 담론에 대해 다루고자 한다. 먼저 '노리나가 문제'의 시작이라고 할 수 있는 무라오카 쓰네쓰구(村岡典嗣)의 노리나가 연구를 살펴본다. 그리고 무라오카가 일본사상사의 방법론을 노리나가 사상에서 발견했다는 점에서, 마찬가지로 노리나가의 방법론에 주목한 마루야마 마사오(丸山眞男)를 시야에 둔다.

무라오카 쓰네쓰구는 메이지 말기에서 다이쇼 시기에 걸쳐 본격적으로 '일본사상사'가 형성되는 시대에 활동한 인물이다. 종종 동시대의 쓰다 소키치(津田左右吉)와 비교되기도 하고, 마루야마 마사오에게 큰 영향을 끼쳤다는 점 등이 알려져 있다. 특히 마루야마는 무라오카의 노리나가 연구에 접한 것을 계기로 노리나가 사상에 영향을 미친 소라이 사상에 관심을 갖게 되었다고 한다.[1] 무라오카가 지적한 소라이와 노리나가의 영향관계는 마루야마가 그것을 계승하여 보다 실증적으로 논한 이

래 거의 정설로 굳어졌다.[2]

무라오카가 집필한 『모토오리 노리나가』는 1911년 기독교계 출판사인 게이세이샤(警醒社)에서 간행되었는데, 이는 '모토오리 노리나가'라고 명명된 최초의 책으로 오늘날까지도 노리나가 연구자들에게는 고전적 존재다. 그런데 이 책은 출판 당시 거의 팔리지 않았다고 한다. 무라오카는 국문학이나 신도계 전문가도 아닐뿐더러, 대학 시절 전공은 서양철학이었다. 그런 그가 노리나가 연구에 착수하게 된 것은 "모토오리 노리나가 전집이 나왔는데 그것을 제대로 읽고 연구하는 사람은 아직 없는 듯하다는 말에 자극을 받아 한번 해보자고 마음먹었다"[3]고 훗날 하세가와 뇨제칸(長谷川如是閑)과의 대담에서 회고한 바 있다.

당시 이 책이 팔리지 않았던 원인은 무라오카의 지명도 문제만이 아니라, 애당초 메이지 말기에는 국학 혹은 노리나가에 대한 일반적 인식이 낮았기 때문이라고 여겨진다. 앞의 대담에서도 그 점이 화제가 되었다. 어느 날 출판사 사장이 무라오카에게 와서 말하길, 손님들이 이

1 마루야마는 「보편의식이 결여된 일본의 사상」(1964)에서 다음과 같이 말한다. "모토오리 노리나가 등은 유교의 기만성을 가차 없이 폭로하고 있어, 나는 당시 '교학(教學)'에 대한 반발도 있어 그에 공감한 것입니다. 무라오카 씨는 왜 도쿠가와 시대에 국학과 같은 사고가 나왔는가에 대해 연구합니다. 거기서 그는 노리나가가 소라이를 비판적으로 수용했다고 말했지요. 그래서 소라이에 대해 흥미를 갖게 되었지요." 丸山眞男, 『丸山眞男集』, 岩波書店, 1995-1997, 16권, 51쪽. 이하의 인용은 같은 선집에 따른다.

2 소라이 학문과 노리나가 학문의 관련성에 대해서는 무라오카가 『모토오리 노리나가 전집(本居宣長全集)』(岩波書店, 1942-1944, 도중 6권에서 중단) 편찬 당시 모토오리 가문에 소장된 수필류를 조사한 자료에 의해 직접적인 영향관계가 입증되었다. 그 후 증보판 『모토오리 노리나가』 책의 부록에 모토오리 오히라가 작성한 「은뢰(恩賴)」라는 그림을 전재하여 출판함으로써 소라이 영향설이 유명해졌다.

3 村岡典嗣·長谷川如是閑, 「〈對談〉本居宣長」, 『文藝』 10·7, 1942, 135쪽. 이 일화는 前田勉 校訂, 『增補 本居宣長』, 東洋文庫, 平凡社, 2006의 해설에도 소개되어 있다.

모토이 센초라는 사람은 대체 누구냐고 묻는다는 일화도 소개되어 있다. 즉 모토오리 노리나가의 이름은 물론, 그의 저서 『고사기전』 또는 『고사기』조차 근대 초기까지 그저 지식인들 사이에서 향수되는 존재였던 것이다. 이윽고 노리나가가 급속히 국민적 존재로 부상하게 되는 과정은 '마쓰자카(松阪)의 하룻밤' 이야기나 '시키시마 노래(敷島歌)'와 같은 것을 통해 왜곡된 노리나가상이 고정화되는 과정이나 다름없었다.

무라오카는 이 책에서 선행하는 하가 야이치(芳賀矢一) 등의 연구를 바탕으로 노리나가 학문의 본질을 '문헌학'이라고 규정한다.[4] 단 노리나가는 '인식된 것을 인식한다', '알려진 것을 안다'는 문헌학의 기본 입장에 머물지 않고 고대 사실의 인식이 그대로 자기주장이 되었기 때문에, 어디까지나 '문헌학적 사상'이자 '문헌학의 변태'라고 상정한다.

여기서 노리나가의 모순이라고 하는 무라오카의 물음이 시작된다. 즉 노리나가는 왜 학문의 방법에서는 지극히 합리적인 태도를 취하면서 고전 연구의 성과를 비합리적으로 맹신하고 말았는가. 다시 말해 노리나가가 근대적인 의미에서 실증적 문헌학자인 동시에, 비과학적 신앙과 같은 황국주의자라는 모순이다.[5] 무라오카가 던진 이 문제제기에 이후

---

4 하가 야이치는 『일본문헌학』 제1장 「일본문헌학이란 무엇인가」에서 국학을 '일본문헌학(Japanische Philologie)'이라고 명명했다. 『일본문헌학』은 하가의 1907년도 강술 기록으로, 그의 사후인 1928년 다카기 다케시(高木武)가 필기 내용을 수정하여 출판한 것이다.

5 이 점에 대해 후의 논문 「모토오리 노리나가의 고전설 신앙 태도」(1927)에서는 다음과 같이 논한다. "『고사기전』 이하의 저서에 보이는 모토오리의 문헌학적 연구에 접하여 모토오리의 뛰어나게 철저한 이지에 감탄한 사람들로서는 당장 발생하는 문제가 한편으로 고전설에 대한 그의 절대적 신앙이리라. 그 태도가 또한 지나치게 몰이성적인지라, 사람에 따라서는 그처럼 총명한 학자가 어째서 그와 같은 맹신의 태도를 보일 수 있을까라는 의문이 들지 않을 수 없다."(93쪽) 무라오카의 논문 인용은 前田勉 編·校訂, 『新編 日本思想史研究: 村岡典嗣論文選』, 東洋文庫, 平凡社, 2004에

많은 노리나가 연구자들이 고민하게 되었다. 무라오카 자신은 노리나가의 '내재적 사상'에서 답을 찾고자 다음 세 가지 사상을 원인으로 든다. 첫째, 국가적 자각과 국민적 자각으로 이루어진 존왕애국주의, 둘째, 경험적 불가지론(不可知論)의 사상, 셋째, 만물에 신의(神意)가 깃들어 있음을 인정하고 절대적으로 신뢰하는 경외적 사상이다. 무라오카는 자신의 답에 대한 의견을 포함하여 이른바 '노리나가 문제'를 제안한 것이다. 무라오카의 저서가 노리나가 연구의 출발점이 되는 까닭이기도 하다.

『모토오리 노리나가』 출판 이후 무라오카는 당시 아직 정착되지 않았던 일본사상사 연구를 학문으로서 확립시키는 일에 매진한다.[6] 무라오카 자신에 의한 체계적인 일본사상사의 통사는 끝내 완성되지 못했으나, 그를 '일본사상사학의 개척자'[7]라 칭하는 데는 이견이 없을 것이다.

이 책의 관심은 무라오카가 일본사상사학의 원형을 노리나가 학문에서 구하는 점에 있다. 즉 무라오카는 서구의 문헌학에 필적하는 근대적 학문의 방법론을 노리나가에서 발견하고, 그것을 새로이 발전시키는 것을 자신의 과제로 삼았다. 그렇다고 노리나가의 방법을 무조건 사상사학에 적용할 수는 없었다. 무라오카의 「일본사상사 연구법에 대해」(1934)에 의하면, 노리나가로 대표되는 국학에 가장 결여되어 있었던 것

따라 쪽수만 약기한다. 이하 동일.

6 村岡典嗣, 『日本思想史研究』, 增訂版, 岩波書店, 1940(1930); 村岡典嗣, 『續 日本思想史研究』, 岩波書店, 1939. 이 두 책은 모두 개별 논문을 모은 것이다. 그리고 무라오카 사후 기발표 논문을 모은 것으로 村岡典嗣, 『日本思想史研究 第三』, 岩波書店, 1948; 村岡典嗣, 『日本思想史研究 第四』, 岩波書店, 1949가 출판되었다. 더불어 제자들에 의해 유고(遺稿)와 미발표 원고 등을 정리한 村岡典嗣, 『日本思想史研究』(『神道史』, 『日本思想史上の諸問題』, 『宣長と篤胤』, 『日本思想史概說』, 『國民性の研究』), 創文社, 1956-1962의 다섯 권이 간행되었다.

7 玉懸博之, 「村岡典嗣」, 今谷明 他 編, 『二〇世紀の歷史家たち二 日本編下』, 刀水書房, 1999.

은 '역사적 인식'이므로 "국학이 역사적 문화학으로 완성될 때 그때 비로소 일본사상사를 볼 수 있다"(17쪽)고 생각했다. 그래서 무라오카는 구체적인 방법으로도 문헌학적 단계와 사학적 단계의 2단계론을 전개했다.

무라오카에 의한 통사의 시도는 예컨대 『일본문화사 개설』(1938) 등에서 일면을 엿볼 수 있다.[8] 그가 그렸던 일본사상사는 한마디로 일본문화사이자 일본정신사요, 국체사상사였다. 그가 처음부터 일본사상사학의 존재 이유 내지 목표를 '일본적인 것', '일본적인 특성'을 찾는 것으로 상정했던 만큼 당연한 결과였다. 그는 하가와 같은 국민성론이나 일부의 일본정신론 등을 경계하면서, 자신은 오로지 '학문적 태도에 철저'하겠다는 방침으로 신중하게 논을 전개했다.

'국체'의 존재는 어떻게 증명할 수 있는가. 무라오카는 먼저 '형식(=원형)'과 '내용'을 구별하라고 말한다. 초시간적인 형식은 일본 고유의 '국체'사상이고, 변화하는 내용은 '외래(=세계)문화'를 수용하면서 풍부해진 것이라고 한다. 이 양자의 조화 과정으로 일본사상사의 전체상을 파악하는 것이다. 또한 '국체'의 견지에서 연구 자료를 취사선택한다. 고대에서는 『고사기』, 중세에서는 『신황정통기(神皇正統記)』, 그리고 근

8 그 시대구분을 보면 태고: 유교 도래 이전, 상고: 유교 도래 후부터 나라 시대 말까지, 중고: 헤이안 시대, 중세: 가마쿠라 시대부터 전국 시대까지, 근세: 도쿠가와 시대로 나뉜다. 대체로 정치사의 시대구분과 일치하지만, '상고' 이전을 '태고'로 설정하는 점이 주의를 끈다. 「제1장 태고의 문화」 서두에는 "본격적인 의미에서 일본문화사의 출발점은 삼한(三韓) 사건 결과에 따르는 유교 전래, 즉 상고의 초반에 구해야 한다는 것은 후술하는 대로다.…… 그럼에도 불구하고 삼한정벌은, 특히 이 사건을 계기로 문화적 전개의 시기로 진입한 것도 결코 돌발적인 현상이 아니다. 그 배경과 유래는 이미 태고에 배태되어 있었다고 보아야 할 것이다"라고 되어 있다. 村岡典嗣, 『日本文化史概說』, 岩波書店, 1938, 7쪽.

세에서는 모토오리 노리나가와 히라타 아쓰타네를 중심으로 하는 국학, 이것이 그의 주요 분석대상이 된다. 결국 그가 그린 통사는 '국체'가 각 시대에 얼마나 자각되었는가를 연속적으로, 동시에 평면적으로 서술한 것에 불과하다고 하겠다.

전시 중에 이루어진 수많은 강의 등에서도 이상과 같이 일본사상사를 구상한 무라오카의 입장은 기본적으로 일관되어 있다. 패전 직후인 1945년 9월의 강연 「일본정신을 논하여 패전의 원인에 이른다」[9]의 논조는 다음과 같다.

> 이러한 연원을 갖는 국체가 그 후 생장 발전하는 사실은 국사(國史)에 대한 공정한 전체관으로부터 귀납할 수 있는바, 때로 황위(皇威)에 성쇠가 있고 정권의 이동이 여러 차례 있었음에도 불구하고, 황통(皇統)은 연면히 바뀌지 않고 존황 의식은 국민들 사이에 사라지지 않았다. 다소 불상사가 발생한 경우에는 많은 충신 의사들이 일어나 보호했으며, 특히 국제적으로 비상시국일 때 비로소 그 정수가 떨쳐 일어남을 보았다.(389쪽)

전체적으로 "일본정신이란 우리 역사를 탄생시킨 국민정신이요, 곧 우리 역사적 정신이다"(387쪽)라고 정의한 후, 일본정신에 기초한 민주주의의 실현에 '신일본 건설'의 길이 있음을 호소하고 있다. 그러면서 언급하는 '국체'의 존속은 일본 역사에서 '귀납'적으로 증명되는 사실이라고 설명한다. 특히 방법론과 관련하여 주목하고 싶은 부분은 다음 대

---

9 1945년 11월에 「일본정신을 논하다: 패전의 원인」이라는 제목으로 수정하고 논지를 정리하여 발표했다.

목이다.

> 도의(道義)란 본래 국민적인 것을 초월하여 보편적인 것이 되어야 한다. 우리나라에서 도덕적 발달은 오로지 유교와 불교에 맡겨졌기 때문에 각종 덕명이나 도덕적 관념은 유불, 특히 유교에 유래하는 것이 대부분이다. 따라서 이 기간에 특별히 국민적 도의라고 할 만한 것을 찾기 위해서는 학문적으로 경도된 신중한 준비가 필요하다. 다만 그것은 오직 고전에서 고유한 고어 관념을 통해 찾을 수 있으리라. 국민사상의 유산으로서 고어의 가치는 가장 존중되어야만 한다.(395쪽)

'일본정신의 발견'을 위해 일본 역사를 특징짓는 '국민적 도의'에 대해 논하려 하는데, 도덕적·윤리적 개념은 하나같이 외래사상에 의한 것들이다. 그래서 '고유한 고어'가 방법으로 제시된다. 결론적으로 그가 찾은 '일본적 도의'는 '청명한 마음'(제1차 발현), '정직'(제2차 발현), 그리고 '야마토고코로(大和心)·야마토다마시(大和魂)'(제3차 발현)라는 것이다.

1990년대 이후 연구자들 사이에서는 '일본'이라는 틀 안에서 '사상사'를 생각하는 것 자체에 대해 의문을 갖기 시작했다. 즉 '일본'을 논할 때 '일본인'이나 '일본어' 같은 '일본적인 것'의 존재를 전제로 두는 것에 대한 근본적인 문제제기가 이루어졌다.[10] 이러한 내셔널리즘 비판 담론 속에서 모토오리 노리나가는 '일본'을 둘러싼 담론의 전형이자 원형으로 비판의 표적이 되었다. 당연히 무라오카 쓰네쓰구도 예외는 아니다.

10 대표적인 것으로 日本思想史懇話會 編, 「特集 日本思想史學の誕生: 津田·村岡·和辻」, 『季刊日本思想史』 63, 2003 등 참조.

2. 역사인식의 결여라는 비판에 대해

1) 무라오카와 마루야마의 문제의식

여기서 상기하고 싶은 것이 마루야마 마사오의 '고층(古層)'론이다. 1972년에 발표한 그의 논문 「역사의식의 '고층'」은 주지하듯 역사인식의 역사에 대해 묻는 메타 비평이다. 거기서 '고층'은 일본의 근대적 주체의 확립을 저해하는 요인으로, 또한 대일본제국의 '국체'는 그 '고층'을 체현한 것으로 강력하게 부정된다. 그럼에도 불구하고 일본주의를 해체하고자 했던 '고층'론이 오히려 '일본적인 것'을 정식화·실체화하는 순환론에 빠져버린 것이 아니냐는 마루야마 비판이 계속되고 있다.[11]

마루야마의 논문 「역사의식의 '고층'」은 『고사기전』의 인용으로 시작된다.

> 모토오리 노리나가는 그 필생의 역작 『고사기전』에서, "예로부터 지금에 이르기까지 세상의 좋고 나쁨이 계속 변하는 모습을 시험 삼아 보건대, 모두 신대의 모습과 다르지 않다. 지금의 향방이 만대에 이르러도 그러리라고 짐작할 수 있다"(3권), "무릇 세상의 모습은 대대로 길한 일과 흉한 일이 계속해서 번갈아 일어나는 이치로…… 하나같이 신대 최초의 모습에 의한 것이다"(7권)라 하여 미래를 포함하는 일체의 '역사의 이치'가 '신대'에 응축되어 있다고 반복해서 주장한다.…… 여기서 노리나가가 역사의 '이치'라고 말하는 것은 역사적 변화의 실질적 내용에 관한 것이다. 그렇지만 이 '이치'를 '길한 일, 흉한 일'에 상관없이 일반적으로 역사적 사건에 대한 일본인의 사고와

11 國民文化會議 編, 『丸山眞男と市民社會』, 世織書房, 1997 등 참조.

기술(記述)양식에 적용한다면, 역시 그 기저에 있는 틀은 '하나같이 신대 최초의 모습에 의한 것'이라고 말할 수 있지 않을까. 이것이 이 짧은 논고의 가설이다.[12]

이에 마루야마는 일본 신화에 관심을 갖고, 특히 거기에 보이는 발상과 기술양식에서 근대 일본으로 이어지는 역사의식의 '집요저음(執拗低音)'='고층'='원형'(마루야마는 이들 용어를 모두 동일한 뜻으로 바꿔 쓴다)을 찾아보고자 가설을 세웠다고 말한다.

마루야마는 이 논문의 서두에 말하길 "여기서의 '논증'은 일종의 순환논법이 될 것을 알면서도 논을 전개한다"(358쪽)고 하며, 개별 논점은 이미 쇼와 시기의 일본주의자들이 착안한 점임을 도처에 주석을 달아 밝히고 있다.[13] '고층'을 추출하는 소재로 일본 신화를 택하여 거기에서 '한의(漢意)'를 배제하고 '원일본(原日本)'에 해당하는 단편들을 모은 후, 그 결과로 구성된 '고층'이 외래사상을 변용시킨 일본의 특수한 요인이었다고 설명하는 것은 분명히 순환론이다. 또한 이때 사용되는 소거법은 말할 것도 없이 노리나가의 방법이기도 했다. 마루야마 자신이 일정

12 丸山眞男, 『忠誠と反逆: 轉形期日本の精神史的位相』, 筑摩書房, 1998(1992), 355쪽. 원문의 괄호는 남겨두었으나 강조점은 생략했다. 이하 동일.

13 마루야마의 다른 논문 「일본사상사에서 '고층'의 문제」(1979) 및 「원형·고층·집요저음: 일본사상사 방법론에 대한 나의 행보」(1984) 등을 참조하면, '고층'론의 배경에는 일본사상사를 어떻게 논할까라는 방법론적 관심이 있었음을 알 수 있다. 그리고 그 계기에 대해 '문화접촉'이라는 관점을 사상사에 도입함으로써 단선적인 근대화론을 재고하고 전통(=고층)과 근대화 두 가지 계기가 '상극하면서 상승하는' 복잡한 관계로 파악하게 되었다고 한다. 이러한 발상 자체가 우치·소토(내발·외발)의 국학자적 도식이라고 오해될 여지가 있다는 점에 대해, 마루야마는 충분히 자각적이라서 그 악순환의 타파를 강조했다. 마루야마의 의도가 순환론에서 벗어나는 데 있었다는 것은 분명하다.

한 유보를 두었듯이 노리나가의 그것이 완전히 동일하지는 않았다고 해도, '고층'은 최소한 노리나가가 만든 사고의 틀 안에 존재한다.

마루야마가 노리나가 학문에서 따온 것은 '고층'이라는 가설의 발상만이 아니었다. 무라오카와 마찬가지로 '고어'에 착안한다는 방법 역시 그러했다. 논문 서두에 '사고'='발상'='사유양식'과 '기술양식'의 두 가지 측면에서 접근하겠다고 한 '기술양식'이 구체적으로 가리키는 것은 '나루(成ル, 되다)', '쓰기(次ギ, 이어서)', '이키오이(勢ヒ, 기세)'라는 세 가지 고어의 용법이다. 이처럼 고어를 가지고 논을 구성하는 것은 '고층' 삼부작에 공통적인 방법이다. 즉 역사의식의 고층론 다음에 쓰인 정치의식의 고층론은 '정사(政事)'를 뜻하는 고어 '마쓰리고토(マツリゴト)', 윤리의식의 고층론은 '청명한 마음'이라는 뜻의 고어 '기요키고코로·아카키고코로(清キ心·明キ心)'를 중심으로 논이 전개된다.[14]

1985년에 발표한 논문 「마쓰리고토(政事)의 구조: 정치의식의 집요저음」은 고대의 다이카 개신(大化改新)과 메이지 유신을 포개놓으면서 외래사상에 의한 정치문화 변용의 양상을 보기 위해 율령체제 확립기에 주목한 것이다. 여기서 고층론을 뒷받침하는 것은 대규모로 당의 제도와 문물이 유입되는 과정에서 일어난 새로운 한자어의 훈독(訓讀), 즉 '일본어화'다.

> 따라서 '키워드'를 추출할 기초 문헌은…… 『고사기』, 『일본서기』, 『속일본기』, 『풍토기』, 「축사(祝詞)」(『연희식(延喜式)』에 수록되어 있습니다), 『고어습유(古語拾遺)』, 『만엽집』 등입니다. 이들 문헌의 기술에서는 한

14 삼부작 중 윤리의식의 고층론은 발표되지 않았다. 단 '청명한 마음'을 상정했다는 것은 강의록이나 역사의식의 고층론에서 언급한 대목(414-415쪽) 등에서 짐작할 수 있다. 참고로 이것은 앞의 무라오카의 논점 중 하나이기도 했다.

자를 때로는 표음문자(이른바 만요가나라고 합니다)로, 때로는 표의문자로 사용합니다.…… 편찬자가 표의문자로서의 한자어로는 정확한 원일본어(原日本語)를 표현할 수 없다고 판단한 경우, 한자를 표음문자로 의식적으로 씁니다. 혹은 본래의 중국어에는 익숙지 않은 한자어적인 표현을 조어(造語)해서 씁니다. 그런 부분은 집요저음을 찾을 때 특히 주의해야 할 곳입니다.[15]

마루야마가 '원일본어(原日本語)'라고 하면서 '고어'를 찾아내는 방법은 노리나가가 썼던 방법 그대로다. 노리나가의 방대한 저작 중에서도 마루야마가 가장 중시한 것이 『고사기전』, 그리고 센묘(宣命)의 주석서인 『속기역조조사해(續紀歷朝詔詞解)』였던 것도 당연하다.

또한 마루야마는 노리나가의 고전 해석 그 자체에도 크게 의거하고 있다.[16] 이 책의 제1부에서 확인한 바와 같이 노리나가는 『고사기전』을 통해 『고사기』를 중심으로 하는 하나의 새로운 '고전(古傳)'을 창출했다. 이미 쓰다 소키치의 '기기비판(記紀批判)'을 통해 『고사기』나 『일본서기』의 신화가 지극히 정치적 목적에서 탄생한 작위적인 이야기라는 점이 통설이 되었지만, 그것을 일원적인 '일본 신화'의 발전 단계로 상정하는 연구 경향은 여전히 지속되고 있다.

무라오카도 마루야마도 노리나가에 대한 평가는 양면성을 지닌다. 그 원인은 무엇보다 무라오카가 제기한 노리나가의 모순이라는 문제,

15 『丸山眞男集』, 12권, 210-211쪽.

16 역사의식의 고층론에 관해서는 요네타니 마사후미의 비판, 또한 정치의식의 고층론에 관해서는 고노시 다카미쓰의 비판 참조. 米谷匡史, 「丸山眞男の日本批判」, 『現代思想』 22, 1994; 神野志隆光, 「〈聴く〉天皇: 『古事記』における天皇」, 『太田善麿先生追悼論文集 古事記·日本書紀論叢』, 續群書類從完成會, 1999.

일명 '노리나가 문제'에 기인한다. 두 사람 모두 노리나가의 황국주의라는 신앙적 측면에 대해서는 유보하면서도, 실증적으로 보이는 노리나가 주석의 방법론만을 따라 일본사상사의 근대적 방법론을 모색했다. 거기에서 '일본적'인 것을 상정하는 사고방식, 고어의 쓰임이야말로 그것을 찾을 수 있는 방법이라는 자각, 그 때문에 고대 문헌을 소급하여 『고사기』와 『일본서기』 공통의 '일본 신화'를 읽는 방법에 이르기까지 그들은 노리나가에 크게 의존하지 않을 수 없었다.

마루야마의 사상적 단상을 모은 「춘서첩(春曙帖)」에는 다음과 같이 『고사기전』에 대해 언급하는 구절이 있다.

> 고도론(古道論)과 가도론(歌道論) 사이의 차이, 전자의 고대주의와 후자의 중고주의 사이의 모순, 그 가장 깊은 원천은 바로 '사상'의 이데올로기성과 '학문'의 실증성 사이의 거대한 간극에 있다. 그런 의미에서 필생의 역작이었던 『고사기전』은 그의 최고의 면과 최악의 면을 뜻하지 않게 노정하고 말았다.…… 『고사기전』은 노리나가 학문의 최대 아이러니다.[17]

마루야마도 무라오카와 마찬가지로 『고사기전』에서 노리나가의 모순을 가장 먼저 보고 있다. 위의 인용문은 고바야시 히데오(小林秀雄)의 비평 『모토오리 노리나가』[18]에 이와 같은 문제성이 "완전히 결여되어 있다"라는 비판에 이어지는 대목이다.

---

17 丸山眞男, 『自己内對話』, みすず書房, 1998, 161-162쪽.

18 1977년에 출간된 고바야시 히데오의 『모토오리 노리나가』는 1965년 6월부터 1976년 12월까지 총 64회에 걸쳐 잡지 『신초(新潮)』에 연재된 기사를 바탕으로 한 것이다. 연재만으로 11년 이상이 소요된 이 책은 당시 많은 대중 독자들을 매료시켰다.

전후 일본에 노리나가의 이름이 다시 회자되는 데 결정적으로 기여한 고바야시가 『고사기전』을 읽은 것도 전시 중의 일이었다. 고바야시는 1941년부터 1942년에 걸쳐 역사란 무엇인가를 주제로 평론과 강연 등 여러 형태의 발언을 계속하는데, 그때마다 『고사기전』을 언급하곤 한다. 다음은 1942년 7월의 「역사의 혼(歴史の魂)」이라는 강연 기록이다.

> 모토오리 노리나가의 『고사기전』을 읽었을 때도 같은 것을 느꼈습니다. 그 책이 훌륭한 점은 그가 최초로 『고사기』에 대한 훌륭한 고증을 했다는 점에만 있는 것이 아닙니다. 오늘날의 학자도 그보다 정확한 고증은 가능합니다. 그러나 그 고증에 나타난 노리나가의 고전에 대한 놀랄 만한 애정은 비할 데가 없습니다. 그에게는 『고사기』의 아름다운 형태가 전신으로 느껴졌던 것입니다. 합리적인 비판과 해석을 거부한 아름다운 형태의 무언가를 확실히 느꼈다는 점에 노리나가의 가장 깊은 사상이 있다고, 나는 느꼈습니다. 나는 그러한 사상을 현대에는 매우 이해하기 어려울 거라 생각합니다.…… 피할 도리가 없는 어떤 과거의 형태에 대한 애정과 존경을 말하는 것이지, 범용한 고증가의 머리에 기억으로 가득 차 있는 역사적 사실 같은 것들을 말하는 것이 아닙니다.
>
> 역사가 인과의 연쇄 또는 합리적 발전으로 이해되는 것과 역사의 준엄한 형태라는 것이 선명하게 느껴지는 것은 자연히 별개입니다. 예를 들면 가마쿠라 시대란 고대의 문명 형식이 어떤 식으로 붕괴한 결과인가, 또 어떤 식으로 근세의 문화 형식을 준비한 시대인가라는 것을 이해하기는 쉽습니다. 하지만 가마쿠라 시대의 사상이든 인간이든 그 형태를 감득하기는 어렵습니다. 다른 말로 하면 역사를 기억하고 정리하는 일은 쉬우나, 역사를 선명히 회상하는 일은 어렵습니다. 여기에는 시인의 직관이 필요합니다.[19]

비평의 대상을 자기와 동일시하는 방법은 고바야시 비평의 가장 큰 특징이다. 앞에서 고바야시가 애용하는 '아름다운 형태'라는 말은 역사를 응시하여 눈에 보이는 형태로 재현해야 한다는 뜻으로 보인다. 이에 대해 역사를 '인과의 연쇄'나 '합리적 발전'으로 해석하는 것은 당시의 유물사관으로, 그가 비판하는 대상이다. 여하튼 그는 『고사기전』을 통해 역사의 본질을 설명하려 한다. 역사적 전통은 관념적인 것이 아니라 즉물적인 것이라는 그의 일관된 생각이, '한의'와는 대척점에 있는 『고사기전』의 방법에 공명한 것이라 볼 수 있다.

물론 무라오카도 마루야마도 그들이 떠안고 있던 현재적 과제가 있었다. 무라오카는 당시 일부의 일본정신론자나 일본주의자에 대한 통렬한 비판의식이 있었고, 마루야마가 초국가주의에 대한 비판으로 전근대 사상 연구에 매몰하게 된 것은 주지의 사실이다. 그들의 문제의식을 본격적으로 검토하는 것 자체가 이 책의 목적은 아니다. 결국 노리나가 문제란 근대의 문제였다. 노리나가 자신의 문제는 아니었던 셈이다.

2) 노리나가의 역사인식

무라오카는 당초 노리나가의 약점을 '역사적 인식'의 결여라고 지적했으나, 1938년에 「역사가로서의 모토오리 노리나가」(1938)라는 논문을 발표한다. 이에 따르면 무라오카는 최종적으로 노리나가를 '일반적 역사가'가 아니라 '사상사가'로 평가한다. 여기서 무라오카가 예로 드는 것도 마루야마와 마찬가지로 "길흉이 상생하여 길한 것으로 귀착되는 고대 사상"이다. 무라오카는 이것이 "선악적 세계관에 근거하여 우리나라의 역사가 다양한 변천을 하면서도 일관되게 천양무궁의 신칙에 예

19 小林秀雄, 『小林秀雄全集七 歷史と文學·無常といふ事』, 新潮社, 2001, 374-375쪽.

정된 국체 이념을 실현"하고 있음을 잘 설명했다고 하면서, 노리나가를 "전체로서 국사의 의의를 이해한, 적어도 이해하려고 한 인물"(256쪽)이었다고 높이 평가한다. 앞에서 언급한 무라오카의 일본정신론의 기반을 재차 확인할 수 있다.

한편으로 마루야마는 역사의식의 고층론 첫머리에 『고사기전』을 인용했다. 과연 노리나가가 그린 역사는 어떠했는가에 대해서부터 생각할 필요가 있을 듯하다. 마루야마가 인용한 『고사기전』 7권의 구절을 전후 문맥을 함께 인용하면 다음과 같다. 아마테라스, 스사노오, 쓰쿠요미라는 세 명의 귀한 신(三貴子)이 탄생하고 그들에게 임무를 위임하는(事依, 고토요사시) 부분에 대한 주석이 끝난 다음에 이어지는 문장이다.

> 사람들은 인사(人事)로써 신대를 헤아리지만【세상의 식자들이 신대의 묘리(妙理)에 의한 일이라고 하는 것들은 맞지 않으며, 이를 왜곡하여 세상의 범인(凡人)들에 대한 일이라고 설명하는 것은 모두 한의(漢意)에 빠져 있기 때문이다.】 나는 신대로써 인사를 깨닫는다. 그에 대해 상세히 설명해보겠다. 무릇 세상의 모습은 대대로 길한 일과 흉한 일이 계속해서 번갈아 일어나는 이치로, 그것은 큰일이든 작은 일이든【천하 대사부터 민초들에 관한 사소한 일까지】 하나같이 신대 최초의 모습에 의한 것이다.[20]

앞에서 마루야마는 고층론의 기반이 되는 '이어서 계속 바뀌는'이라는 표현을 끌어내고, 고층의 소재가 신대의 신화에 구비되어 있음을 말하기 위해 이 부분을 인용했을 뿐이다. 그러나 마루야마도 노리나가

---

20 『本居宣長全集』, 9권, 294쪽.

가 '역사적 변화의 실질적 내용'을 바탕으로 입증하려 했다고 지적했듯이, 『고사기전』에서 이 부분은 이자나키가 이자나미가 있는 황천국에 다녀와 세상을 다스릴 중요한 신들을 탄생시키는 결정적인 장면이다. 노리나가는 그에 대한 주석을 마치고 신대의 사건 전체를 되짚어보며 총평을 하고 있는 것이다.

길한 일과 흉한 일이 상호 교차하고 마지막에는 길한 일로 귀결된다는 묘한 이치는 노리나가가 『고사기』 주석을 통해 신대를 해독한 결과 얻어낸 최대의 성과였다. "이것이야말로 이 세상 본연의 모습"이라고 노리나가가 경탄한 '신대의 묘리'는 "인간의 삶과 죽음, 하루의 낮과 밤, 일 년의 봄과 가을"과 같은 세상의 온갖 사상(事象)에 합치하는 것으로 보인다.[21] 그렇기 때문에 노리나가는 신대를 숙지하여 인사를 깨닫는다고 강력하게 선언할 수 있었던 것이다.

요컨대 노리나가의 현대에 신대가 내재해 있다는 사실의 발견이었다. 노리나가에게 신대는 현대로 이어지는 문제였기 때문에 비로소 의미를 갖는다. 그것은 단지 머나먼 상고의 '사건'으로 존재하는 데 그치지 않고 '화한(和漢)의 변화의 사적(事跡)'에 부합하기에 '묘리'인 것이다. 따라서 경험적인 불가지론이라고 이야기되는 노리나가의 고대론은 흔히 말하듯 고대 지향적인 복고사상 내지 신앙의 문제가 아니라, 지금 현재 세계인식의 문제로 이해해야 한다.

역사를 파악하는 '이치'도 마찬가지다. 노리나가는 "세상에 대란·대역사건 같은 것도 반드시 없어서는 안 될 이치"라고 극단적으로 말하는데, 그것은 마가쓰비 신(禍津日神)의 횡포라고 설명한다.[22] 그럼에도

---

21 『本居宣長全集』, 9권, 295쪽.

22 마가쓰비 신은 이자나키 신이 이자나미 신을 좇아 황천국에 다녀와 그 부정(不淨)을 목욕재계(禊, 미소기)로 씻어낼 때 생겨난 열한 명의 신 중 하나인데, 『고사기』

불구하고 역사적으로 성쇠를 거듭하면서도 황통은 굳건히 존속되었기 때문에 그야말로 이 '묘리'의 가장 확실한 근거가 된다. 노리나가가 발견한 이 '묘리'는 신대로부터 현대까지 일관되게 계속 작용하는 것이 특징이다. 다음에서 보는 바와 같이 노리나가의 역사인식의 근간에 있는 것도 바로 이 '묘리'다.

【……이 오호미카미(=아마테라스 오호미카미)조차 스사노오노 미코토의 난동에 견디지 못하고 얼마 동안 숨은 적도 있었던 것은 세상에 대란이나 대역과 같은 사건도 반드시 없어서는 안 된다는 이치로서, 그 근본은 모두 황천국의 흉악으로부터 나온 것이다. 그러나 대어광(大御光)은 머지않아 길하고 선한 것으로 회복되어 다시 밝아져 무궁하게 세상을 비추시니, 황손이 천하를 다스리고 황통은 천만년 끝까지 변함없다.】(『고사기전』)

황조도 때로 성쇠가 있었던 것은 본래 그러한 법으로, 아마테라스 오호미카미께서 암굴에 숨은 이치가 그러하다.…… 아시카가 장군이 정치를 이어받았던 시대야말로 마가쓰비 신의 난폭함이 극에 달했던 시대이며…… 다음으로 도요토미 관백이 천하를 평정하여 이윽고 황조의 쇠락을 일으켰다. 다음으로 도쿠가와 이에야스의 시대에 이르러서는…… 고대에도 유례없는 태평성대가 되었다.…… 이는 마가쓰비 신이 때로 난폭하게 굴더라도 끝내 선한 신에게 이길 수 없다는 명백한 증거다.(『구즈바나』)[23]

에 이름만이 등장할 뿐인 이 신에 대해 『고사기전』은 "이 세상에 온갖 나쁜 일, 사악한 일 등은 모두 본래 이 마가쓰비 신의 영령에 의해 일어나는 것"이라고 확대 해석한다. 『本居宣長全集』, 9권, 272쪽.

전자의 『고사기전』의 주석에 조응하는 『구즈바나』의 해당 부분을 후자에 함께 인용했다. 특히 후자는 에도 시대 후기에 유례없는 태평성대를 살았던 노리나가의 현실 긍정 언설의 예로 자주 인용되는 문장이기도 하다. 노리나가는 성쇠를 되풀이하면서도 황통이 온존되어온 '황조의 지금의 모습'이 나쁜 일과 좋은 일이 교대로 일어나고 마지막에는 좋은 일이 이긴다고 하는 '묘리'의 증거라 했다. 이 책의 제3장에서도 살펴보았듯이, 노리나가는 이처럼 『고사기』 연구를 통해 신대가 현대에 내재한다는 사실을 발견했다.

『다마쿠시게』에 보이는 도쿠가와 시대에 대한 찬양도 그저 아첨의 차원에서 나온 발언이 아니라, 이상과 같은 역사인식에 바탕을 둔 현실인식이었음을 재확인할 수 있다.

> 원래 저 아시카가 가문 말기의 세상은 이전 시대에 한 번도 경험한 적이 없을 정도로 매우 혼란스러웠다. 천하는 암흑과 다름없었고, 모든 일이 쇠퇴하여 그야말로 파괴와 혼란의 극한을 달렸다. 그런 상황에서 오다, 도요토미 두 무장이 나오셔서 반역을 진정시키고 조정이 다시 원래대로 번영토록 존숭하시니 세상이 점차 평온해졌다. 그 후로 오늘날과 같이 천하가 잘 다스려져 고대에도 보기 드물 정도로 찬란한 시대로 번영하고 있는 것은 전적으로 동조신어조(東照神御祖=도쿠가와 이에야스)의 공로와 뛰어나고 훌륭한 덕 때문이다.…… 이와 같이 말씀드리는 것은 지금 시대에 아첨하여 적당히 말하는 것이 아니다. 실제로 무운(武運)이 융성하여 천하가 오랫동안 온화하게 다스려지고 있음은 밀힐 필요가 없다. 이는 이전 시대까지 전혀 없던 훌륭한 것이

23 『本居宣長全集』, 9권, 295쪽; 8권, 155쪽.

다. 지금 시대에 여러 일이 일어나고 있는 사실로써 알 수 있기 때문에 이와 같이 말씀드리는 것이다.(106-107쪽)

노리나가의 역사관계 저서로 대표적인 것은 외교관계사의 형태를 취하고 있는 『어융개언(馭戎慨言)』이다. 무라오카가 앞의 논문 「역사가로서의 모토오리 노리나가」에서 평하기를, "모토오리의 저서 중에 가장 정리된 주목할 만한 업적으로 간과할 수 없는 것이 『어융개언』이다. 이 저서는 1778년에 성립한 것으로, 고금의 역사에서 우리 국체의 존엄이 비할 데 없음을 증명하는 취지로 되어 있다. 고대 국가 성립기부터 도요토미 히데요시 시대에 이르기까지의 외교 과정을 논하면서 요령 있게 역사의 체재(體裁)를 갖추고 있다. 우리나라 외교사의 선구적 존재로 주목할 만한 가치가 있다"(241쪽)라고 했다.

하지만 흔히 『고사기전』과는 대척점에 있다고 여겨지는 『어융개언』에서도 노리나가의 태도와 방법은 일관되어 있다.[24] 거기에 모순 같은 것은 없었다. 이 책의 제4장 마지막에서 살펴보았듯이, 노리나가의 학문에서 이질적으로 이야기되는 가도(歌道)와 고도(古道) 사이에도 모순은 없었다. 적어도 노리나가 안에서는 언제나 일관성을 지닌 완결된 논리였다. 그렇다면 애당초 노리나가의 실증적 주석이라는 것이 과연 객관적이고 귀납적인 학문의 방법이었는지, 혹은 노리나가의 '황국'이 광신적인 믿음에서 비롯된 사상이었는지 다시 물어야 할 것이다. 이 책의 답은 둘 다 아니었다.

---

24 앞에서 가토 슈이치가 말한 '노리나가 문제' 같은 경우다. 가토는 『고사기전』에 보이는 실증적인 주석학자로서 고대 일본어를 연구하는 태도와 『어융개언』이라는 노골적인 서명에 드러나는 조잡하고 광신적인 배외주의의 언설 사이에서 노리나가의 양면성을 보았다고 했다.

근대적 학문의 관점에서 노리나가의 학문을 정당하게 평가하는 것이 불가능하다면, 근대적인 국가의식의 문제로 노리나가 비판을 주창하는 내셔널리즘 논의도 정당하다고 볼 수 없다. 앞에서 살펴본 무라오카의 『모토오리 노리나가』는 그 초판에서 백 년 가까이 지난 현재에도 그것을 넘는 연구서는 없다고들 한다. 이 책의 학문적 수준이 높다는 말이겠으나, 역으로 노리나가 연구의 수준은 백 년 전에 머물러 있음을 방증하는 말이다. 근대 일본에서 그토록 노리나가에 대해 뜨겁게 거론했건만, 노리나가에 대한 관심은 어디까지나 동시대 사상으로서의 현대적 과제였다. 노리나가 학문 그 자체에 대한 해명에는 무관심했던 것이다. 노리나가 연구의 시작은 곧 '노리나가 문제'의 시작이었다.

제7장

노리나가 국학과 근대 국문학

1. 국학에서 국문학으로의 계승인가

'노리나가 문제'와 같은 문제설정은 근대 일본의 문제였다고 앞에서 말했다. 그렇다면 그러한 논의 자체를 가능하게 만든 구조와 배경은 무엇일까. 이 책에서는 '국문학'이 '국학'이라는 전통을 등에 업고 탄생할 때 근대적 학문으로서 '노리나가학(宣長學)'이 발견되었으며, 그것이 '노리나가 문제'의 발단이 되었다고 보고 있다.

노리나가의 학문은 근대적 학문으로서의 국학의 수준을 대변하는 것으로 여겨져왔다. 국학을 서구의 문헌학에 필적하는 일본의 문헌학으로 자리매김하도록 해야 한다고 처음으로 주장했던 사람은 국문학자 하가 야이치(芳賀矢一)였다. 일찍이 하가는 『국학사개론(國學史槪論)』(1900)이라는 저서에서 "서양학자는 Philologie라고 해서 문헌을 기본으로 그 나라를 연구합니다. 일본으로 얘기하자면 국어·국문을 바탕으로 그 나라를 연구하는 것입니다. 국학자가 200년 이래 해왔던 일은 곧 일본의 Philologie였습니다"(1권, 45쪽)[1]라고 논한 바 있다. 『국학사개론』이라고는 해도 사실상 그 내용은 몇몇 국학자들의 전기와 같은 것이었다. 이른바 국학의 4대인으로 일컬어지는 가다노 아즈마마로, 가모노 마부치, 모토오리 노리나가, 히라타 아쓰타네를 중심으로 이들의 학문적 계통과 문하생 및 활동의 개략을 극히 간단히 소개하는 정도에 불과했다.[2]

1900년부터 1902년에 걸쳐 독일 유학을 경험한 하가는 귀국 후 국학은 근대적인 학문(과학)으로 성립하는가 하는 문제에 본격적으로 힘을 기울이기 시작한다. 그리하여 「국학이란 무엇인가(國學とは何ぞや)」(1904)에서는 "언어 즉 문학에 나타난 것을 재료로 하여 국체(國體)를 아는 것이 곧 문헌학의 목적입니다. 일본국(日本國)의 경우를 말하자면 국학의 목적이 그에 있고 학술상의 가치도 그에 있으므로, 국학도 학문으로서 성립하는 것이 되는 셈입니다"(1권, 234쪽)라고 국학을 문헌학으로 규정함으로써 국학의 학문으로서의 가치를 찾았다.

유명한 하가의 『일본문헌학(日本文獻學)』(1928)은 실은 1907년의 강술을 기록한 것으로, 그의 사후에 출판된 저서다. 하가는 이 책의 제1장 「일본문헌학이란 무엇인가(日本文獻學とは何ぞや)」에서 국학을 '일본문헌학(Japanische Philologie)'이라고 정식으로 명명했다. 참고로 앞서 말한 무라오카의 노리나가 연구 또한 이러한 하가의 국학 인식을 기반으로 해

---

1 하가 야이치 문장의 인용은 芳賀矢一選集編集委員會 編, 『芳賀矢一選集』, 國學院大學, 1982-1992에 의해 권수, 쪽수만 표시한다.

2 국학의 4대인에 대한 논의는 근세 후기부터 계속되었는데, 아즈마마로·마부치·노리나가·아쓰타네로 정착된 것은 히라타 학파의 관점으로, 승려 출신인 게이추를 제외하고 사제관계를 위주로 하여 아즈마마로를 넣은 것이었다. 하가가 이들 네 명을 택한 것은 그러한 통설적인 이해에 따랐을 뿐, 별다른 의미가 있었던 것 같지는 않다. 이 점에서 후술하는 히사마쓰 센이치는 하가와 달리 국학자들 중에서도 특히 게이추와 노리나가를 높이 평가했는데, 왜냐하면 이들의 학문을 문헌학적 방법으로 재발견했기 때문이다.

서 노리나가 학문의 본질을 문헌학으로 파악하는 것에서부터 출발한 것이었다.[3]

그런데 하가 야이치 본인은 국학에서 국문학으로 계승된다고 하는 학사(學史)의 구축에 과연 얼마나 자각적이었을까. 하가의 경력을 살펴보면, 1889년에 당시 제국대학(=후의 도쿄대학) 문과대학 국문학과에 입학하여 1892년 졸업한 후 대학원에 진학해서는 근세 말에서 근대 초까지 활동했던 국학자 고나카무라 기요노리(小中村淸矩)의 지도를 받았다. 고나카무라는 가토리 신궁(香取神宮) 내에 있던 국학교 상고관(尙古館)의 학사(學師)였던 이노 히데노리(伊能穎則)의 제자이며, 또 모토오리 노리나가의 학통을 잇는 모토오리 우치토오(本居內遠)의 제자이기도 했다. 한편 하가 야이치의 부친 하가 마사키(芳賀眞咲)는 국학자 히라타 가네타네(平田銕胤)와 다치바나노 아케미(橘曙覽)에게 가르침을 받은 적이 있었다.

하지만 그렇다고 해서 "선생(=하가 야이치)은 부친이 걸었던 길에 들어 스스로 메이지의 국학자가 되었다. 그럴 법한 일이다. 따라서 선생의 학통은 분명히 모토오리 국학의 계열이며 부친의 길이었다",[4] 혹은 "야이치도 근세 국학의 전통을 이어받았다고 할 수 있다"[5]라는 식으로 단정할 수 있을지는 다른 차원의 문제다. 적어도 하가의 언설에 한해서 볼 때, 그는 스스로를 국학자라기보다는 새로운 국문학을 담당해야 할 정통 국문학자로서 인식하고 있었다고 생각되기 때문이다.

---

3 단 무라오카는 하가 야이치와 같은 국체론자를 대단히 경계하면서, 자신은 이들과 달리 오로지 학문적 태도만을 고수한다는 방침을 내세우며 입장의 차이를 강조했다. 하가는 당시 국문학자 이상으로 일본주의자·일본정신론자로서 이름이 알려져 있었다.

4 『芳賀矢一選集』1, 「解題 芳賀矢一先生の國學の源流」(藤井貞文 집필), 329쪽.

5 子安宣邦 監修, 『日本思想史事典』, 「芳賀矢一」項(加川恭子 집필), 2001, 439쪽.

실은 하가뿐만 아니라 하가와 동시대의 국문학자 우에다 가즈토시(上田萬年)의 인식도 마찬가지였다. 지금은 국어학자로 더 알려져 있지만, 어찌되었든 국학의 전통에 대해 말하는 우에다 또한 그것은 어디까지나 단절해야 할 전통으로 간주하고 자신들의 새로운 학문과는 엄격히 구별하고자 했다. 우에다의 저명한 논문집 『국어를 위해』(초판 1895, 정정 재판 1897)를 보면, 예를 들어 「국어연구에 대해」(1894) 등의 논고에서 그가 서양의 언어학 연구를 기초로 일본에서의 '국어'의 확립을 주창할 때 국학자 게이추나 모토오리 노리나가에 대해 약간의 언급을 하기는 하지만,[6] 이는 결코 자신들과의 연속성에 초점을 둔 것은 아니었다. 오히려 국학과 같은 전근대적인 학문으로서는 부족하다는 인식하에, 자신들이 시급히 일으켜야 할 혁명적인 신학문에 대한 사명감 같은 것을 확인할 수 있다.

이렇게 본다면 국어학을 포함한 국문학이란 근대화된 국학이었는가라는 물음에 회의적이지 않을 수 없다. 제1세대 국문학자들은 국문학을 국학의 근대적 재생으로 본다거나, 또는 그것을 근세 국학의 계통을 잇는 학문적 영위로 파악하거나 하는 인식은 미미했던 것이 아닐까. 국학자인가 국문학자인가라는 물음 자체가 사실 적절하지 않다고 해야 할 것이다. 국학자와 국문학자는 애초에 등가치의 항목도 이항대립적인 개념도 전혀 아니기 때문이다.

전통이 확실하게 전통으로서 자리매김하는 것은 다음 세대에 의해서였다. 그 대표적 존재는 하가 야이치의 제자였던 제2세대 국문학자 히사마쓰 센이치(久松潜一)였다.

예를 들면 히사마쓰는 하가의 1907년의 지시인 『국민성십론(國民性

6 上田萬年, 『國語のため』, 安田敏朗 校注, 東洋文庫, 平凡社, 2011, 36쪽.

十論)』을 본인의 주석과 해설을 덧붙여 1930년대에 재간하는 작업을 한다. 그 해설을 보면 "근래에 일본적 자각이 생겨나 일본정신의 연구가 널리 이루어지게 되면서 이 책은 더욱 새로운 의의를 갖고 재흥했다고 할 수 있다"[7]라고 하여, 히사마쓰가 당시 쇼와의 시대상황 속에 하가의 논고를 다시금 불러내고 있음을 알 수 있다.

히사마쓰의 『은뢰초(恩賴抄): 국문학잡기(國文學襍記)』(1943) 등을 보아도, 그는 하가를 '신국학의 창조'와 '일본학의 건설'을 염원했던 국문학의 선구자적 존재로 떠받들고 있다. 물론 그의 스승이 하가뿐이었던 것은 아니다.

> 근세 국학에서 메이지의 새로운 국어학·국문학이 생겨난 것은 우에다 선생과 하가 선생에 의해서이다. 메이지 23년에 우에다 선생의 국문학, 하가 선생 등의 국문학독본, 미카미 선생 등의 일본문학사 등이 세상에 나왔을 무렵을 경계로 메이지의 국문학이 탄생한 것인데, 동시에 국어학·국문학·국사학 등이 국학정신을 근저로 하여 각각의 학문적인 걸음을 시작한 것이다.[8]

여기서 히사마쓰가 국문학 탄생의 시점으로 판단한 1890(메이지 23)년은 확실히 일본의 국문학사를 논할 때 기념비적인 해였다. 그의 지적대로, 이 해에 우에다와 하가의 국문학 저작을 비롯하여 일본문학사와 일본문학전집 등이 대거 출판되었다.[9] 주목하고 싶은 것은 히사마쓰가

---

7 芳賀矢一, 『國民性十論』, 久松潜一 校注, 富山房百科文庫, 1938, 「解說」, 4쪽.

8 久松潜一, 『久松潜一著作集別巻 國文學徒の思ひ出』, 至文堂, 1969, 176쪽.

9 上田萬年, 『國文學』, 双二館, 1890; 芳賀矢一·立花銑三郎, 『國文學讀本』, 富山房, 1890; 三上参次·高津鍬三郎, 『日本文學史 上·下』, 金港堂, 1890; 落合直文·小中村義

이와 같이 국문학의 발전사를 논할 때 근세 국학과의 관계를 강조한다는 점이다. 그중에서도 특히 국학이 본래 지니고 있었던 과학적 정신을 국문학 연구의 방법론으로서 발전시킨 것이 바로 하가의 의의라고 보았던 것이다.

무엇보다 신국학(新國學)이라는 명칭에는 구국학(舊國學)으로 총칭되는 전통적인 연구에 대해 그것을 일체 거부하는 일종의 단절의식이 포함되어 있다. 엄밀하게는 하가 이전의 메이지 시기의 다른 국학자들과 하가를 명확하게 구분짓고자 하는 의식의 표명이다.

히사마쓰는 메이지 초기의 국문학자로 고나카무라 기요노리와 기무라 마사코토(木村正辭)에 대해서도 종종 언급하곤 했는데, 이들이 특히 대학에서 지도적인 역할을 담당했다는 점에서 국문학 성립의 모태라고 평한 것이었다.[10] 이들의 뒤를 이은 메이지 중기의 국문학자로 하가와 거의 동시대에 활동했던 오치아이 나오부미(落合直文)와 이케베 요시카타(池邊義象) 등을 들 수 있다. 오치아이의 경우는 당시 절정에 이르렀던 일본주의의 유행에 대해서도 이미 그 쇠퇴를 우려할 정도로 극단적인 국체론자였다. 그가 나라 시대의 문학과 메이지 현재의 문학 상황이 유사하다고 지적한 것도 성쇠의 이치에 따라 곧 다가올 퇴행에 대한 위기의식 때문이었다. 무엇보다도 주의할 점은 그도 역시 일본문학의 필

象·萩野由之, 『日本文學全集』 全 24卷, 博文館, 1890-1892.

10 히사마쓰는 고나카무라에 대해서는 '문학사가'라고 명명한 반면, 주로 『만엽집』의 주석 작업에 주력했던 기무라에 대해서는 '고전주석가'라고 했다. 종래의 주석적 연구에서 비로소 문학사적 연구로 중심이 바뀌어간다는 것이 히사마쓰의 기본적 입장이었음을 고려할 때, 기무라보다는 고나카무라를 상대적으로 높이 평가했음을 알 수 있다. 久松潛一, 『久松潛一著作集十 日本文學評論史 理念·表現論篇』, 至文堂, 1969. 第二篇 第四章 「文學史論」, 381-440쪽. 補篇 「明治の國文學者: 小中村清矩と木村正辭」, 444-459쪽.

요성을 논하면서 국학의 4대 인물인 아즈마마로·마부치·노리나가·아쓰타네에 대해 언급하고 있다는 것이다. "세인들은 이런 부류의 사람을 보고 단지 고학자(古學者)라 할 뿐, 어째서 이 사람들이 오늘의 문명의 단서를 만들었음을 알지 못하는가"[11]라고 한탄하는 부분 등에는 국문학의 전통으로서의 국학을 중시하는 모습이 여실히 드러난다.

그렇지만 히사마쓰가 오치아이 등에 대해 언급할 때는 계속 하가와 비교하면서 '문학사적 의식'이 부족했다는 점을 지적할 따름이다. 히사마쓰가 이렇게 어디까지나 하가를 분기점으로 해서 국학이라는 전통을 다시 전통화하는 작업은 이후 전시하의 사상통제, 학문 총동원 체제 때까지 착착 진행되어 간다. 그리고 그러한 시국에 편승하여 히사마쓰는 국학 연구에 매진한 국문학자이면서 동시에 노골적인 일본정신론자로 활약하게 된다.

히사마쓰의 저서 중에 1926년부터 1934년까지 발표했던 논문들이 수록된 『상대 민족문학과 그 학사(上代民族文學とその學史)』(1934)가 있다. 여기서 히사마쓰는 단적으로 '국학'을 "국가의 학문(國の學問)"이라고 정의하고, "국학은 우리나라 즉 일본을 알고자 하는 학문인데, 그 근저에는 국가에 대한 강한 애정이 존재한다"(216쪽)라고 부연한다. 그리고 "문헌적·과학적 방법론으로 순(純)일본을 알고자 하는 것이 국학이다"(245쪽)라고도 말한다. 이상은 히사마쓰의 『국학: 그 성립과 국문학과의 관계』(1941)에서 논하고 있는 국학의 의의와 성립 및 경향 등과 기본적으로 비슷한 취지다. 요컨대 새롭게 탄생한 국문학의 지위를 굳히기 위해서 이렇게 전통으로서의 국학을 부단히 끌어오는 것이라고 하겠다. 즉

11 「日本文學の必要」(1889). 久松潛一 編, 『落合直文·上田萬年·芳賀矢一·藤岡作太郎集』, 明治文學全集 44, 筑摩書房, 1968, 5쪽.

만들어진 전통 위에 또다시 새로운 전통을 만들어가는 것이다.

다음은 전후 일본에 재생산된 히사마쓰 센이치의 『국문학통론(國文學通論)』(1968)의 일절이다.[12] 히사마쓰는 「연구사의 방법」 중 근세를 언급한 부분에서, "일본문학의 목표와 국학의 목표가 일치하지 않는 점도 생겼다. 그리하여 국학의 목표로서의 고도(古道)와 일본문학의 목표로서의 미(美)는 모순되는 점도 생겼다.…… 이것은 일본문학 연구가 국학으로서 행해졌을 때 일어나는 하나의 문제다"(380쪽)라고 했다. 다행히도 근대에 들어와 일본문학 연구가 국문학으로서 행해지게 되었다는 것인데, 거기에는 전적으로 하가의 노력과 공적이 거듭 강조된다.

> 다만 이런 과정에 의해 성립되었기 때문에 국문학이 근세의 국학적 성격을 많이 갖는 것도 부정할 수 없다. 그것은 방법에 있어서도 내용에 있어서도 그러하다. 그 점에 있어서 하가 박사는 독일에 유학하여, 베크(=아우구스트 베크, 고전학자)나 엘체(=프리드리히 카를 엘체, 영어학자)의 'Philologie'가 고문헌에 의해 고대 문화를 밝힌다고 하는 학문의 방법과 내용이 국학의 방법이나 내용과 가깝다는 점을 지적하고, 국학을 일본문헌학이라고 규정했다. 이것은 국학의 재음미가 되었는데, 그와 더불어 국문학의 성격도 분명해졌다.(381쪽)

지금까지 논해왔듯이 히사마쓰는 메이지 초기의 국문학자들이 국

---

12 『국문학통론』의 초판은 1944년에 나왔으며, 수록 논문은 대개 1930년대에 발표된 것들이다. 여기서는 전후의 증보개정판에 해당하는 『久松潜一著作集一 國文學 方法と對象』에서 인용했다. 히사마쓰의 언설이 본질적으로는 전후에도 그대로 계승되었다는 점에 대해서는 야스다 도시아키가 자세히 밝히고 있는 바다. 安田敏朗, 『國文學の時空: 久松潜一と日本文化論』, 三元社, 2002.

학의 문제점과 한계를 넘지 못했다는 점, 그것을 방법적으로 극복한 것이 하가였다는 점을 지적하고 있다.

한편 『국문학통론』의 서설은 국문학에 대해 다음과 같이 정의하며 시작된다.

> 국문학이라는 것은 국문학사라고 할 때의 국문학과 같이 일본문학 자체를 가리키는 경우도 있지만, 오히려 자국 문학으로서의 일본문학을 연구 대상으로서 취급하는 학문의 의미로 해석하는 것이 적당하다. 국어학이 자국어로서의 일본어를 연구 대상으로서 취급하는 학문인 것과 마찬가지이며, 따라서 국문학이라고 하는 것은 국문의 학이라는 의미가 된다.(15쪽)

'국문학'이란 '국+문학'인가, 아니면 '국문+학'인가. 실은 국문학의 탄생과 동시에 이 새로운 개념을 어떻게 이해하고 보급할 것인지에 대한 논란이 시작되었고, 학자들 사이에 의견이 분분했다. 1901년에 스즈키 노부유키는 일찍이 이 문제를 다음과 같이 명쾌하게 지적한다.

> 지금도 이따금 그런 일이 있듯이, 국학 혹은 고전학이 국문학으로 불리는 오진(誤診)은 이미 그 원인이 10년 전에 있다. 메이지 23, 24년경에 고전 국학 등의 연구가 어지럽게 일어나자,…… 고나카무라 씨 등은 동지들과 함께 고전의 학을 총칭하여 국문학이라 했다.
>
> 내가 말하는 국문학이란 문학이라는 보통명사에 국이라는 형용사가 결합된 것이고, 고나카무라 씨 등의 국문학이라는 명사는 국문이라는 보통명사에 학이라는 명사가 결합된 것인가.[13]

서양에서 들어온 문학 개념에 따라 단지 일본문학의 의미로 사용하는 '국문학'과, 국학에서 비롯된 '국문의 학'과는 질적으로 다르다는 것을 말하며, 진정한 문학 연구를 촉구하는 내용이다. 하지만 그것이 혼동되는 상황은 전후가 되어서도 크게 달라지지 않았다는 것을, 여기서 비판의 대상이 되고 있는 고나카무라와 같이 여전히 '국문의 학'을 내세우는 히사마쓰의 언설에서 확인할 수 있다. 아니 오히려 차원이 다른 두 가지 이해가 기묘하게 맞물리며 의도적으로 합쳐져가는 과정이 곧 국문학의 탄생이었다고 하겠다.

2. 노리나가가 국민적 존재가 되기까지

일본에서는 '국문학(national literature)'이라는 용어가 오랫동안 '일본문학(the Japanese literature)'의 의미로 사용되어 왔다.[14] 이는 말할 것도 없이 국가와 문학이라고 하는 근대적인 두 가지 개념을 바탕으로 1890년대 이후에 새롭게 생겨난 말로, '일본적'인 자각과 '문학적'인 자각을 동시에 함축하고 있다.

일반적으로 메이지 일본의 '국문학'의 성립은 에도 시대의 '국학'의 전통을 계승하여 구축된 것으로 이해되고 있다. 그러나 '국학'의 전통이라고 할 때 그것은 구체적으로 무엇을 의미하는 것일까. 애초에 근

---

13 鈴木暢幸, 「國文學の硏究を論ず」, 『帝國文學』 7·2, 1901, 21쪽; 23쪽.

14 '일본어'를 '국어'라고 불렀던 것도 이와 마찬가지이며, 언어와 문학이 근대 국민국가의 이데올로기와 결부되어 있었다는 점에 대해서는 선행 연구가 밝히고 있는 바다. 이연숙, 『국어라는 사상: 근대 일본의 언어 의식』, 고영진·임경화 옮김, 소명, 2006; 야스다 도시아키, 『國語의 近代史: 제국일본과 국어학자들』, 나공수 옮김, 제이앤씨, 2009; 사사누마 도시아키, 『근대 일본의 국문학 사상』, 서동주 옮김, 어문학사, 2014 등 참조.

세 일본의 '국학'이 근대 일본에 이르러서도 여전히 남아 강력한 영향력을 행사했던 것일까. 근대적 학문의 하나로서 '국문학'이 형성되어 그것이 '국민문학'이라는 역할을 하게 되었을 때, 국문학자들은 '국학'과의 연속성을 매우 강조했다. 즉 '국학'을 근대 이전에 이미 존재했던 국민적 자각으로 규정하고, 바로 그러한 '국학'을 계승하는 것이 '국문학'이라고 표방했다. 이것이 곧 '국학'에서 '국문학'으로 이어진다고 하는 새로운 전통이 만들어지는 과정이었다고 할 수 있다.

이와 거의 비슷한 시기에 '국학의 완성자' 모토오리 노리나가라는 이름이 떠오르기 시작하는데, 이윽고 그는 '황국주의자'의 대표로서 일본의 국민적 존재가 되어간다. 이 과정에서 그가 쓴 여러 저작들이 잘못 해석되거나 왜곡된 채로 이용되었고, 전후가 되면 전시에 황국주의자로 숭앙되었던 만큼 노리나가에 관한 연구는 터부시되었다.

국학에서 국문학으로의 계승을 전제로 근대 국학의 역사적 역할을 찾으려고 하는 노력은 최근의 연구에서도 여전히 계속되고 있다.[15] 예를 들면 후지타 다이세이는 근세의 전통적인 국학과는 또 다른 형태의 근대 국학을 구상했던 이들이 있었다는 것을 고나카무라 기요노리와 같은 국학자의 존재를 예로 들어 주장하면서, 근대 국학의 성격을 종합성·고증성·국가성·실용성·종교성의 다섯 가지로 정리한다.[16] 즉 이러한 근대 국학의 다양한 측면을 기반으로 국문학도 탄생하게 된다는 결론이다. 그러나 국학자의 일부가 그대로 국문학자가 되었다거나, 국학의 흐름이 자연발생적으로 국문학으로 이어진다는 발상은 연속사관 내지 발전사관에 지나지 않는다. 오히려 이들이 제시한 근대 국학의 특징

15 田中康二, 『國學史再考: のぞきからくり本居宣長』, ぺりかん社, 2012. 특히 제10장 「維新期の國學: 本居豊頴と明治國學」에서 그러한 입장을 표명한다.

16 藤田大誠, 『近代國學の研究』, 弘文堂, 2007, 461-493쪽.

이야말로 메이지의 국학자 혹은 국문학자들이 국학에서 받아들여야 할 점으로 생각하고 전통으로 주창했던 것들이라고 보아야 하지 않을까.

확실히 국학의 연속과 단절이라는 관점에서 제국대학 문학부 초기에 고나카무라가 구상했던 고전강습과(古典講習科)의 존재는 흥미롭다. 그렇지만 1882년 도쿄대학 문학부 부속으로 개설된 고전강습과는 1888년 제2회 졸업생을 끝으로 곧바로 폐지되고 말았다. 폐지의 이유에 대해서는 명확히 밝혀진 바가 없다. 고전강습과는 화문학과(和文學科)가 국문학과(國文學科)로 이행하는 과정의 하나의 과도기적 존재였다고 하기보다는, 더 이상 국학적 커리큘럼이 요구되지 않는 시대의 전통의 단절을 여실히 보여주는 예라고 해야 할 것이다.

학문으로서의 국학이라고 말할 때, 애초에 국학 자체의 진행 상황도 보다 냉정하게 생각해볼 필요가 있다. 일례로 막부 말기 전국의 번교에서 교과목으로 국학이 증가하는 현상에 대해 일찍부터 주목된 바 있다.[17] 다만 비교적 이른 단계에 번교의 교과로 국학이 도입되었어도 번교 내에서의 그 위치는 결코 높지 않았다. 가장 큰 이유는 물론 막부의 관학인 주자학을 중심으로 한 유학이 군림하고 있었기 때문이다. 국학이 유학에 대항하는 학문으로 그 체계를 갖춘 것은 노리나가의 출현을 고려할 때 적어도 근세 중반 이후의 일이었다. 더구나 국학은 그 성립부터 주로 무사 이외의 계층이 담당했으므로 유학에 비해 낮은 대우를 받을 수밖에 없었다.

막부 말기가 가까워짐에 따라 번교의 국학도 서서히 확대되어, 유신기에는 단기간에 상당한 약진을 보이기도 했다. 신정부는 당초 그 체

17 笠井助治, 『近世藩校の綜合的研究』, 吉川弘文館, 1960; 笠井助治, 『近世藩校に於ける學統學派の研究』, 吉川弘文館, 1982.

제를 진무 창업의 고대로 되돌린다는 것을 이상으로 삼고 제반 개혁을 단행했는데, 여러 번교에서도 이 취지에 따라 학제개혁을 실행했기 때문이다. 이 시기 새롭게 국학과를 설치한 번교는 정과(正科) 및 수의과(隨意科)를 포함하면 전국 63곳에 달했다.[18] 하지만 번교에서 국학이 일시적으로 융성의 조짐을 비쳤다고는 해도, 그것은 곧 쇠퇴의 길로 접어들고 말았다. 이미 중앙에서도 국학·유학·양학의 학파가 대립하며 주도권 싸움을 벌이고 있었는데, 번교에서 국학 우위의 체제에 유학 측이 반발하지 않을 리 없었다. 게다가 국학은 학문으로서의 전통이 짧은 만큼 세력도 부족하고 인재도 부족했다. 이러한 사정이 이후 도쿄대학 성립기의 학제 문제, 교토의 황학소 폐지 등에도 깊이 관련된다. 근대적 학문의 전통으로서 근대 국학이 지속되었다는 설에 동조하기 어려운 이유다.

근대 초기에 이루어진 국학 관련 연구에 대해 간략하게나마 되돌아보며 상황을 정리해보자. 근대 일본에서 국문학의 탄생은 1890(메이지 23)년 전후를 기점으로, 대학에 국문학과가 개설되고 국문학의 텍스트가 정해지고 국문학사가 연이어 서술되면서 일사불란하게 이루어졌다.[19] 특히 이 시기의 국문학은 근대의 문헌학으로서 노리나가로 대표되는 근세 국학의 학문적 가치를 발견하는 한편으로, 그 방법적 한계를 과학적으로 극복하겠다고 노력하기도 했다. 즉 국학이라는 새로운 전통을 표방하며 신생 학문인 국문학을 정립하려 한 것으로 볼 수 있다.

그렇지만 이때까지도 『고사기』 혹은 『고사기전』이 일반적으로 중시되었던 서적이라고는 생각하기 어렵다. 메이지 20년대(1887-1896년)까지의 『고사기』 연구는 대개 본문 교정의 수준에 머물러 있었다.[20] 노

---

18 南啓治, 「幕末維新の藩校と國學」, 『近世國學とその周邊』, 三彌井書店, 1992, 76쪽.

19 品田悦一, 『萬葉集の發明: 國民國家と文化裝置としての古典』, 新曜社, 2001 참조.

20 대표적인 것으로 敷田年治, 『古事記標註』, 里見義, 1878; 鈴木眞年, 『古事記正義 第

리나가가 『고사기』에 훈을 달아놓은 『정정고훈고사기』 등에 의지하여 이를 나름대로 수정하는 정도의 연구가 대부분이었으며, 한마디로 『고사기전』을 뛰어넘는 연구는 이루어지지 않았던 것이다. 메이지 초기에는 예를 들면 요시오카 노리아키(吉岡德明)의 『고사기전략(古事記傳略)』(1883-1886)과 같은, 서명 그대로 『고사기전』의 간략본이 만들어지기도 했다. 히라타 학파에 가까웠던 저자가 아쓰타네의 설을 바탕으로 『고사기전』의 노리나가 설에 약간의 비평을 더하기도 했으나, 그러한 부분은 극히 일부에 지나지 않는다.

히라타 학파 중 근세에서 근대에 걸쳐 활동한 인물로는 이이다 다케사토를 빼놓을 수 없다. 그는 전 30권에 달하는 『일본서기』의 주석인 『일본서기통석』 70권을 무려 48년간에 걸쳐 1899년에 완성했다. 『일본서기통석』은 『일본서기』의 일서(一書)와 이본(異本) 및 기존의 주석서들을 총망라한 대저였으나, 『고사기전』과 같은 독창적인 견해는 거의 없기 때문에 질적 가치를 평가받지 못했다.

메이지 30년대(1897-1906년)가 되면 비교신화학을 비롯하여 민속학 방면에서의 연구가 주로 『고사기』 상권의 신화 부분을 소재로 시작되기는 하지만, 『고사기』 텍스트 전체에 대한 본격적인 연구는 역시 국문학이 완전히 성립·정착된 이후라고 할 수 있다. 다시 말해 훗날 『고사기』가 '일본 최고(最古)의 서적', '국민의 고전(古典)', '성전(聖典)' 등으로 국민들에게 널리 알려지고 나서, 또 신화를 역사교육에 이용했던 시대를 거치고 난 이후다.

한편 국학 연구라고 해도 메이지 30년대에 이르러서야 비로소 국

一卷開闢章』, 1887; 田中頼庸, 『校訂古事記』, 會通社, 1887 등을 들 수 있다. 이후 本居豊穎·井上頼圀·上田萬年, 『校定古事記』, 皇典講究所, 1911에 이르기까지 본문 교정은 계속되었다.

학자들의 전기에 대한 연구가 시작되고,[21] 문하생들을 중심으로 유고집을 모아 전집을 내는 작업들이 활발히 이루어졌다.[22] 그렇더라도 역시 『고사기』, 『고사기전』, 그리고 모토오리 노리나가는 이 시기까지는 그저 지식인들 사이에서 향수된 정도라고 여겨진다.

국학의 완성자로 노리나가가 일반인들에게 알려지게 된 것은 아무리 빨라도 쇼와 시기에 들어가고 나서, 특히 유명한 「마쓰자카의 하룻밤(松坂の一夜)」이라고 하는 노리나가 관련 일화가 『소학국어독본(小學國語讀本)』의 교재로 실린 일이 결정적인 계기였다고 한다.[23] 이는 1936(쇼와 11)년 제3기 국정 국어교과서 때부터의 일이었다.[24]

국정 역사교과서 쪽에서는 이보다 조금 이른 시기부터 노리나가 관련 기사를 볼 수 있다. 국정 역사교과서 제1기에는 「존왕론(尊王論)」이라는 과에 국학에 대한 설명으로 게이추와 가모노 마부치의 이름만 보이다.[25] 이윽고 제2기부터 모토오리 노리나가의 이름이 보이기 시작한

21 그 성과는 大川茂雄·南茂樹 編, 『國學者傳記集成』, 大日本圖書, 1904의 상권 및 중권으로 집성되었다. 하권까지의 완결은 大川茂雄·南茂樹 編, 『續編 國學者傳記集成』, 國本出版社, 1934-1935가 나오면서이다.

22 本居豊穎 校訂, 『本居全集』, 吉川半七, 1901-1903. 총 7권 중 4-5권이 『本居宣長全集』이며, 그 밖에 『本居春庭全集』, 『本居大平全集』, 『本居内遠全集』으로 구성되어 있다. 또한 國學院編輯部 編, 賀茂百樹 校訂, 『賀茂眞淵全集』, 弘文館, 1903-1906; 國書刊行會 編, 『伴信友全集』, 國書刊行會, 1907-1909; 平田盛胤·三木五百枝 校訂, 『平田篤胤全集』, 一致堂書店, 1911-1918 등이 연이어 발행되었다.

23 당시 시국의 영향하에서 이루어진 노리나가 연구 및 노리나가 이미지의 형성과 그 변용에 대해서는 田中康二, 『本居宣長の大東亞戰争』, ぺりかん社, 2009 참조.

24 第三期國定國語教科書(1936), 『尋常小學讀本 巻十一』, 「第十七課 松坂の一夜」(近代編七 國語四); 第四期國定國語教科書(1938), 『小學國語讀本 巻十一』, 「第十一 皇國の姿」, 「第十二 古事記の話」, 「第十三 松坂の一夜」(近代編八 國語五); 第五期國定國語教科書(1942), 『初等科國語 七』, 「二十 古事記」, 「二十一 御民われ」(近代編八 國語五).

25 第一期國定歴史教科書(1903), 『小學日本歴史 二』, 「第十二 尊王論」. "국학이란 우

다.[26] 국어교과서와 역사교과서의 교재 내용은 서로 연동하는 경우가 많았으며, 그러한 부분이 개정에 반영되기도 했다. 사용기간이 가장 길었던 제3기 국정 교과서(1920-1921년에 출판되어 제4기 1934-1935년의 출판까지 사용)는 인물별 역사교과서의 성격이 짙었던 관계로, 이때부터 「모토오리 노리나가」라는 독립된 과가 만들어졌다. 해당 과의 소제목은 「국학의 발생」, 「노리나가의 성장 과정」, 「고사기전을 짓다」, 「야마토고코로의 노래를 읊다」, 「존왕론의 성행」 순으로 구성되었다.

그 후 제6기가 되면 개정된 '국민학교' 초등과의 교과구성에 따라 '국사'는 '국어'·'수신'·'지리'와 함께 '국민과' 안에 포함되었다. 1943(쇼와 18)년에 출판된 『초등과국사(初等科國史)』의 제1과는 「신국(神國)」으로 시작되듯이 전시 교과서의 성격을 강하게 드러내는데, 여기에서도 노리나가와 관련된 기술은 크게 달라진 바 없이 게재되었다.

여러 차례에 걸친 국정 교과서의 수정 과정에서 국학 및 노리나가 관련 내용은 그다지 변하지 않았음을 확인할 수 있다. 1946(쇼와 21)년 제7기 국정 역사교과서는 『나라의 발자취(くにのあゆみ)』라는 이름으로 출판되었다. 패전 직후 점령체제하에서 일시적으로 역사 수업이 금지되

리나라의 고사(古史)와 고문(古文)을 연구하는 학문으로, 일찍이 도쿠가와 미쓰쿠니(德川光圀)가 승려 게이추로 하여금 고문을 연구하도록 한 데서 비롯하여 가모노 마부치 등의 고명한 학자들이 잇달아 나왔다."(483쪽) 인용 쪽수는 海後宗臣 編, 『日本教科書大系 近代編十九 歷史二·三』, 講談社, 1962-1963에 의한다.

26 第二期國定歷史教科書(1909), 『尋常小學日本歷史 卷二』, 「第十 尊王論」. "마부치의 제자 모토오리 노리나가 등 유명한 학자가 잇달아 나와 우리 국체가 대단히 우수한 이유, 황실이 존엄한 까닭을 밝혔다."(544쪽) "국학이란 국어에 기초하여 우리의 고사(古史)·고문(古文)을 연구하는 학문을 말한다. 일찍이 쇼군 쓰나요시(綱吉) 때 승려 게이추가 나와 고문을 연구한 것에서 이 학문이 점차 발흥하여 가모노 마부치, 마부치의 제자 모토오리 노리나가 등 유명한 학자들이 잇달아 나와 우리 국체가 대단히 우수한 이유, 황실이 존엄한 까닭을 밝혔다."(544쪽)

고 교과서가 회수된 이후 황급히 새 교과서 편찬이 재개되어 만들어진 것이었는데, 당시 내용의 대폭적인 수정이 있었음에도 불구하고 노리나가와 『고사기전』의 이름은 여전히 건재했다.[27] 그리고 그 내용은 현대 일본에서 중등교육을 통해 형성되어 있는 노리나가에 대한 이해와 기본적으로 다르지 않다.[28] 요컨대 노리나가가 일본의 국민적 존재가 되어가는 과정은 단적으로 이러한 교과서를 통해서 곡해된 이미지와 언설이 고정화되는 과정이었던 셈이다.

국학의 연속성이라는 측면을 완전히 부정할 수는 없지만, 그렇다고 근세 국학에서 근대 국학으로 단선적인 계보상에서 파악해도 곤란하다. 국문학을 비롯한 근대의 학술 시스템이 모토오리 노리나가에게 집약된 형태로 국학이라는 개념 자체를 새롭게 구축해간 것임을 전제로 할 때, 노리나가 국학이 무엇이었는가, 그것이 우리에게 던지는 문제에 대해 이제 자유롭게 논해도 될 것이다.

---

27 第七期國定歷史教科書(1946), 『くにのあゆみ 下』, 「第八 江戸と大阪」, 「三 學問の道」. "우리나라 상고의 옛말과 역사를 밝히는 것을 목표로 삼는 학자들이 나왔습니다. 이들은 『만엽집』이나 『고사기』를 활발히 연구하여, 유교와 불교가 아직 전래되지 않은 시대의 우리나라 모습을 알고자 노력했습니다. 이를 국학이라고 합니다. 이세 마쓰자카 출신의 모토오리 노리나가는 일생을 바쳐 『고사기』를 연구하여 『고사기전』을 집필했습니다."(435쪽)

28 더욱 흥미로운 사실은 국어과 교과서에 실린 노리나가와 사회과(일본사·윤리) 교과서에 실린 노리나가 사이에 상당한 간극이 존재한다는 것이다. 이를테면 『겐지모노가타리』 연구자와 『고사기전』의 저자로 대표되는 이미지다. 현대에 분화된 학문 영역에서 노리나가의 '문학'과 '사상'을 총체적으로 다루지 못하고 국어국문학계와 사상사학계에서 별개로 이루어지는 연구 성과의 간극이 그대로 투영된 결과라 하겠다. 田中康二, 『本居宣長』, 中央公論新社, 2014, 234-235쪽.

종장

1. 『고사기전』이 『고사기』에 던지는 물음

이 책에서는 『고사기』의 주석서로 알려진 『고사기전』을 주석을 통해 하나의 새로운 신화를 창출한 텍스트로 보았다. 그 결과를 한마디로 요약하면, 『고사기전』은 『고사기』 전체를 '황국' 이야기로 읽었다. 무엇보다 '황'자의 의식적인 선택과 함께 『고사기전』에서 '황국'이라는 새로운 이야기가 완성되는 것이다. 그리고 그것을 노리나가는 『고사기』 독해를 통해 입증했다.

물론 『고사기』는 8세기 시점에서 천황가의 정통성을 주장하려는 이야기였다. 하지만 그것이 과연 『고사기전』이 파악한 것과 같은 '황국' 이야기였는지는 의문이다. 단적으로 『고사기』에서는 인간 일반에 대해 다루지 않는다. 신들이 주인공으로 나오는 신대의 이야기도 신들의 세계 전반을 다룬다기보다 오로지 천황가의 시조가 되는 신들만을 중심으로 그려질 뿐이다. 그 가운데 인간에 대한 언급은 매우 단편적으로밖에 보이지 않는다. 즉 인간의 탄생이나 죽음에 대한 이야기는 일본 신화에서는 관심 밖의 문제일 뿐이다.

그런데 18세기 중반 모토오리 노리나가를 비롯한 국학자들은 그들의 시대적 과제에 부응하는 형태로 고대의 신화를 재구성하고 재해석했다. 다시 말해 『고사기전』은 『고사기』 주석 작업을 통해 무엇보다 세계의 기원 및 삼라만상과 인간 일반에 대해 이야기하는 신화를 찾으려 한 것이라고 이해할 수 있다. 그리고 노리나가의 신화 해석이 만들어낸 코스몰로지는 핫토리 나카쓰네의 『삼대고』에서 서구의 천문학적 지식과 결합하여, 신화 속의 세계가 천체로서의 태양·지구·달의 생성으로 연결된다는 독특한 우주론으로 발전했다. 이 새로운 신화적 세계상은 다시 히라타 아쓰타네의 『영혼의 기둥』으로 계승되면서 사후세계와 영혼의 행방이라는 또 다른 논의로 전개되었다. 그것은 『고사기』라는 텍스트 분석을 초월하여 어디까지나 국학자들에 의해 창출된 하나의 새로운 신화다. 또한 그것은 『고사기』와 거의 동시대에 성립한 『일본서기』도 한문의 윤색을 빼고 나면 원래 같은 신화였으리라는 전제하에 만들어졌다.

『고사기』도 『일본서기』도 애당초 인간의 이야기에 대해서는 크게 관심을 두지 않는다. 그렇다고 신화 속에 인간이 아예 등장하지 않는다는 말은 아니다. 『고사기』의 황천국 신화에 등장하는 '청인초(青人草, 아오히토구사)'와 '인초(人草, 히토구사)'라는 말은 확실히 지상에 사는 인간들을 가리키는 것으로 보인다. 또한 『일본서기』에서는 '히토구사'에 대응하는 표현으로 '인민(人民)'·'국민(國民)' 등의 한자어가 쓰인다. 노리나가가 그다지 주의를 기울이지 않았던 이 말에, 훗날 아쓰타네 같은 경우는 적극적으로 의미를 부여하기도 했다.

『고사기』에 의하면, 황천국에서 이루어진 이자나키·이자나미의 대화로 인해 지상의 인간이 죽는 수보다 태어나는 수가 많도록 정해졌다고 한다. 인간의 운명은 지상세계에 영향력을 미치는 신들의 작용으로, 말하자면 부수적으로 언급될 뿐이다. 한편 천황의 죽음의 유래는 그것과는 별개로 이야기된다. 천손 니니기가 지상에 강림하여 산신의 딸인

고노하나사쿠야비메(木花咲耶姬)에게 구혼했을 때, 아름답지 못한 언니 이와나가히메(石長姬)는 거절하고 돌려보냈기 때문에 그 후로 천황의 목숨이 영원할 수 없게 되었다고 한다. 천황의 수명의 유한성은 인간 일반의 죽음과는 전혀 다른 논리로 설명되는 점에도 주의할 필요가 있다.

물론 신들의 세계가 곧 천황의 세계로 이어지듯, 신화상에서 '인초(人草)'로 등장하는 존재가 현실의 '인민(人民)'으로 연결되는 것은 틀림없다. '인초'에 특별히 주목한 아쓰타네는 천신의 명에 의한 이자나키·이자나미의 국토생성 사업이 다름 아닌 인초를 위한 것이었다는 획기적인 해석을 한다. 거기에는 신들이 절대적으로 인초를 사랑해야 한다는 관계가 설정되어 있다. 아쓰타네는 이 관계가 아마테라스 및 천황에까지 적용되는 것이라고 주장한다. 그리고 다른 한편으로 인초 쪽에서도 신들의 행위에 부응해야 할 의무가 있음을 역설한다. 이러한 해석은 현실 사회에서의 천황과 인민의 관계에 대응한다. 무엇보다 일상윤리 차원에서 인민이 가져야 할 책무와 규범에 대한 지침을 제공하는 것이 된다. 이후 아쓰타네의 제자들에게 이 점은 거의 공통 과제로 계승되어, 막부 말기에 국학과 민중운동이 결합하는 중요한 요인의 하나가 되었다.[1]

아쓰타네 언설의 중심은 우주론이나 세계상의 문제보다는 인간의 생명과 죽음에 대한 문제 쪽으로 상당히 기울어져 있다. 즉 사후세계와 영혼의 행방에 천착했던 아쓰타네의 궁극적 관심은 코스몰로지 그 자체가 아니라, 유명계를 해명함으로써 현세를 안정적으로 구성하는 원리를 찾는 데 있었다고 할 수 있다. 그는 인간의 시작에 관한 이야기도 일본신화에 원래부터 없었던 것이 아니라, 당연히 있어야 하는데 누락되었

1 桂島宣弘, 『幕末民衆思想の研究: 幕末國學と民衆宗教』, 文理閣, 1992; 藤井貞文, 『明治國學發生史の研究』, 吉川弘文館, 1977.

을 뿐이라고 말한다.

아쓰타네의 이러한 신화 읽기의 방향성은 다름 아닌 노리나가로부터 비롯된 것이다. 노리나가는 천황의 통치로 연결되는 '신의 도'를 그대로 '인간의 도'에 적용하여 읽으려 했다. 게다가 '황국의 도'는 무엇보다 '인정(人情)'에 부합하는 까닭에 '바르고 참된 도'로 높이 평가되었다. 그것은 곧 인간세계의 총체를 묻는 것으로, 반드시 '천황이 천하를 다스리는 도'에 관련되는 정치사상의 문제로만 환원할 수는 없지만, 여하튼 현대에서 신대의 자취를 찾은 것이었다. 신대와 현대의 연속성은 옛 전설과 지구설이 합치한다는 이해와 마찬가지로, 그의 관심이 항상 현대를 향하고 있음을 보여준다. 『고사기』를 주석하는 것은 그의 자기증명을 위한 행위였고, 거기서 '황국'은 그가 지금 현재의 세계를 시야에 두고 선택한 자국 표현이었다.

'황국'이라는 말에 주목했던 가모노 마부치 등의 18세기 국학자들은 초반에 그것을 '스메라미카도'나 '스메라미쿠니'로 훈독했다. 노리나가는 '황조'와 '황국'을 구별하여 보다 폭넓게 자국을 나타내는 표현으로 '황국'을 선택했다. 거기에는 외부에 의해 명명된 '일본'이라는 이름 등에 대한 비판이 담겨 있었다. 그리고 만국의 우위에 서는 '황국'을 표방함으로써 '중국' 내지 '중화'로서의 중국을 극복하는 데 성공할 수 있었다. 노리나가의 사상을 국학의 완성으로 보는 이유이기도 하다.

일본 예찬의 입장에서 중화사상을 해체하고 유학적 이치를 부정하는 국학적 세계상의 형성은 확실히 노리나가의 스승 마부치의 가르침에 의거하는 바가 크다. 하지만 마부치는 일체의 이성을 부정하는 데 그쳤을 뿐, 그것을 대체하는 보편의 가능성을 찾아내지는 못했다. 노리나가에 이르러 그것이 가능했던 것은 '황국'이라는 유례없는 자국 표현의 획득과 더불어, 『고사기』 읽기에 천착하여 상고에 있어야 할 '황국' 이야기를 실증했다는 자기확신이 있었기 때문일 것이다. 그런 의미에서 『고사기』는 노리나가가 세계를 이해하는 원전이 된 것이다.

덧붙이자면, 오늘날 국학에 대한 일반적인 설명은 "일본의 고전을 문헌적으로 연구하고 일본 고유의 문화와 정신을 밝히는 것을 목적으로 하는 학문"[2]이다. 이러한 국학의 사상적 달성을 이룬 것이 노리나가라는 존재이며, 그의 대표 업적으로 『고사기』를 정밀하게 주석하여 『고사기전』을 집필했다는 점이 주로 이야기된다. 이때 노리나가 국학의 실증적 성격을 강조하는 것은 대개 그와 대조적으로 아쓰타네 국학의 광신적 성격을 말하기 위함이다. 노리나가의 『고사기전』을 모방하여 아쓰타네가 그야말로 신들린 듯 붓을 휘둘러 수십 일 만에 완성했다고 하는 『고사성문(古史成文)』, 이어 그에 대한 출처를 밝힌 『고사징(古史徵)』(1811-1819), 그리고 자신의 『고사성문』에 대해 스스로 해설을 단 주석서 『고사전(古史傳)』(1812-1825)은 하나같이 동서양의 온갖 문헌을 짜깁기한 것에 불과하다고 평가 절하되는 경향이 있다. 노리나가에서 정점을 찍은 실증적·문헌학적 국학이 아쓰타네로 인해 하향 곡선을 그리는 것으로 보는 것이다. 그러나 근래의 일본사상사 연구 동향이 아쓰타네에 대한 재평가를 호소하듯, 그의 작업 역시 매우 일관된 세계관과 신화 해석 방침하에 이루어졌다는 점에 세심한 주의가 요구된다.[3]

노리나가의 『고사기전』이나 아쓰타네의 『고사성문』이나 정도의 차이를 무시할 수는 없지만 자의적인 것은 매한가지다. 그렇다고 그것을 『고사기』에 대한 정당한 고전 주석에서 일탈한 행위였다고 비판하는 것은 무의미하다. 애초에 근대 문헌학을 끌어들여 실증적 방법인지 아닌지를 평가의 기준으로 삼는 데서 벗어날 필요가 있다. 중세 일본의 신도

2 本居宣長記念館 編, 『本居宣長事典』, 東京堂出版, 2001, 5쪽.

3 子安宣邦, 『平田篤胤の世界 新装版』, ぺりかん社, 2009(2001); 宮地正人, 『歴史のなかの『夜明け前』: 平田國學の幕末維新』, 吉川弘文館, 2015.

가들이 유교·불교·신도가 습합된 세계관 안에서 그들만의 독자적인 신화를 창조한 것과 마찬가지로, 근세 일본의 국학자들은 새로운 시대의 지식에 걸맞게 그들의 시대가 요청하는 신화를 창조했다. 아마테라스가 태양 그 자체라는 황당무계해 보이는 설을 비롯하여, 노리나가와 그의 제자들을 고심하게 만든 『삼대고』의 세계상은 '중세 신화', '근세 신화'의 흐름 속에서 전개된 신화적 사고로 이해해야 할 것이다.[4]

그렇다면 이 책은 노리나가에 대한 변명인가. 노리나가에 대한 비판도 옹호도 필자의 입장은 아니다. 그러한 연구의 입장을 밝히는 것이 노리나가를 이해하는 데 어떤 의미가 있는지 모르겠다. 노리나가를 통해 우리 시대에 어떤 문제제기를 할 수 있는가에 더 많은 고민이 필요하다. 다만 강조하고 싶은 것은, 근대 일본을 경유하면서 만들어진 노리나가 국학에 대한 과대평가를 지금 우리가 답습할 하등의 이유가 없다는 점이다. 노리나가가 본래 생각했던 지적 영위의 의미에 대해서는 이 책의 제1부에서 그의 텍스트를 따라가며 그의 시대적 과제로 파악해보고자 노력했다. 제2부는 노리나가 텍스트에서 다소 벗어나는 것이지만, 왜 노리나가가 이토록 문제성을 지니게 되었는지 그를 둘러싼 콘텍스트

4 일본 고대 문헌의 신화가 중세에 본지수적설(本地垂迹說) 등의 영향으로 다양한 변용을 보이는 현상에 대해, 일찍이 이토 마사요시는 '중세일본기'라 하여 근대주의의 잣대를 적용하지 말고 어디까지나 중세의 지적 영위로 파악할 것을 제창했다. 伊藤正義, 「中世日本紀の輪郭」, 『文學』 40·10, 1972. 이를 계승하여 '중세 신화'라는 관점의 연구가 고전 연구의 여러 분야에서 이루어진 가운데, 최근 사이토 히데키와 야마시타 히사오 등은 『고사기전』도 '근세 신화'로 읽어야 한다고 주장한다. 齋藤英喜, 「近世神話としての『古事記傳』: 「産巣日神」をめぐって」, 『文學部論集』 94, 佛教大學文學部, 2010; 齋藤英喜, 「宣長·アマテラス·天文學: 近世神話としての『古事記傳』のために」, 『歴史學部論集』 1, 佛教大學, 2011; 山下久夫, 「「近世神話」から見た『古事記傳』注釋の方法」, 鈴木健一 編, 『江戸の「知」: 近世注釋の世界』, 森話社, 2010; 山下久夫, 「本居宣長と平田篤胤は神道をいかに再構築したか」, 『現代思想』 45, 2017.

를 이해할 수 있도록 구성한 것이다. 즉 '황국'의 발견, 그리고 '모토오리 노리나가'의 발견에 대해 말하고 싶었다.

2. 노리나가에게 일본의 기원을 묻는다는 것

노리나가는 스스로의 학문을 어떻게 정의하는지 들어보자. 『우히야마부미』에 그가 생각하는 학문의 범주와 분류 등에 대해 정리해놓은 부분이 있다.

> 학문이란 황조의 학문을 일컫는다. 본래 예로부터 그저 학문이라고 하면 그것은 한학(漢學)을 가리키는 것이었다. 그와 구별하기 위해 황국의 학문을 화학(和學) 혹은 국학(國學) 등으로 불렀는데, 이는 좋지 않은 호칭이다. 자국에 관한 것이므로 황국의 학문이야말로 그저 학문이라 부르고, 한학은 따로 구별하여 한학이라 불러야 한다. 화학이나 국학이라 부르는 것도 만약 한학과 혼동될 때는 황조학(皇朝學) 등으로 불러야 하는데도 반성하지 않고 적당히 언제나 화학·국학이라 하는 것은 황국을 외국으로 취급한 호칭이다. 중국(もろこし), 조선, 네덜란드 같은 다른 나라 사람들이 그리 부른다면 모르지만 우리나라 사람 스스로 그처럼 불러야 할 이유가 없다.…… 이것은 야마토 혼(山跡魂)을 견고히 하기 위한 하나의 실마리가 되기 때문에 제일 먼저 말하는 것이다.(214-215쪽)

『다마카쓰마』 1권 「학문」이라는 항목에도 거의 비슷한 취지의 글이 있다.

> 세상에서 학문이라 하면 중국 서적을 배우는 것이다. 황국의 상고에 대해 배우는 것은 구별하여 신학(神學)·왜학(倭學)·국학(國學) 등이라 한다. 이는 중국(から國)을 중심에 두고 어국(御國)을 부수적으로 취급하는 표현으로 매우 잘못된 것이다.…… 국학이라 하면 존중하는 쪽으로 수습한 듯해도, 국(國)자를 쓰는 것도 경우에 따라서지, 역시 수긍할 수 없는 호칭이다. 세상 사람들이 말하는 방식은 모두 이러한 말에 안팎의 구별이 있음을 모르고, 항상 외국을 안쪽에 두는 말이 많다. 이는 중국 서적만을 읽어서 생긴 잘못이다.[5]

노리나가는 사실 '국학(國學)'이라는 말에 대해서부터 비판적이었다. 당시에 보다 일반적인 명칭이었던 '화학(和學)'에 대해서도 부정적이었다. '국학'이나 '화학'은 모두 '한학(漢學)'을 중심에 두고 일본의 학문을 상대화하는 전도된 사고방식이기 때문이다. 일본의 학문이야말로 그저 '학(學)'이라 하거나, '고학(古學)' 혹은 '황국학(皇國學)'이라 불러야 한다는 것이 노리나가의 주장이었다. 노리나가가 보기에 이러한 풍조야말로 '한학' 위주의 관습에서 생긴 '한의(漢意)'의 폐단이었다.

그럼에도 불구하고 노리나가의 학문이 '국학'으로 규정되는 것은 근대 이후에 그야말로 '국가의 학'으로 국학자들의 사상이 계승되어온 학문의 역사를 대변하는 셈이다. 노리나가의 시대에는 아직 '국어(일본어)'도 '모노노아와레'도 어느 것 하나 자명성을 획득한 담론이 아니었다. 더구나 국학의 성격과 방향성은 계속해서 바뀌었다. 이렇게 볼 때 노리나가 국학이 근대 일본의 내셔널리즘 운동에 긍정적으로든 부정적으로든 과연 오늘날 거론되는 정도로 큰 역할을 했는가 하는 점에 대해

5 『本居宣長全集』, 1권, 47-48쪽.

서는 의문을 갖지 않을 수 없다.[6]

노리나가 국학의 근대 수용사가 오독(誤讀)이었다고 탓하려는 것은 아니다. 『우히야마부미』에서 노리나가가 반복해서 역설한 것은 학문의 근본은 도를 배우는 것이고, '황국'에만 전하는 그 '참된 도'를 알기 위해서는 『고사기』와 『일본서기』를 읽으라는 것이었다. 단 고학의 입문자들이 처음부터 이것을 읽기는 어렵다며 그는 자신이 집필한 『신대정어』, 『직비령』, 『옥모백수』, 『다마쿠시게』, 『구즈바나』를 함께 읽기를 장려하기도 했다.(206-207쪽) 고도론에 관련되는 이 저작들이 실제 노리나가 사상을 대표하는 것으로 애독되었다는 사실을 생각할 때, 오독의 수용사라는 비판은 부적절하다. '황국'의 발견은 노리나가의 신화 해석에 의해 이루어진 것이었지만, 그 후 '황국'의 역사가 만든 파장 속에 노리나가 자신도 갇혀버린 것뿐이라고 말하고 싶다.

이 책의 서두에서 '노리나가 문제'에 대해 언급했듯이, 오늘날 노리나가 국학에 대한 평가는 매우 양가적이다.[7] '노리나가 문제'는 '일본'을 둘러싼 담론 안에 내면화되어, '일본적인 것'을 논할 때마다 항상 노리나가가 반복 재생된다는 문제와도 직결된다. 이에 대해 노리나가 사상을 단순히 근대의 시선에 비추어 황국사관이라고 비판하는 데 그친다면 결국 아무런 답도 되지 않는다. 실증적(과학적)인 학문과 비합리적(신앙적)인 사상의 관계를 모순이라고 보는 지적 자체가 근세 국학의 문제라기보다, 실은 근대 학술의 자가당착적 문제에 다름 아니다.

---

6 이러한 문제의식에 대해서는 가쓰라지마 노부히로, 앞의 책과 입장을 같이한다.

7 『국사대사전』에서는 '모토오리 노리나가'에 대해 다음과 같이 설명하고 있다. "그 학문과 사상은 유연한 인간관, 철저한 사색, 박수(博搜)한 실증주의를 발휘한 측면에서는 오늘날의 국문학·국어학·국사학 연구에도 자극이 되는 위대한 업적을 이루었다. 그러나 비합리적인 측면에서는 막부 말기부터 메이지에 걸쳐 편협한 국수주의에 근거를 제공하는 화근을 남겼다."(日野龍夫 집필)

일본인의 자기증명과 관련되는 기원의 문제를 하나같이 노리나가에서 단서를 찾는 것은 왜일까. 노리나가 국학은 고대 일본열도에 '일본인'이 살았고 그들이 공통의 '일본어'로 말했으리라는 사실을 전제로 하는 담론으로 보이기 때문이다. 일종의 '민족공동체'이자 '문화공동체'로서 고유한 기원을 갖는 집단이 일본이라는 국가를 성립시켰다면 맞는 말이다. 그러나 '일본적'인 어떠한 것을 전제로 하여 '일본'을 논할 수는 없다. 노리나가의 경우에도 그의 내면에 '황국'이라는 사상이 선험적으로 확고하게 있어서 그 결과 그의 언설이 존재하는 것처럼 생각할 수는 없다.

당연한 말이지만, 고대는 물론이거니와 20세기 초엽까지 한국에서도 일본에서도 중국에서도 '민족(nation, Volk)'이라는 발상은 없었다. 일본근대사 연구에서는 적어도 '일본인' 혹은 '일본민족'이라는 의식이 널리 공유되는 시기를 대체로 청일·러일전쟁 전후로 본다. 마찬가지로 '한국인'이라든지 '한민족'이라는 의식은 대략 1905년 무렵부터 확인된다고 한다. 중국에서도 1900년 이전에는 '중국인'이라는 의식이 없었기에 일관된 '중국의 역사'는 없었다. 그때까지 중국에는 왕조의 역사가 있었을 뿐이다. 또한 민족의식의 형성과 연동하여 우리 민족의 역사의 기원은 어디까지 거슬러 올라가는가, 그로부터 헤아려 현재는 몇 년에 해당하는가라는 기년의 문제가 동아시아에서 거의 같은 시기에 등장한다. 일본에서는 황기 이천오백 몇 년, 대한제국기의 조선에서는 단군으로부터 몇 년이라는 사고방식 등이다. 다시 말해 근대 국가와 함께 생성된 민족의식을 과거에 투영하여 '기원'을 문제 삼고 단일한 '고대'의 역사를 실체화하려는 발상 자체가 난센스일지도 모른다. 노리나가가 상상한 공동체의 기원을 애초에 '민족'이나 '문화'라는 용어로 묶어 비판할 수 있는지부터가 의문인 셈이다.

노리나가에게 일본의 기원을 묻는다는 것은 정당한 문제 설정일까.

문제에 가까이 다가갈수록 노리나가가 밝히려 했다고 상정한 일본의 기원과는 정반대로, 기원 담론의 허구성을 적나라하게 드러내는 질문이었음이 선명해질 것이다. 정작 문제는 노리나가라는 존재가 일본의 기원 그 자체가 되어버린 근대 학술의 틀 속에서 여전히 우리가 사고하고 있다는 사실이 아닐까. 일국적 관점에서의 국학 연구에서 벗어났을 때, 즉 민족이 사라지고 근대성이 더 이상 지표가 아니라고 한다면 국사학이나 국어국문학 연구는 무엇을 지향해야 할까. 지금 여기서 노리나가를 되묻는 까닭은 아마도 우리의 역사와 문학 연구의 새로운 방향성에 대한 진지한 고민 때문일 것이다.

| 참고문헌 |

* 일본어는 오십음도순, 한국어는 가나다순으로 정렬했다.

1. 일차 자료

雨森芳州,『芳州外交關係資料·書翰集』, 雨森芳州全集 3·4, 關西大學出版部, 1982.

飯田武郷,『日本書紀通釋』, 教育出版センター, 1985(1902).

石原道博 編譯,『新訂魏志倭人傳他三篇: 中國正史日本傳一』, 岩波書店, 1985(1951).

一條兼良·清原宣賢,『日本書紀纂疏·日本書紀抄』, 天理圖書館善本叢書和書之部 27, 八木書店, 1977.

今井宇三郎 他 校注,『水戸學』, 日本思想大系 53, 岩波書店, 1973.

今泉定介·市島謙吉 編輯·校訂,『新井白石全集』4, 國書刊行會, 1977(1905-1907).

今中寛司·奈良本辰也 編,『荻生徂徠全集』1·5·6, 河出書房新社, 1973-1978.

植垣節也 校注·譯,『風土記』, 新編日本古典文學全集 5, 小學館, 1997.

上田秋成全集編集委員會 編,『上田秋成全集』1·9, 中央公論社, 1990.

植松茂岳,『植松茂岳 第一部』, 愛知縣郷土資料刊行會, 1982.

海野一隆 他 編,『日本古地圖大成』, 講談社, 1972.

大野晉·大久保正 校訂,『本居宣長全集』全 23卷, 筑摩書房, 1968-1993.

織田武雄 他 編,『日本古地圖大成 世界圖篇』, 講談社, 1975.

海後宗臣 編,『日本教科書大系 近代編十九 歷史二·三』, 講談社, 1962-1963.

海後宗臣 編,『日本教科書大系 近代編七·八 國語四·五』, 講談社, 1963-1964.

荷田春滿,『新編荷田春滿全集』1·2·12, おうふう, 2003.

鎌田純一,『先代舊事本紀の研究 校本の部』, 吉川弘文館, 1960.

賀茂眞淵,『賀茂眞淵全集』全 27卷, 續群書類從完成會, 1977-1992.

河村秀根·河村益根 編, 阿部秋生 解題, 小島憲之 補注,『書紀集解』(附録 '河村氏家學拾説') 全 4卷, 臨川書店, 1969.

黒板勝美 編,『日本書紀私記·釋日本紀·日本逸史』, 新訂增補國史大系 8, 吉川弘文館, 1965.

黒板勝美 編,『日本三代實録』, 新訂增補國史大系 4, 吉川弘文館, 1966.

檢夫爾,『鎖國論』, 志筑忠雄 譯, 早稲田大學圖書館古典籍総合データベース寫本, 1801;

井上操 編,『少年必讀日本文庫 第五編』, 博文館, 1891-1992.
神野志隆光·山口佳紀 校注·譯,『古事記』, 新編日本古典文學全集 1, 小學館, 1997.
小島憲之 他 校注·譯,『萬葉集』, 新編日本古典文學全集 6-9, 小學館, 1994-1996.
近藤啓吾 校注,『垂加神道 上·下』, 神道大系論說編 12-13, 神道大系刊行會, 1978.
近藤芳樹,『征韓起原·襲人譜僞考』(合本一册), 無窮會神州文庫藏寫本, 1887.
西鄉信綱,『古事記注釋』全 4卷, 筑摩書房, 2006(1975-1989).
坂本太郎 他 校注,『日本書紀 上·下』, 日本古典文學大系 69·68, 岩波書店, 1965-1968.
敷田年治,『古事記標註』, 里見義, 1878.
鈴木眞年,『古事記正義 第一卷開闢章』, 1887(成稿); 鈴木防人 編,『鈴木眞年傳』, 鈴木防人(發行), 1943.
關儀一郎 編,『日本儒林叢書』4, 鳳出版, 1971.
徐居正,『東國通鑑』, 林白水 訓点, 洛下: 林前和泉椽白水, 1667.
大日本文庫刊行會 編,『垂加神道 上』, 大日本文庫神道篇, 春陽堂, 1935.
多田南嶺,『南嶺子』,『日本随筆大成 第一期第十七卷』, 吉川弘文館, 1976.
高安蘆屋,『和漢年契』, 東京大學総合圖書館藏版本, 1831.
田中健夫 編,『善隣國寶記·新訂續善隣國寶記』, 譯注日本史料, 集英社, 1995.
田中頼庸,『校訂古事記』, 會通社, 1887.
谷川士清,『日本書紀通証』, 臨川書店, 1978.
田原嗣郎 他 校注,『平田篤胤·伴信友·大國隆正』, 日本思想大系 50, 岩波書店, 1973.
玉木正英,『神代卷藻塩草』, 東京大學総合圖書館藏版本, 1739.
朝鮮史學會 編,『三國史記』, 景仁文化社, 1982(1941).
築島裕 他 編,『契沖全集』1-7, 岩波書店, 1973-1975.
鶴峯戊申,『襲國僞僭考』, 東京大學総合圖書館藏版本霞亭文庫; 國立國會圖書館寫本二部; 無窮會神州文庫本寫本, 1836.
寺島良安,『和漢三才圖會』, 東京美術, 1970.
藤貞幹,『逸號年表』, 東京大學総合圖書館藏版本南葵文庫, 1798.
中島廣足,『中島廣足全集』2, 大岡山書店, 1933.
西宮一民 校注,『古語拾遺』, 岩波書店, 1985.
沼田次郎 他 校注,『洋學 上』, 日本思想大系 64, 岩波書店, 1976.
野村傳四郎 校訂,『大國隆正全集』1·2·4, 有光社, 1937-1939.
芳賀登·松本三之介 校注,『國學運動の思想』, 日本思想大系 51, 岩波書店, 1971.
馬場信意,『朝鮮太平記』, 東京大學総合圖書館藏版本霞亭文庫, 1705.

伴信友,『伴信友全集』3·4, 國書刊行會, 1907-1909.
尾藤正英·島崎隆夫 校注,『安藤昌益·佐藤信淵』, 日本思想大系 45, 岩波書店, 1977.
平重道·阿部秋生 校訂,『近世神道論·前期國學』, 日本思想大系 39, 岩波書店, 1972.
平田篤胤,『新修平田篤胤全集』全 21卷, 名著出版, 1976-1981.
佛書刊行會 編,『日本高僧傳要文抄外四部』, 大日本佛教全書 101, 名著普及會, 1979.
眞壁俊信 校注,『神道大系古典註釋編三 日本書紀註釋中』, 神道大系編纂會, 1985.
松下見林,『異稱日本傳 上·下』, 國書刊行會, 1975.
松下見林,『前王廟陵記』,『新註皇學叢書』5, 廣文庫刊行會, 1927.
箕作省吾,『坤輿圖識』, 東京大學総合圖書館藏版本, 1845.
箕作省吾,『坤輿圖識補』, 東京大學総合圖書館藏版本, 1846.
村岡典嗣 編,『本居宣長全集』1-6, 岩波書店, 1942-1944.
村田春海,『時文摘紕』,『日本國粹全書』5, 日本國粹全書刊行會, 1917.
本居清造 編,『增補本居全集』全 13卷(1-10卷『本居宣長全集』, 11卷『本居春庭全集』, 12卷『本居内遠全集』), 吉川弘文館, 1926-1928.
本居豊穎 校訂,『本居全集』全 7卷(背表紙「本居宣長全集」), 名古屋: 片野東四郎, 東京: 吉川半七, 1901-1903.
本居豊頴·井上頼圀·上田萬年,『校定古事記』, 皇典講究所, 1911.
文部省 編,『國體の本義』, 内閣印刷局, 1937.
山鹿素行,『山鹿素行 上』, 日本教育思想大系, 日本圖書センター, 1979.
山口縣教育會 編,『吉田松陰全集』6, 岩波書店, 1935.
山村昌永,『訂正增譯采覧異言』, 蘭學資料叢書 1·2, 青史社, 1979.
吉岡徳明,『古事記傳略』(校訂二册), 國民精神文化研究所, 1938(1883-1886).
吉川幸次郎 他 校注,『荻生徂徠』, 日本思想大系 36, 岩波書店, 1973.
鷲尾順敬 編,『日本思想闘争史料』3·4·7, 名著刊行會, 1969-1970.

기타바타케 지카후사(北畠親房),『신황정통기』, 남기학 옮김, 소명, 2008.
도네리 친왕(舍人親王) 외 편,『역주 일본서기』1-3, 연민수 외 편역, 동북아역사재단, 2013.
모토오리 노리나가(本居宣長),『일본 국체 내셔널리즘의 원형: 모토오리 노리나가의 국학』, 고희탁 외 옮김, 동북아역사재단, 2011.
모토오리 노리나가(本居宣長),『모노노아와레: 일본적 미학 이론의 탄생』, 김병숙 외 옮김, 모시는사람들, 2016.

아메노모리 호슈(雨森芳洲), 『譯註 交隣提醒』, 한일관계사학회 편역, 국학자료원, 2001.
오노 야스마로(太安萬侶), 『고사기』 상·중·하, 권오엽·권정 옮김, 고즈윈, 2007.
오노 야스마로(太安萬侶), 『고사기』, 노성환 역주, 민속원, 2009.

2. 이차 자료

青野正明, 『帝國神道の形成: 植民地朝鮮と國家神道の論理』, 岩波書店, 2015.
飛鳥井雅道, 『日本近代精神史の研究』, 京都大學學術出版會, 2002.
阿部泰郎, 「八幡緣起と中世日本紀: 『百合若大臣』の世界から」, 『現代思想』 20·4, 1992.
阿部吉雄, 『日本朱子學と朝鮮』, 東京大學出版會, 1965.
鮎澤信太郎, 「マテオ·リッチの世界圖に關する史的研究」, 『横浜市立大學紀要』 18, 1953.
鮎澤信太郎, 「近世日本における地球說地動說の展開」, 『日本歷史』 71, 1954.
鮎澤信太郎, 「佛教流の世界圖」, 開國百年記念文化事業會 編, 『鎖國時代日本人の海外知識: 世界地理·西洋史に關する文献解題』, 原書房, 1978(1953).
荒野泰典, 「日本型華夷秩序の形成」, 『日本の社會史一 列島内外の交通と國家』, 岩波書店, 1987.
荒野泰典, 「國際認識と他民族觀: 「海禁」「華夷秩序」論覺書」, 『現代を生きる歷史科學二 過去への照射』, 大月書店, 1987.
荒野泰典, 『近世日本と東アジア』, 東京大學出版會, 1988.
池内敏, 『「唐人殺し」の世界: 近世民衆の朝鮮認識』, 臨川書店, 1999.
板垣俊一, 「『古事記傳』の方法: 注釋用語"對ふ"をめぐって」, 『近世文藝』 32, 1980.
板垣俊一, 「『古事記傳』の方法: 明和八年をめぐって」, 『古事記年報』 23, 1981.
板垣俊一, 「本居宣長の『古事記』研究: 神話の受容と生活實感」, 古事記學會 編, 『古事記研究大系二 古事記の研究史』, 高科書店, 1999.
板澤武雄, 「江戶時代に於ける地動說の展開と其の反動」, 『史學雜誌』 52·1, 1941.
板澤武雄, 『日蘭文化交涉史の研究』, 吉川弘文館, 1959.
市川浩史, 『日本中世の歷史認識: 三國·末法·日本』, 法藏館, 2005.
伊東多三郎, 『近世史の研究二 國學と洋學』, 吉川弘文館, 1982.
伊東多三郎, 『近世史の研究三 文化論·生活論·學問論』, 吉川弘文館, 1982.
伊藤正義, 「中世日本紀の輪郭」, 『文學』 40·10, 1972.
井上秀雄, 『古代日本人の外國觀』, 學生社, 1991.

井上秀雄,『倭·倭人·倭國』, 人文書院, 1991.
井上泰至·田中康二 編,『江戸の文學史と思想史』, ぺりかん社, 2011.
井野邊茂雄,『新訂 維新前史の研究』, 中文館書店, 1942(1935).
岩田隆,『宣長學論究』, おうふう, 2008.
上杉和央,『江戸知識人と地圖』, 京都大學學術出版會, 2010.
上田萬年,『國文學』, 双二館, 1890.
上田萬年,『國語のため』, 安田敏朗 校注, 東洋文庫, 平凡社, 2011.
上田正昭·井上秀雄,『古代の日本と朝鮮』, 學生社, 1974.
植手通有,「對外觀の轉回」, 橋川文三·松本三之介 編,『近代日本思想史大系三 近代日本政治思想史一』, 有斐閣, 1971.
梅澤伊勢三,「『古事記傳』の記紀觀」,『論集·古事記の成立』, 大和書房, 1977.
梅澤伊勢三,「『古事記傳』における記紀觀の實態」,『日本歷史』357, 1978.
梅澤伊勢三,「「古事記の時代」ということ: 國學的思考からの脫皮のために」,『文學』48·5, 1980.
海野一隆,「南蠻系世界圖の系統分類」, 有坂隆道·淺井允晶 編,『論集日本の洋學一』, 清文堂, 1993.
王小林,「『三大考』とその周邊: 宣長·朱子學·山崎闇齋」,『國語國文』72·2, 2003.
大川茂雄·南茂樹 編,『國學者傳記集成』, 日本圖書センター, 1979(1934-1935).
岡井愼吾,「漢字の訓解と校勘の學」, 福島甲子三 編,『近世日本の儒學』, 岩波書店, 1939.
岡崎義恵,『日本文藝學』, 岩波書店, 1935.
岡崎義恵,『源氏物語の美』, 岡崎義恵著作集 5, 寶文館, 1960.
岡崎義恵,『日本文藝學新論』, 岡崎義恵著作集 1, 寶文館, 1961.
小笠原春夫,『國儒論争の研究: 直毘靈を起点として』, ぺりかん社, 1988.
岡田千昭,『本居宣長の研究』, 吉川弘文館, 2006.
小澤正夫,「三大考をめぐる論争」,『國語と國文學』20·5, 1943.
織田武雄,『地圖の歷史』, 講談社, 1973.
落合直文·小中村義象·萩野由之,『日本文學全集』全 24卷, 博文館, 1890-1992.
表智之,「語られる〈神代〉と〈現〉: 『三大考』における〈語り〉の構造轉換」,『大阪大學日本學報』12, 1993.
筧克彦,『大日本帝國憲法の根本義』, 皇學會, 1936.
笠井助治,『近世藩校の綜合的研究』, 吉川弘文館, 1960.

笠井助治,『近世藩校に於ける學統學派の研究』, 吉川弘文館, 1982.
笠井倭人,『研究史 倭の五王』, 吉川弘文館, 1973.
片倉穣,『日本人のアジア觀: 前近代を中心に』, 明石書店, 1998.
桂島宣弘,『幕末民衆思想の研究: 幕末國學と民衆宗教』, 文理閣, 1992.
桂島宣弘,『思想史の十九世紀:「他者」としての德川日本』, ぺりかん社, 1999.
金澤庄三郎,『日鮮同祖論』, 汎東洋社, 1943(1929).
金澤英之,『宣長と『三大考』: 近世日本の神話的世界像』, 笠間書院, 2005.
上安祥子,『經世論の近世』, 青木書店, 2005.
龜井孝,『龜井孝著作集四 日本語のすがたとこころ二』, 吉川弘文館, 1985.
萱沼紀子,「眞淵と宣長の對象と方法: 和歌」,『國文學解釋と鑑賞』45·4, 1980.
苅部直,『日本思想史への道案內』, NTT出版, 2017.
川村博忠,『近世日本の世界像』, ぺりかん社, 2003.
菅政友,『菅政友全集』, 國書刊行會, 1907.
菅野覺明,『本居宣長: 言葉と雅び』, ぺりかん社, 2004(1991).
岸野俊彦,『幕藩制社會における國學』, 校倉書房, 1998.
衣笠安喜,『思想史と文化史の間: 東アジア·日本·京都』, ぺりかん社, 2004.
金光哲,『中近世における朝鮮觀の創出』, 校倉書房, 1999.
金錫亨,『古代朝日關係史: 大和政權と任那』, 勁草書房, 1969.
木村直也,「幕末の日朝關係と征韓論」,『歷史評論』516, 1993.
木村直也,「幕末における日朝關係の轉回」,『歷史學研究』651, 1993.
木村直也,「幕末期の朝鮮進出論とその政策化」,『歷史學研究』679, 1995.
京都大學文學部 編,『京都大學文學部五十年史』, 京都大學, 1956.
權東祐,『スサノヲの變貌: 古代から中世へ』, 法藏館, 2013.
工藤雅樹,『東北考古學·古代史學史』, 吉川弘文館, 1998.
久保常晴,『日本私年號の研究』, 吉川弘文館, 1967.
倉塚曄子,「胎中天皇の神話 上·中·下」,『文學』50, 1982.
黑住眞,『複數性の日本思想』, ぺりかん社, 2006.
神野志隆光,『古事記の世界觀』, 吉川弘文館, 1986.
神野志隆光,「『古事記』上卷の主題と構想: 世界の物語としての上卷」,『古事記研究大系三 古事記の構想』, 高科書店, 1994.
神野志隆光,「應神天皇の物語: 天皇の世界の秩序の確立」,『古事記研究大系六 古事記の天皇』, 高科書店, 1994.

神野志隆光,「〈聴く〉天皇: 『古事記』における天皇」,『太田善麿先生追悼論文集 古事記·日本書紀論叢』, 續群書類從完成會, 1999.
神野志隆光,『漢字テキストとしての古事記』, 東京大學出版會, 2007.
神野志隆光,『複数の「古代」』, 講談社, 2007.
神野志隆光,『變奏される日本書紀』, 東京大學出版會, 2009.
神野志隆光,『『古事記傳』を讀む』 1-4, 講談社, 2010-2014.
神野志隆光,『「日本」: 國號の由來と歷史』, 講談社, 2016(2005).
國民文化會議 編,『丸山眞男と市民社會』, 世織書房, 1997.
小林秀雄,『本居宣長 上·下』, 新潮社, 1977.
小林秀雄,『小林秀雄全集七 歷史と文學·無常といふ事』, 新潮社, 2001.
小堀桂一郎,『鎖國の思想』, 中央公論社, 1974.
子安宣邦,『宣長と篤胤の世界』, 中央公論社, 1977.
子安宣邦,『「宣長問題」とは何か』, 筑摩書房, 2000(1995).
子安宣邦,『本居宣長』, 岩波書店, 2001(1992).
子安宣邦,『本居宣長とは誰か』, 平凡社, 2005.
子安宣邦,『宣長學講義』, 岩波書店, 2006.
子安宣邦,『日本ナショナリズムの解讀』, 白澤社, 2007.
子安宣邦,『平田篤胤の世界 新裝版』, ぺりかん社, 2009(2001).
昆野信幸,『近代日本の國體論: 〈皇國史觀〉再考』, ぺりかん社, 2008.
西鄕信綱,『國學の批判: 方法に關する覺えがき』, 未來社, 1965.
西鄕信綱,『古事記の世界』, 岩波書店, 1967.
西鄕信綱,『古事記研究』, 未來社, 1973.
齋藤英喜,『讀み替えられた日本神話』, 講談社, 2006.
齋藤英喜,「近世神話としての『古事記傳』: 「產巢日神」をめぐって」,『文學部論集』 94, 佛教大學文學部, 2010.
齋藤英喜,『荒ぶるスサノオ, 七變化: 〈中世神話〉の世界』, 吉川弘文館, 2012.
齋藤英喜,『古事記はいかに讀まれてきたか』, 吉川弘文館, 2012.
齋藤英喜,「宣長·アマテラス·天文學: 近世神話としての『古事記傳』のために」,『歷史學部論集』 1, 佛教大學, 2011.
佐伯有淸,『研究史 邪馬臺國』, 吉川弘文館, 1971.
佐伯有淸,『研究史 戰後の邪馬臺國』, 吉川弘文館, 1972.
佐伯有淸,『邪馬臺國論争』, 岩波書店, 2006.

阪下圭八,『古事記の語り口: 起源·命名·神話』, 笠間書院, 2002.
坂田吉雄,『明治維新史』, 未來社, 1960.
阪本是丸,『明治維新と國學者』, 大明堂, 1993.
相良亨,『本居宣長』, 東京大學出版會, 1978.
相良亨,『相良亨著作集四 死生觀·國學』, ぺりかん社, 1994.
笹月清美,『本居宣長の研究』, 岩波書店, 1944.
佐藤孝敏,「國學における「皇國」意識の展開と日常生活論」, 源了円·玉懸博之 編,『日本思想史論集 國家と宗教』, 思文閣出版, 1992.
佐藤昌介,『洋學史研究序說』, 岩波書店, 1964.
佐藤深雪,「神代と人代: 日の神論争後の宣長と秋成」,『國語と國文學』71·11, 1994.
澤井啓一,『〈記號〉としての儒學』, 光芒社, 2000.
清水正之,『國學の他者像: 誠實と虛僞』, ぺりかん社, 2005.
白鳥庫吉,『白鳥庫吉全集二 日本上代史研究下』, 岩波書店, 1970.
辛基秀·仲尾宏 編,『大系朝鮮通信使: 善隣と友好の記録』, 明石書店, 1993-1996.
杉田昌彦,『宣長の源氏學』, 新典社, 2011.
鈴木健一 編,『江戸の「知」: 近世注釋の世界』, 森話社, 2010.
千田稔,『邪馬臺國と近代日本』, 日本放送出版協會, 2000.
高木豊,『鎌倉佛教史研究』, 岩波書店, 1982.
高田衛,「宣長と秋成:「日の神」論争再論ノート」,『文學』36, 1968.
高田衛,『上田秋成研究序說』, 寧樂書房, 1968.
高橋公明,「室町幕府の外交姿勢」,『歷史學研究』546, 1985.
高橋公明,「朝鮮外交秩序と東アジア海域の交流」,『歷史學研究』573, 1987.
瀧川政次郎,「馭戎慨言と日唐戰争」,『國學院雜誌』84·8, 1983.
竹居明男,「藤原貞幹の古代研究」, 森浩一 編,『考古學の先覺者たち』, 中央公論社, 1985.
田尻祐一郎,「近世日本の「神國」論」, 片野達郎 編,『正統と異端: 天皇·天·神』, 角川書店, 1991.
田尻祐一郎 他,『文學研究の思想: 儒學, 神道そして國學』, 東海大學出版部, 2014.
田中康二,『本居宣長の思考法』, ぺりかん社, 2005.
田中康二,『本居宣長の大東亞戰争』, ぺりかん社, 2009.
田中康二,『國學史再考: のぞきからくり本居宣長』, ぺりかん社, 2012.
田中康二,『本居宣長』, 中央公論新社, 2014.

田中康二,『本居宣長の國文學』, ぺりかん社, 2015.
田中健夫,『中世海外交渉史の研究』, 東京大學出版會, 1959.
田中健夫,『對外關係と文化交流』, 思文閣出版, 1982.
田中優子,『近世アジア漂流』, 朝日新聞社, 1990.
田中優子,『江戸の想像力』, 筑摩書房, 1992(1986).
谷川健一,「膂宍の空國」,『谷川健一著作集』4, 三一書房, 1981(1974).
谷川健一,『常世論: 日本人の魂のゆくえ』, 講談社, 1989(1983).
田原嗣郎,『本居宣長』, 講談社, 1968.
玉懸博之,「村岡典嗣」, 今谷明 他 編,『二〇世紀の歴史家たち二 日本編下』, 刀水書房, 1999.
玉懸博之,『日本近世思想史研究』, ぺりかん社, 2008.
千葉眞也,「『古事記傳』一之巻の成立について」,『國語國文』72·2, 2003.
塚口義信,『神功皇后傳説の研究: 日本古代氏族傳承研究序説』, 創元社, 1980.
塚本明,「神功皇后傳説と近世日本の朝鮮觀」,『史林』79·6, 1996.
塚本學,「江戸時代における「夷」觀念について」,『日本歴史』371, 1979.
辻善之助 編,『日本紀年論纂』, 東海書房, 1947.
東京帝國大學 編,『東京帝國大學五十年史 上·下』, 東京帝國大學, 1932.
鳥井裕美子,「近世日本のアジア認識」, 溝口雄三 他 編,『アジアから考える一 交錯するアジア』, 東京大學出版會, 1993.
内藤湖南,「卑彌呼考」,『内藤湖南全集』7, 筑摩書房, 1970(1910).
長島弘明 編,『本居宣長の世界: 和歌·注釋·思想』, 森話社, 2005.
中野幡能,『八幡信仰史の研究 增補版』, 吉川弘文館, 1975(1967).
中村春作,「「風俗」論への視覺」,『思想』766, 1988.
中村春作 他 編,『「訓讀」論: 東アジア漢文世界と日本語』, 勉誠出版, 2008.
中村春作 他 編,『續「訓讀」論: 東アジア漢文世界の形成』, 勉誠出版, 2010.
中村榮孝,『日鮮關係史の研究 上·中·下』, 吉川弘文館, 1965-1969.
浪川健治·小島康敬 編,『近世日本の言説と「知」』, 清文堂, 2013.
奈良本辰也,『日本近世の思想と文化』, 岩波書店, 1978.
成澤光,『政治のことば: 意味の歴史をめぐって』, 平凡社, 1984.
西順蔵 他 校注,『山崎闇齋學派』, 日本思想大系 31, 岩波書店, 1980.
西川順土,「三大考を中心とする宇宙觀の問題」,『紀元二千六百年記念 肇國文化論文集』, 神宮皇學館, 1941.

西川順士,「三大考の成立について」,『皇學館大學紀要』10, 1972.
西宮一民,「日本の國號について:「倭」と「和」と「日本」を中心として」,『皇學館大學紀要』33, 1995.
日本思想史懇話會 編,「特集 日本思想史學の誕生: 津田·村岡·和辻」,『季刊日本思想史』63, 2003.
野口武彦,『宣長選集』, 筑摩書房, 1986.
野口武彦,『秋成幻戯』, 青土社, 1989.
野崎守英,『本居宣長の世界』, 塙書房, 1972.
野崎守英,『道: 近世日本の思想』, 東京大學出版會, 1979.
野崎守英,『宣長と小林秀雄: 日本人の「知」と「信」』, 名著刊行會, 1982.
野崎守英,『歌·かたり·理』, ぺりかん社, 1996.
芳賀登,『芳賀登著作選集四 本居宣長の學問と思想』, 雄山閣出版, 2001.
芳賀矢一·立花銑三郎,『國文學讀本』, 富山房, 1890.
芳賀矢一,『國民性十論』, 久松潜一 校注, 富山房百科文庫, 1938.
芳賀矢一選集編集委員會 編,『芳賀矢一選集一 國學編』, 國學院大學, 1982.
東より子,『宣長神學の構造: 假構された「神代」』, ぺりかん社, 1999.
東より子,『國學の曼陀羅: 宣長前後の神典解釋』, ぺりかん社, 2016.
樋口浩造,『「江戸」の批判的系譜學: ナショナリズムの思想史』, ぺりかん社, 2009.
樋口達郎,『國學の「日本」: その自國意識と自國語意識』, 北樹出版, 2015.
久松潜一,「宣長の文學論に於ける内容と形式との調和」,『國學院雜誌』36·5, 1930.
久松潜一,『上代民族文學とその學史』, 大明堂, 1934.
久松潜一,『國學: その成立と國文學との關係』, 文部省, 1941.
久松潛一 編,『落合直文·上田萬年·芳賀矢一·藤岡作太郎集』, 明治文學全集 44, 筑摩書房, 1968.
久松潜一,『久松潜一著作集一 國文學 方法と對象』, 至文堂, 1968.
久松潜一,『久松潜一著作集十 日本文學評論史 理念·表現論篇』, 至文堂, 1969.
久松潜一,『久松潜一著作集別卷 國文學徒の思ひ出』, 至文堂, 1969.
尾藤正英,「本居宣長における宗教と國家」,『思想』694, 1982.
尾藤正英,『日本の國家主義:「國體」思想の形成』, 岩波書店, 2014.
日野龍夫,「宣長以前の物のあはれ」,『國語國文』576, 1982.
日野龍夫,『宣長と秋成』, 筑摩書房, 1984.
平石直昭,「初期宣長の思想形成:「古道」論を中心に」,『社會科學研究』35·5, 1984.

平石直昭, 「徂徠學の再構成」, 『思想』 766, 1988.
平石直昭, 「前近代の政治觀: 日本と中國を中心に」, 『思想』 792, 1990.
平野豊雄, 「『古事記傳』の方法: 宣長の「常世」論について」, 『文學』 46·6, 1978.
藤井貞和, 『江戸國學轉生史の研究』, 三元社, 2000.
藤井貞和, 『國文學の誕生』, 三元社, 2000.
藤田覺, 『近世後期政治史と對外關係』, 東京大學出版會, 2005.
藤田大誠, 『近代國學の研究』, 弘文堂, 2007.
藤田雄二, 「近世日本における自民族中心主義: 「選民」意識としての日本中心主義」, 『思想』 832, 1993.
古田武彦, 『失われた九州王朝: 天皇家以前の古代史』, 朝日新聞社, 1973.
古田武彦, 『邪馬臺國の論理: 古代に眞實を求めて』, 朝日新聞社, 1975.
古田武彦, 『多元的古代の成立 上·下』, 駸々堂, 1983.
古田武彦, 『九州王朝の歷史學: 多元的世界への出發』, 駸々堂, 1991.
古屋哲夫 他 編, 『近代日本における東アジア問題』, 吉川弘文館, 2001.
文學部百年史編纂委員會 編, 『東京大學百年史 部局史一 文學部』, 東京大學, 1985.
前田勉, 『近世神道と國學』, ぺりかん社, 2002.
前田勉, 『江戸後期の思想空間』, ぺりかん社, 2009.
前田晴人, 『神功皇后傳說の誕生』, 大和書房, 1998.
前野みち子, 「國號に見る「日本」の自己意識」, 『言語文化研究叢書』 5, 名古屋大學大學院國際言語文化研究科, 2006.
松浦光修, 「『大帝國論』の一考察」, 『明治聖德記念學會紀要』 12(復刊), 1994.
松田宏一郎, 『江戸の知識から明治の政治へ』, ぺりかん社, 2008.
松本滋, 『本居宣長の思想と心理』, 東京大學出版會, 1981.
丸山二郎, 『日本紀年論批判』, 大八洲出版, 1947.
丸山二郎, 『日本書紀の研究』, 吉川弘文館, 1955.
丸山晉司, 『古代逸年號の謎: 古寫本『九州年號』の原像を求めて』, アイピーシー, 1992.
丸山眞男, 『丸山眞男集』 全 17巻, 岩波書店, 1995-1997.
丸山眞男, 『忠誠と反逆: 轉形期日本の精神史的位相』, 筑摩書房, 1998(1992).
丸山眞男, 『自己内對話』, みすず書房, 1998.
三上参次·高津鍬三郎, 『日本文學史 上·下』, 金港堂, 1890.
三木正太郎, 「平田篤胤の天地開闢說: とくに宣長·中庸との關係において」, 『皇學館大學紀要』 2, 1964.

三木正太郎,『平田篤胤の研究』, 神道史學會, 1969.
水林彪,『記紀神話と王權の祭り 新訂版』, 岩波書店, 2001(1991).
水林彪,『天皇制史論: 本質·起源·展開』, 岩波書店, 2006.
三谷博,『明治維新とナショナリズム: 幕末の外交と政治變動』, 山川出版社, 1997.
南啓治,『近世國學とその周邊』, 三彌井書店, 1992.
宮崎道生,『新井白石の研究 增補版』, 吉川弘文館, 1969(1958).
宮崎道生,『新井白石の洋學と海外知識』, 吉川弘文館, 1973.
宮地正人,『歷史のなかの『夜明け前』: 平田國學の幕末維新』, 吉川弘文館, 2015.
村井紀,『文字の抑壓: 國學イデオロギーの成立』, 青弓社, 1989.
村井紀,「都市の漢意」,『現代思想』20, 1992.
村岡典嗣,『日本文化史概說』, 岩波書店, 1938.
村岡典嗣,『續 日本思想史研究』, 岩波書店, 1939.
村岡典嗣,『日本思想史研究 增訂版』, 岩波書店, 1940(1930); 前田勉 編·校訂,『新編 日本思想史研究: 村岡典嗣論文選』, 東洋文庫, 平凡社, 2004.
村岡典嗣·長谷川如是閑,「〈對談〉本居宣長」,『文藝』10·9, 1942.
村岡典嗣,『日本思想史研究 第三』, 岩波書店, 1948.
村岡典嗣,『日本思想史研究 第四』, 岩波書店, 1949.
村岡典嗣,『日本思想史研究 神道史』, 創文社, 1956-1962.
村岡典嗣,『日本思想史研究 日本思想史上の諸問題』, 創文社, 1956-1962.
村岡典嗣,『日本思想史研究 宣長と篤胤』, 創文社, 1956-1962.
村岡典嗣,『日本思想史研究 日本思想史概說』, 創文社, 1956-1962.
村岡典嗣,『日本思想史研究 國民性の研究』, 創文社, 1956-1962.
村岡典嗣,『本居宣長 增訂版』, 岩波書店, 1982(1911); 前田勉 校訂,『增補 本居宣長』, 東洋文庫, 平凡社, 2006.
室賀信夫·海野一隆,「日本に行われた佛教系世界圖について」,『地理學史研究一』, 臨川書店, 1979(1957).
室賀信夫·海野一隆,「江戸時代後期における佛教系世界圖」,『地理學史研究二』, 臨川書店, 1979(1962).
百川敬仁,『内なる宣長』, 東京大學出版會, 1987.
百川敬仁,「本居宣長: 古典の本質を捉えようとする學風」,『國文學解釋と鑑賞』57·3, 1992.
百川敬仁,「中世的なものから近世へ」,『批評空間』11, 1993.

百川敬仁,「漢心とやまとごころ」,『國文學解釋と鑑賞』67·9, 2002.
森瑞枝,「三大考: 地圖の上の宇宙論」,『鈴屋學會報』14, 1997.
矢澤康祐,「「江戸時代」における日本人の朝鮮観について」,『朝鮮史研究會論文集』6, 1969.
安田敏朗,『國文學の時空: 久松潜一と日本文化論』, 三元社, 2002.
安永壽延,「常世の國: 日本的ユートピアの原像」,『文學』36·12, 1968.
安丸良夫,『日本ナショナリズムの前夜: 國家·民衆·宗教』, 朝日新聞社, 1977.
安丸良夫,『神々の明治維新: 神佛分離と廢佛毀釋』, 岩波書店, 1979.
安本美典 編,『江戸の〈邪馬臺國〉』, 柏書房, 1991.
山崎芙紗子,「近世の古典注釋」,『岩波講座日本文學史十 十九世紀の文學』, 岩波書店, 1996.
山下和正,『地圖で讀む江戸時代』, 柏書房, 1998.
山下範久,『世界システム論で讀む日本』, 講談社, 2003.
山下久夫,『本居宣長と「自然」』, 沖積舎, 1988.
山下久夫,「宣長·虛構された"古さ": 平安朝平假名文字の視線·「日本」」,『古代文學』32, 1993.
山下久夫,『秋成の「古代」』, 森話社, 2004.
山下久夫,『コレクション日本歌人選 58 本居宣長』, 笠間書院, 2012.
山下久夫,「本居宣長と平田篤胤は神道をいかに再構築したか」,『現代思想』45, 2017.
山下久夫·齋藤英喜 編,『越境する古事記傳』, 森話社, 2012.
山本有造,『帝國の研究: 原理·類型·關係』, 名古屋大學出版會, 2003.
吉川幸次郎,『仁齋·徂徠·宣長』, 岩波書店, 1975.
吉川幸次郎,『本居宣長』, 筑摩書房, 1977.
吉田東伍,『日韓古史断』, 冨山房, 1977(1893).
吉野誠,『東アジア史のなかの日本と朝鮮: 古代から近代まで』, 明石書店, 2004.
吉村忠典,『古代ローマ帝國の研究』, 岩波書店, 2003.
米谷匡史,「丸山眞男の日本批判」,『現代思想』22, 1994.
ロナルド·トビ,『近世日本の國家形成と外交』, 速水融 他 譯, 創文社, 1990.
ロナルド·トビ,『「鎖國」という外交』, 小學館, 2008.
渡邊清恵,「『古事記傳』における宣長の世界觀: 神代巻を中心に」, 舘野和己·小路田泰直 編,『古代日本の構造と原理』, 青木書店, 2008.
渡邊浩,「「道」と「雅び」一·二: 宣長學と「歌學」派國學の政治思想史的研究」,『國家學會

雜誌』 87, 9·10-11·12, 1974.
渡邊浩, 『增補新裝版 東アジアの王權と思想』, 東京大學出版會, 2016(1997).

가라타니 고진, 『네이션과 미학』, 조영일 옮김, 도서출판b, 2009.
가라타니 고진, 『제국의 구조: 중심·주변·아주변』, 조영일 옮김, 도서출판b, 2016.
가쓰라지마 노부히로, 『동아시아 자타인식의 사상사: 일본 내셔널리즘 생성과 동아시아』, 김정근 외 옮김, 논형, 2009.
가쓰라지마 노부히로, 「'근세제국'의 해체와 19세기 전반기의 사상동향」, 『일본근대학연구』, 한국일본근대학회 39, 2013.
가토 슈이치, 『日本文學史序說』 1-2, 김태준·노영희 옮김, 시사일본어사, 1995-1996.
간노 가쿠묘, 『어머니가 없는 나라 일본: 신도의 역습』, 이이화 옮김, 집문당, 2003.
강석원, 『上田秋成の研究: 朝鮮をめぐる秋成國學の世界』, 책사랑, 2003.
고야스 노부쿠니, 『일본 내셔널리즘 해부』, 송석원 옮김, 그린비, 2011.
고야스 노부쿠니, 『한자론: 불가피한 타자』, 이한정 옮김, 연세대학교대학출판문화원, 2017.
고희탁, 「'신국 일본'의 정치사상: 예외주의 및 보수주의 내면화를 통한 '국가'와 '국민' 형성 전략」, 『일본연구논총』 28, 현대일본학회, 2008.
고희탁, 「에도시대 '민'의 정치적 각성과 그 역설」, 『일본사상』 22, 한국일본사상사학회, 2012.
고희탁 외, 『일본 근세의 공공적 삶과 윤리: 주자학 수용 이후』, 논형, 2009.
고희탁 외, 『국학과 일본주의: 일본 보수주의의 원류』, 동북아역사재단, 2011.
권동우, 「근세 중기 일본 지식인의 삼한 인식 연구: '스사노오' 해석을 중심으로」, 『원불교사상과 종교문화』 67, 원불교사상연구원, 2016.
금병동, 『일본인의 조선관: 일본인 57인의 시선, 그 빛과 그림자』, 최혜주 옮김, 논형, 2008.
김경희, 「국학자 지식인의 사상적 논쟁: 『가가이카』를 중심으로」, 『일본학연구』 47, 단국대학교 일본연구소, 2016.
김시덕, 『일본의 대외 전쟁』, 열린책들, 2016.
김시덕, 『전쟁의 문헌학』, 열린책들, 2017.
김현구 외, 『동아시아 세계의 일본사상: 일본 중심적 세계관 생성의 시대별 고찰』, 동북아역사재단, 2009.
김현구 외, 『일본서기 한국관계기사 연구』 1-3, 일지사, 2002-2004.

김후련, 『일본 신화와 천황제 이데올로기: 신화와 역사 사이에서』, 책세상, 2012.
나카무라 슌사쿠, 『에도 유교와 근대의 '지'』, 김선희 옮김, 선인, 2010.
나카오 히로시·하우봉 외, 『조선통신사 한일교류의 여러 양상』, 조선후기 통신사 필담창화집 연구총서 6, 보고사, 2012.
남상호 외, 『황국사관의 통시대적 연구』, 동북아역사재단, 2009.
노성환, 「일본의 신이 된 조선의 단군」, 『일본사상』 26, 한국일본사상사학회, 2014.
다지리 유이치로, 『야마자키 안사이: 일본적 주자학의 원형』, 엄석인 옮김, 성균관대학교출판부, 2006.
다카기 이치노스케, 『일본 국문학의 탄생, 다카기 이치노스케의 자서전』, 박상현 옮김, 이담북스, 2016.
류준필, 『동아시아의 자국학과 자국문학사 인식』, 소명, 2013.
마루야마 마사오, 『현대정치의 사상과 행동』, 김석근 옮김, 한길사, 1997.
마루야마 마사오, 『일본정치사상사연구』, 김석근 옮김, 통나무, 1998.
마루야마 마사오, 『일본의 사상』, 김석근 옮김, 한길사, 2012(1998).
마루야마 마사오 외, 『사상사의 방법과 대상』, 고재석 옮김, 소화, 1997.
마에다 쓰토무, 『일본사상으로 본 일본의 본질』, 이용수 옮김, 논형, 2014.
무라오카 쓰네쓰구, 『일본 신도사』, 박규태 옮김, 예문서원, 1998.
미나모토 료엔, 『도쿠가와 시대의 철학사상』, 박규태·이용수 옮김, 예문서원, 2000.
미야지마 히로시, 「일본의 국학과 한국의 조선학: 비교를 위한 서론적 고찰」, 『동방학지』 143, 연세대학교 국학연구원, 2008.
미야케 히데토시, 『역사적으로 본 일본인의 한국관』, 하우봉 옮김, 풀빛, 1990.
민덕기, 『前近代 동아시아 세계의 韓·日관계』, 경인문화사, 2007.
박규태, 『상대와 절대로서의 일본: 종교와 사상의 깊이에서 본 일본문화론』, 제이앤씨, 2005.
박규태, 「모토오리 노리나가의 모노노아와레론 재고: 감성적 인식론의 관점에서」, 『일본연구』 17, 고려대학교 글로벌일본연구원, 2012.
박규태, 「모토오리 노리나가의 『고사기』 신화 '읽기'와 '노리나가 문제': 모노노아와레의 문헌학」, 『일본역사연구』 36, 일본사학회, 2012.
박규태, 『일본 신사의 역사와 신앙』, 역락, 2017.
박삼헌, 『천황 그리고 국민과 신민 사이: 근대 일본 형성기의 심상지리』, 알에이치코리아, 2016.
박진우, 『근대 일본 형성기의 국가와 민주』, 제이앤씨, 2004.

박찬기, 『조선통신사와 일본근세문학』, 보고사, 2001.
박홍규, 「모토오리 노리나가 '일본주의' 탄생의 조건과 과정」, 『아세아연구』 54, 고려대학교 아세아문제연구소, 2011.
배관문, 「주석: 모노노아와레의 발견」, 일본고전독회 편, 『키워드로 읽는 겐지 이야기』, 제이앤씨, 2013.
배관문, 「일본정신으로서의 벚꽃 표상의 성립: 시키시마 노래와 시원의 벚꽃」, 『동아시아의 문화표상 Ⅱ』, 민속원, 2017.
배관문, 「죽는 신과 죽지 않는 신」, 『일본 고전문학에 나타난 삶과 죽음』, 보고사, 2015.
배관문, 「두 개의 무덤, 하나의 시신」, 한림대학교 생사학연구소 편, 『죽음 의례와 문화적 기억』, 모시는사람들, 2015.
배관문, 「일본 국학의 우주론과 천문학적 지식의 접합」, 『동아시아 고전학과 한자세계』, 소명, 2016.
비토 마사히데, 『(사상으로 보는) 일본문화사』, 엄석인 옮김, 예문서원, 2003.
사사누마 도시아키, 『근대 일본의 국문학 사상』, 서동주 옮김, 어문학사, 2014.
사카이 나오키, 『사산되는 일본어·일본인』, 이득재 옮김, 문화과학사, 2003.
사카이 나오키, 『번역과 주체: '일본'과 문화적 국민주의』, 후지이 다케시 옮김, 이산, 2005.
성희엽, 『조용한 혁명: 메이지유신과 일본의 건국』, 소명, 2016.
손승철, 『조선시대 한일관계사 연구: 교린관계의 허와 실』, 경인문화사, 2006.
손승철, 『조선통신사, 타자와의 소통』, 경인문화사, 2017.
스즈키 사다미, 『일본의 문학개념: 동서의 문학개념과 비교고찰』, 김채수 옮김, 보고사, 2001.
스즈키 사다미, 『일본의 문화내셔널리즘』, 정재정·김병진 옮김, 소명, 2008.
쓰다 소키치, 『중국사상과 일본사상』, 남기학 옮김, 소화, 1996.
아베 요시오, 『退溪와 日本儒學』, 김석근 옮김, 전통과현대, 1998.
아이하라 고사쿠, 「오규 소라이와 모토오리 노리나가의 언어론과 정치론: 옛(古) 이상세계에서의 공공성과 좋은 삶」, 『정치사상연구』 17, 한국정치사상학회, 2011.
야마구치 가즈오, 『일본의 국학자 모토오리 노리나가의 사생관』, 인문사, 2011.
야스다 도시아키, 『國語의 近代史: 제국일본과 국어학자들』, 나공수 옮김, 제이앤씨, 2009.
야스마루 요시오, 『천황제 국가의 성립과 신흥종교』, 이원범 옮김, 소화, 2002.
야스마루 요시오, 『근대 천황상의 형성』, 박진우 옮김, 논형, 2008.

야스마루 요시오, 『방법으로서 사상사』, 남춘모 옮김, 대왕사, 2010.
에릭 홉스봄 외, 『만들어진 전통』, 박지향·장문석 옮김, 휴머니스트, 2004.
오구마 에이지, 『일본 단일민족신화의 기원』, 조현설 옮김, 소명, 2003.
오지 도시아키, 『세계 지도의 탄생』, 송태욱 옮김, 알마, 2010.
와타나베 히로시, 『주자학과 근세일본사회』, 박홍규 옮김, 예문서원, 2007.
와타나베 히로시, 『일본정치사상사 17~19세기』, 김선희·박홍규 옮김, 고려대학교출판문화원, 2017.
와타나베 히로시·박충석 편, 『국가이념과 대외인식: 17-19세기』, 아연출판부, 2002.
와타나베 히로시·박충석 편, 『한국·일본·'서양'』, 아연출판부, 2008.
와타나베 히로시·박충석 편, 『'문명' '개화' '평화': 한국과 일본』, 아연출판부, 2008.
이권희, 『(메이지기 학제의 변천을 통해 본) 근대 일본의 국민국가 형성과 교육』, 케포이북스, 2013.
이권희, 『국가와 교육: 메이지 국민교육사』, 케포이북스, 2017.
이노우에 노부타가 외, 『신도, 일본 태생의 종교시스템』, 박규태 옮김, 제이앤씨, 2010.
이로카와 다이키치, 『메이지의 문화』, 박진우 옮김, 삼천리, 2015.
이마이 쥰 외 편, 『논쟁을 통해본 일본사상』, 한국일본사상사학회 옮김, 성균관대학교출판부, 2003.
이삼성, 『제국』, 소화, 2014.
이성시, 『만들어진 고대: 근대 국민 국가의 동아시아 이야기』, 박경희 옮김, 삼인, 2001.
이연숙, 『국어라는 사상: 근대 일본의 언어 의식』, 고영진·임경화 옮김, 소명, 2006.
이용수, 「古學·國學 그리고 尊王攘夷論」, 『동양고전연구』 30, 동양고전학회, 2008.
이종찬, 『난학의 세계사: 중화적 세계를 넘어 일본이 유럽과 열대에서 접속하다』, 알마, 2014.
이창수, 「『고사기(古事記)』 『일본서기(日本書紀)』에 나타난 도코요(常世)」, 『일어일문학연구』 63, 한국일어일문학회, 2007.
이효덕, 『표상 공간의 근대』, 박성관 옮김, 소명, 2002.
임옥균, 『주자학과 일본 고학파: 주자, 진사이, 소라이의 사서 해석』, 성균관대학교출판부, 2012.
장남호 외, 『화혼양재와 일본의 근대』, 어문학사, 2006.
정순, 「국학자와 고전학: 賀茂眞淵와 本居宣長를 중심으로」, 『일어일문학연구』 95, 한국일어일문학회, 2015.
하루오 시라네·스즈키 토미 편, 『창조된 고전: 일본문학의 정전 형성과 근대 그리고 젠

더』, 왕숙영 옮김, 소명, 2002.
하타다 다카시, 『日本人의 韓國觀: 征韓論에서 對韓斜視까지의 背景』, 이기동 옮김, 일조각, 1997(1987).
후카야 가쓰미, 『동아시아 법문명권 속의 일본사』, 박경수 옮김, 한울, 2012.
히라이시 나오아키, 『한 단어 사전, 천』, 이승률 옮김, 푸른역사, 2013.

| 초출일람 |

* 이 책은 다음 논고를 바탕으로 가필 수정했다.

제1장 황국 이야기를 위해 만들어진 외국

- 「「皇國」の物語のための「外國」: 『古事記傳』が作った「古事記」」, 『思想』 991, 岩波書店, 2006.

제2장 황국의 기원을 둘러싼 논쟁

- 「『古事記傳』が作った「皇大宮の始り」の物語: 「韓國」は「空國」なり」, 『上代文學』 102, 上代文學會, 2009.
- 「本居宣長の「韓」: 近世日本の古代論」, 『일어일문학연구』 70, 한국일어일문학회, 2009.

제3장 황국이라는 선택

- 「모토오리 노리나가의 조선 번국(蕃國)관 재고: 『고사기전』의 '미야쓰코쿠니(臣國)'를 중심으로」, 『일어일문학연구』 81, 한국일어일문학회, 2012.
- 「'황국'의 '고사'로 증명하는 세계: 모토오리 노리나가 『고사기전』의 주석과 방법에 대해」, 『일본문화학보』 53, 한국일본문화학회, 2012.

제4장 황국 이야기의 달성이 가져온 것

- 「『古事記傳』のつくった「皇國」という物語」, 『思想』 1059, 岩波書店, 2012.

제5장 제국 담론의 교차

- 「자료정선: 시즈키 다다오(志筑忠雄) 역, 『쇄국론(鎖國論)』」, 『개념과 소통』 14, 한림대학교 한림과학원, 2014.

第6장 노리나가 연구와 일본사상사학

- 「日本思想史學の方法と「宣長問題」」, 『일어일문학연구』 76, 한국일어일문학회, 2011.
- 「文字無き古代日本の實現: 『古事記傳』の『古事記』序の讀みを中心に」, 『일본문화학보』 50, 한국일본문화학회, 2011.

第7장 노리나가 국학과 근대 국문학

- 「국학에서 국문학으로의 계승이라는 전통: 황국 일본과 모토오리 노리나가」, 『일본연구』 16, 고려대학교 일본연구센터, 2011.
- 「국문학의 탄생과 국학: 학제와 텍스트 선정을 중심으로」, 『일본학보』 98, 한국일본학회, 2014.

| 찾아보기 |

Abstract

The Discovery of Mikuni

Discourse Depicting the Country in Japan Kokugaku

This book explores the term 'Mikuni' spreading in Japan at the end of the 18th century, centering on Kokugaku Motoori Norinaga. 'Mikuni' has developed beyond the honorific title or euphemism of the name of the country, representing the country with Tenno as the apex, and the concept of claiming dominance of the country. And it was transformed into an exclusive anti-alienism of neighboring countries under the rapidly changing international situation of the early and mid 19th century. At the same period, the concept of 'Empire' appeared in the process of translating Dutch 'keijzerrijk' into Chinese characters among modern Japanese West scientists. This book mainly focuses on the fact that in the 19th century Japan, Kokugaku and West science symbiosed with each other, and the concepts representing the marks of 'Mikuni' and 'Empire' coexisted without contradiction under Jonhwangyangyi's banner.

The 'Mikuni' consciousness, which was abandoned in Kokugaku at the intersection of 'Empire' theory, appeared as a variant of various Confusion Hwayi ideas at the end of Shogunate. Then, when constructing the modern nation of Japan, the term Mikuni was rediscovered as representing the new Japanese state of Tenno, even though most Kokugaku were alienated from the political scene. This long-term use of 'Mikuni' is one of the decisive factors that fixed Norinaga's image as a representative of Tenno disciples.

Thought discourse surrounding 'Mikuni' was often refuted by Empire Japan as a dominant ideology of the Modern Emperor System, and it was a reaction to postwar Japanese scholarship. Rather than merely bringing the character of early modern Kokugaku to nationalism or simply connecting it to the spiritual foundation of the Mikuni history view, this book concentrates on engaging in searching for what discussion Mikuni was that Norinaga consciously stresses. Furthermore, considering the modern development of 'Mikuni', it is thought that it is possible to set up a new consciousness that does not stay in the dimension of the old simple Norinaga criticism.

배관문(裵寬紋)

한국외국어대학교 일본어과 졸업, 도쿄대학 대학원 종합문화연구과(비교문학비교문화 코스) 학술박사, 사단법인 한국종교문화연구소 연구원이며, 한림대학교 생사학연구소 HK연구교수를 거쳐, 현재 고려대학교 민족문화연구원 연구교수로 재직 중이다.

전공은 일본사상사, 특히 에도 시대 국학사상을 중심으로 일본 역사와 문화의 기원에 관한 논의를 주로 연구하고 있다.

대표 논저로는 『宣長はどのような日本を想像したか: 『古事記傳』の「皇國」』(笠間書院, 2017), 공저로 『동아시아의 문화표상 I·II』(민속원, 2015·2017), 『죽음의 풍경을 그리다: 한국적 생사학을 위하여』(모시는사람들, 2015), 『동아시아 고전학과 한자세계』(소명, 2016) 등이 있다. 역서로는 『일본인의 사생관을 읽다』(청년사, 2015), 공역으로 『좋은 죽음』(청년사, 2015), 『모노노아와레: 일본적 미학 이론의 탄생』(모시는사람들, 2016) 등이 있다.